超越指标

存量时代
降本增效的利器

易虹　张雪瓴／著

中信出版集团｜北京

图书在版编目（CIP）数据

超越指标：存量时代降本增效的利器 / 易虹，张雪瓴著 . -- 北京：中信出版社，2023.11
ISBN 978-7-5217-6066-8

Ⅰ.①超… Ⅱ.①易… ②张… Ⅲ.①企业发展－研究－中国 Ⅳ.① F279.2

中国国家版本馆 CIP 数据核字 (2023) 第 194219 号

超越指标——存量时代降本增效的利器

著者： 易虹　张雪瓴
出版发行： 中信出版集团股份有限公司
（北京市朝阳区东三环北路 27 号嘉铭中心　邮编 100020）
承印者： 北京通州皇家印刷厂

开本：787mm×1092mm　1/16　印张：20.5　字数：240 千字
版次：2023 年 11 月第 1 版　印次：2023 年 11 月第 1 次印刷
书号：ISBN 978–7–5217–6066–8
定价：69.00 元

版权所有·侵权必究
如有印刷、装订问题，本公司负责调换。
服务热线：400-600-8099
投稿邮箱：author@citicpub.com

《超越指标》编审委员会

易 虹　　张雪瓴　　熊 洁
李志山　　陈发第

目录

推荐序 / V

自　序　存量时代，如何实现业绩和人效持续提升　/ VII

导　言　超越指标≠要人要钱要资源　/ XI

　　超越指标遇难题　/ XIII

　　找到实现目标的路径和方法　/ XV

　　改变思路，就能超越指标　/ XX

　　管理者：今天我简单了吗　/ XXII

第1章　跳出问题看结果，洞察关键指标　/ 001

　　小心伪指标　/ 003

　　洞察好指标　/ 007

　　好指标引导管理者跳出问题看结果　/ 011

第2章　管理有抓手，就靠前置性指标　/ 017

　　三层级指标体系　/ 019

　　保持指标的一致性　/ 024

让指标之间发生化学反应　/ 031

滞后性指标和前置性指标　/ 036

前置性指标的优势　/ 041

第3章　做业务更要懂业务，一个链条看懂业务　/ 047

什么是管理者的业务思维　/ 049

拥有业务思维的优势　/ 058

价值链：掌握业务思维的工具　/ 070

第4章　把指标量化，压力传递才有效　/ 083

什么是管理者的数据思维　/ 085

拥有数据思维的优势　/ 089

差距整理表：数据思维的应用　/ 093

第5章　从组织赋能员工到员工赋能组织　/ 107

组织能力的三层级建设　/ 109

可控：完成原因转换，去除借口思维　/ 116

高效：BEM模型的迭代与应用　/ 132

深入：挖到根因才能治本　/ 143

第6章　不要追求管理的简单，而要思考执行的简单　/ 151

什么是"说清楚"　/ 153

注意数据输入的层次性　/ 159

注意数据输入的有效性　/ 161

注意数据输入的可得性　/ 162

注意岗位层面的工作要求　/ 164

注意行为和结果的双向反馈　/ 167

第 7 章　不能只做考勤机，而要做导航仪　/ 169

什么是"干简单"　/ 171

管理者不能只提要求却不给支持　/ 175

配置的必备资源是否齐备　/ 176

设定的工作流程是否清晰　/ 181

提供的工具是否有效　/ 186

第 8 章　激励不仅仅只有金钱一种方式　/ 193

什么是"奖到位"　/ 195

用目标引导行为　/ 199

工作设计　/ 201

发展和晋升　/ 206

组织奖励与强化　/ 213

态度、动机不是筐，不能什么都往里装　/ 215

第 9 章　说得好，更要做得漂亮　/ 217

先完成再完美　/ 220

从蛇尾到豹尾　/ 226

从措施到系统　/ 230

从解决到干预　/ 234

从实施到变革　/ 240

第 10 章　从业务逻辑出发驱动数字化转型　/ 247

实践 1：定义真正的问题　/ 252

实践 2：将业务逻辑数字化表达　/ 254

实践 3：赋能离客户和产品最近的人　/ 259

第 11 章　战略营销：精准挖掘业务价值机会　/ 263

精准挖掘业务价值机会的六个步骤　/ 265

应用案例：聚焦策略客户，应对存量市场挑战　/ 268

第 12 章　人才发展：培养有结果的领导力　/ 275

用历练见证成长　/ 277

培养有结果的领导力　/ 279

应用案例："选育合一"快速打造人才供应链　/ 282

第 13 章　绩效管理：把员工行为转换为企业想要的结果　/ 287

如何做好 PDCA 闭环管理　/ 291

应用案例：赋能业务，提升绩效　/ 296

绩效辅导的升级　/ 299

推荐序

收到易虹老师邀请我为她的新作《超越指标》撰写推荐序的邮件，我实在是有点受宠若惊。与易虹老师相识多年，我不仅一直关注华商基业在教育培训领域的成长与斐然成就，更是为易老师高屋建瓴的思维与幽默风趣的授课风格所折服。读罢这本新作，我有一种会心一笑的感觉，书中的很多案例与场景都似曾相识，诸多观察与结论也与我作为金融机构管理者的多年经验与心得相一致。

环视世界，百年未有之大变局不免令人倍感活在当下的不易。我认为，《超越指标》一书的出版具有十分特别的内涵。

一是与新发展格局下实现高质量发展的战略目标高度契合。二十大报告指出，未来中国式现代化的建设，将着力于转向追求高质量发展，这意味着经济发展的偏好将转为发展质量与优化结构。正如《超越指标》一书所传达的，增量市场时代的粗放式经营模式不再有效，无论是国有企业还是民营企业，内部挖潜、提质增效都不可避免地成为新时期企业高质量发展的题中应有之义。在存量市场时代，管理者只有形成更高维度的系统化思维，在业务管理中锤炼全新的战略思维、业务思维、数据思维等，方可真正做到在不增加资源的情况下，实现业绩持续增长和企业高质量发展。

二是为企业提供了形成新增长点和竞争优势的独特视角。我印象最深的是书中提到的BEM模型，易老师基于最早由吉尔伯特教授提出的行为工程模型，带领团队进行了大量本土化实践以及迭代，最终通过BEM模型多层次的系统闭环，把企业的组织能力和员工个人能力与企业的业务需求和行为需求紧密结合起来，也就是书中提炼归纳的"说清楚"、"干简单"、"奖到位"。同时，该模型重点针对组织能力进行要素扩展，在应用方面更加贴近业务端，从而成为提升组织效能、超越指标的重要利器。回顾我长达25年的金融投资管理工作，其实我也在践行着相似的业务逻辑。我认为管理者的敏锐洞察、企业经营的精准度量与组织执行的简单高效，已然成为企业核心竞争力的重要组成部分。

三是为每个独立个体提供了全新的价值逻辑。面对日新月异的外部环境与技术革新，我们常说只有躬身入局方可感知市场脉搏。《超越指标》一书从管理者和观察者的角度所做的种种探索，反过来投射出新发展格局下个体应该着重关注和培养的思维模式、行为模式以及核心能力是什么。有为才有位，企业的发展和成长要求每个个体保持终身学习的态度，而企业的管理也要"先技控后人控"，真正做到以人为本、简化事、赋能人，为员工提供强大的组织能力支持。

易虹老师的这本书时刻向我传递着一种特别的感受，那就是有理想、有激情、有温度、有包容且内核稳定，而这也是管理者超越指标所必备的基本素养。为此，我特别推荐广大企业家和管理者阅读《超越指标》一书。

李海红

人民大学经济学院博士

中国银河投资管理有限公司副总裁

中国光大银行总行投资银行部原总经理

自 序
存量时代,如何实现业绩和人效持续提升

企业高管常常感到郁闷:怎么年年考核,年年完不成指标?自己明明给了方向,为什么员工就是做不到?

中层管理者常常感到纠结:高层给的指标越来越高,但自己对基层员工下达的任务却常常得不到有效执行;自己也想做好,但不知道该从哪儿下手,这令人抓狂……

这要么是因为药不对症瞎折腾,要么是因为缺人、缺钱、缺资源。企业怎样才能在不增加资源消耗的情况下提升业绩?

我写本书的初衷是,帮助管理者从根本上解决上述问题,让"超越指标"变得容易,让管理变得简单,同时在不增加资源消耗的情况下助力企业实现业绩和人效双提升,实现高质量增长。

本书中的绝大部分内容来自我近20年的培训和咨询实践,书中提到的帮助企业超越指标的所有方法和工具,都已经成功应用在超过1 000家企业的1万多个项目中,并帮助企业取得了优异成果,这些企业中不乏一些大众耳熟能详的大厂。这些成就既让我引以为豪,也时时激励着我帮助更多管理者尽早接触这些经过实践检验的方法和经验。我一直想写这样一本书,一本与我以往写的完全不同的书。

十年前,也就是2013年,我写过一本书,书名叫《技控革命——从培训管理到绩效改进》。"绩效改进"这一概念是华商基业公司于2010年引入中国的,从那时起,我就致力于用科学、系统的方法帮助中国企业实现

高质量发展。基于这样的使命，华商基业公司从2011年起连续举办了十三届绩效改进论坛，设立了"绩效改进最佳实践奖""绩效改进杰出贡献奖"等系列奖项，成立了绩效改进中国研发中心且研究成果卓著。我撰写并翻译过14种绩效改进领域的专业书，在管理和培训类杂志上发表专业文章40余篇。我的第一本书就是对这些研究成果和实践经验的总结，上市后迅速得到业内人士的好评和认可，并且于2016年再版。

近两年，有朋友建议我写第三版，把最新的研究和实践成果补充进去，但我婉拒了，我不想写重复的内容，炒冷饭没意思。如果说十年前的第一本书更多体现的是华商基业公司在绩效改进领域的专业性和权威性，那么本书则是站在更大的时代背景下，回应当今中国企业，尤其是企业各级管理者共同面对的重大命题——如何实现真正的降本增效，如何实现真正的高质量增长，如何实现真正的业务赋能。

无论是在培训项目的课堂上，还是在咨询项目的辅导现场，我都喜欢和学员进行互动。同样，我希望通过本书，和千千万万名管理者谈心、对话。所以本书是以话题的形式展开的，每一章都是一个话题，共同回答了"企业如何超越指标，实现降本增效"这一问题。

虽然本书是由一个个话题组成的，但这些话题的背后有着严密的逻辑。全书主要包括四个部分。

第一，辨析什么是好指标。

企业的各类指标要形成一个体系。这个体系是由组织指标、流程指标和行为指标三个层级构成的，而不是简单按业务单元和时间维度进行细化和拆解。这个体系反映了业务增长的逻辑，这样的指标才叫好指标。

第二，用科学的方法找到好指标。

好指标具有前置性。企业的指标可以进一步分为前置性指标和滞后性指标（结果指标）。通常，管理者只关注滞后性指标，而决定业绩增长的则是关键的前置性指标，它们存在于关键价值链的末端，尤其是出现数据异常的痛点或机会点上。管理者需要运用好关键价值链和差距整理表这两个绩效改进工具，对滞后性指标与前置性指标之间的因果关系进行量化分析，最终才能科学地找到好指标。

第三，通过"先技控后人控"管理好指标。

管理好指标的方法通常有两种：运用各种方法和工具进行指标管理的叫技控，依赖人的态度、能力、知识进行指标管理的叫人控。本书提出的"先技控后人控"的管理原则主要基于行为工程模型。这一模型颠覆性地提出，影响企业业绩增长和目标达成的决定性因素（比重约为75%）是工作环境因素，包括信息、资源、激励三个层级。运用这一理论进行指标管理，有助于企业将业绩增长的重心聚焦到"组织能力"建设上，不再总想着"折腾人"。

第四，高成效、低代价地落实指标。

存量时代，管理者不能再用分任务、追指标、抓考核这三板斧进行管理了，而是要真正赋能业务执行层，这本身就是一场变革。本书提出，"赋能不是改变，而是武装"。也就是说，管理者的任务是简化事、赋能人，把对执行者的绩效辅助和支持工作做到位，让执行变得简单。同时本书为管理者提供了相应的干预措施和实施策略。

本书在最后四章通过列举华商基业公司的咨询、辅导案例，向管理者展示了超越指标的相关方法论在数字化转型、营销、人才培养、绩效管理等不同业务场景中的应用。

本书非常适合企业家和中高层管理者阅读，特别是那些面临激烈的市场竞争、业绩增长乏力、业务处在发展瓶颈期，需要进行关键场景突破的企业的管理者，以及那些组织僵化，急需打破内部"部门墙"并运用系统性工具重塑组织、统一目标和行动路径的企业的管理者。同时，有关企业战略管理、营销管理、人力资源管理的专业人士也可以阅读本书。

本书是我对自己30多年的企业管理和培训咨询实践的总结，同时凝聚了华商基业公司各位同人的智慧和心血，在写作过程中我也得到了客户的支持。

我首先感谢在本书编写过程中提供部分文字内容支持的陈伟、王山泓、刘庆三位同事。同时，我特别感谢华商基业公司的各位合作伙伴，他们为本书贡献了高质量的实践案例，包括：传音学院陈元海院长提供的"传音未来领军人才训练营"实践案例，默克公司董艳女士提供的"默克绩效辅导"实践案例，灵北中国的"A+训练营"实践案例，亚桐科技的数字化转型实践案例。所有在本书编写过程中提供过帮助的合作伙伴、专家学者，我在此一并表示感谢。

最后，本书从编写到出版，离不开中信出版社的领导和编辑们的关心与支持，特别是王宏静女士自始至终的支持、督促和帮助，对此我深表感谢。

易虹

2023年7月

导 言

超越指标≠要人要钱要资源

超越指标遇难题

> 知者行之始,行者知之成。未有知而不行者,知而不行,只是未知。
>
> ——王阳明

企业存在的意义是为社会持续创造价值,而增长会让价值最大化。增长首先是企业股东的需求,一个不增长甚至负增长的企业,不能持续、有效地产生净利润,也无法让股东获得稳定的预期回报。企业只有实现增长,才能活下去,不增长的企业会陷入活力匮乏、团队无法成长的困境。根据经营结果来评估,企业是否实现了增长,就是要看企业能否持续实现经营结果的积极变化,以及能否持续完成不断提高的业务目标。然而在现实中,许多企业在完成目标的第一步——经营目标分解阶段就遇到了挑战,设定好的任务落实不下去。

我们来看这样一个案例,某工程服务集团在第三季度伊始,召开了名为"大战100天"的年度任务冲刺启动大会,号召公司全体员工努力拼搏,齐心协力完成年度任务。在启动大会现场,董事长和总经理当众承诺,如果各部门能如期完成年初下达的各项指标,那么年终奖翻倍。这项规定一经宣布,现场气氛立刻进入了高潮。但是令总经理感到意外的是,大会结束后,公司近80%的总监都来找他,希望把自己部门的指标降一降。

这可不是老板想看到的场景,老板一定希望团队勇于"超越指标"。从字面上理解,"超越指标"至少有三层含义。

一是制定目标时，组织目标年年有提高，团队不断挑战新目标；二是回顾经营结果时，实际达成目标超越了期初目标；三是盘点经营质量时，各项指标的增长均衡、协调，并具有可持续性。

然而，现实情况经常令老板们失望，许多企业做好第一层都困难重重。常见的场景是：每到年底或年初，老板在预算会上要求团队挑战高目标，比如将业绩增长一倍，同时要求每个部门都要接住目标。这个时候会出现什么样的情形呢？管理团队不乐意了，他们会想："今年完成1亿元的业绩已经实属不易，明年市场环境会更糟，竞争会更激烈，再加指标，臣妾实在做不到呀！"最终，管理团队和老板讨价还价，勉强接受新目标，但这有个前提，那就是老板得给人、给钱、给资源。

为什么会出现上述现象？有人说这是因为在制定目标时，管理团队不认可老板制定的新目标，觉得目标定得太高，不可能实现，并认为这个目标是老板想要的，并不是自己想要的。还有人说这是因为激励不足，管理团队的利益和老板的利益不一致，团队缺少超越指标的内在动力。

那到底应该怎么办？

找到实现目标的路径和方法

企业经营目标的本质

企业经营目标是指一家企业及其团队想要达到的状态、境况或标准。究其根本,有两个关键词不能被忽略:一个是"企业及其团队",另一个是"想要"。所以,不只是老板,管理团队是否认可企业的目标也很重要,实现经营目标必须成为大家共同努力的内在动力及责任。很多企业之所以会出现难以超越指标的困境,往往都是因为忽略了这两个关键词。管理学大师彼得·德鲁克在《管理的实践》一书中写道:"目标管理的主要贡献在于,我们能够以自我控制的管理方式来取代强制式管理。"他所说的自我控制,更多强调的是工作动机,也就是说,管理团队必须承担真正的责任,认可并努力实现企业经营目标。

超越指标

明白了企业经营目标是什么,那么企业怎样才算超越指标了呢?仅仅是在一个经营周期结束后经过盘点,最终经营结果超过了目标就叫超越指标吗?这只是一种表象。

在这一表象背后,团队要通过对目标的确认、分析和思考,使实现经营目标成为"企业及其团队"的内在动力及责任,并最终获得远超目标的结果。所以超越指标是指"超"在事前，管理者要在目标落地前，系统、深入地分析"在哪儿超，超多少，以及怎么超"。在执行动作结束后，即便由于种种状况最终没能达到目标，管理者也要知道哪里出了问题？原因是什么？怎么改正？从而为下一个经营周期超越指标提供依据、思路和方法。

所以超越指标强调的不仅是结果，更是过程，数字层面的超越固然重要，但更重要的是明白背后的逻辑。

衡量和评估企业是否实现了超越指标，需要看哪些维度？图0-1为超越指标背后的逻辑：第一，企业要与所处行业的增长速度比较，观察自己的增长速度是提高了还是降低了；第二，企业要和竞争对手比较，观察在同一个经营周期内自己的增长速度是提高了还是降低了；第三，企业要分析最终成果是意外之喜还是必然之果，也就是说，企业不仅要得到结果，还要知道促成结果的真正原因是什么。一般来说，管理者能达到第三个维度，其实已经不错了。如果再加一个维度，那就是看清业务的本质和逻辑，提前预测和判断市场变化趋势，从而制定合乎理性的目标。在实现目标的过程中，即使环境发生变化，企业也要确保目标达成，真正做到目标合理、达成可靠。

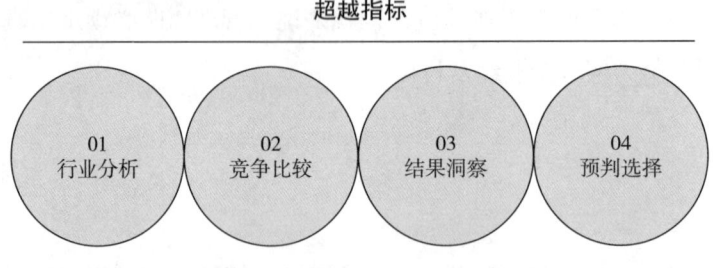

图0-1 超越指标背后的逻辑

近几年，中国家电行业面临增长乏力、消费结构巨变的局面。一方面，支撑家电行业发展的各种红利已耗尽，家电行业整体进入弱周期，从增量市场进入存量市场，消费端渗透率的提升已进入尾声。另一方面，行业竞争激烈，各大家电企业不仅销售增长困难，利润水平更是"节节败退"。

在这样的行业发展背景下，家电企业能否超越指标呢？

我们先来看一家知名家电企业遇到的挑战。这家知名家电企业各区域近些年在销售上极度承压，某区域一直亏损，在月度经营会上经常被点名。在这样的背景下，该区域开始导入有关降本增效的方法和工具，目标是"扭亏为盈"。项目组在做完第一轮研讨分析后，发现该区域之所以一直亏损，主要是因为其过于依赖过去的工作路径。过去是增量市场时代，工作重点是争夺增量市场、抢地盘。企业只要加大市场投入、强化销售力量，总能实现增长；只要抢占市场的速度不比竞争对手慢，企业的业绩结果一般就不会太难看。然而，这样的方法在存量市场时代失灵了。于是项目组尝试遵循超越指标背后的逻辑进行市场分析，并基于现状进行盘点，最终得出该企业在存量市场时代获胜的根本策略：比竞争对手更有效率，或聚焦局部增量市场。

经过一步步推演，项目组带着分析结果和调整方案去找老板汇报："如果我们延续之前的策略，那么接下来的几个月，公司预计亏损XXX万元。如果我们能有效实施调整方案，那么公司预计减少亏损XXX万元。"

老板听完项目组的分析，当即通过了这个区域的调整方案和计划。于是该区域按照方案中的措施开展工作，当年10月开始实施，当月盈利，且当年12月底顺利达成目标。

有的管理者会问，企业要想超越指标，是不是一定要额外增加资源，加派人手呢？对于这个问题，美国著名行为工程学专家、世界绩效改进之父吉尔伯特教授的绩效理论给了我很大的启发。吉尔伯特重新对绩效做出了定义，他认为绩效就是有价值的成效与行为代价的比值，即绩效＝有价值的成效/行为代价。

兼顾效能和效率

在上述公式中,"成效"是指企业的经营结果,比如收入、利润、市场占有率、客户满意度等。需要注意的是,"成效"一词之前有一个定语——"有价值的"。"有价值的成效"至少包含三个维度:客户成效、组织成效、个人成效。同时,这三种成效是有优先顺序的,客户成效排第一,组织成效排第二,个人成效排第三。但作为一个个体,管理者在思考这个问题的时候,往往是从个人成效开始的。

同时值得注意的是,只有"成效"是不够的,管理者需要兼顾企业的效能和效率。一个企业可能实现了利润目标,但是有可能实现目标的过程是缺乏效率的。绩效的定义中还包含作为分母的"行为代价"。行为代价指的是企业在实现目标过程中的资源投入,比如人力、物力、财力、时间等。

从绩效的定义看,企业要兼顾效能和效率这两个方面。一个企业可能具有较高的经营效率,但不一定能有效实现其经营目标,因为它生产的产品有可能是客户不需要的。同时,一个企业即使成功实现了整体收入目标,但也有可能投入了过多的资源,这样的企业是缺乏效率的。兼顾效能和效率,就是指将绩效公式的比值提高,从改变分子和分母的角度出发进行衡量和评估。分子和分母发生了哪些变化就能让绩效提高呢?换句话说,提升绩效的方式有几种呢?答案是五种。

最简单的两种是分子和分母一个变化,一个不变化:分母不变,分子提高;或者分子不变,分母降低。另外三种是分子、分母都变化:分子、分母都提高,但企业必须保证分子提高的速度比分母快;分子、分母都降低,但企业必须保证分母降低的速度比分子快;最好的一种是,在分子提高的同时,分母降低。所以,吉尔伯特关于绩效的定义告诉我们,超越指标的路径不是单一的,这有五种可能。

成效代价比的高低，体现了管理水平的优劣

成效代价比反映了绩效水平，但这里的成效代价比和我们通常提到的投入产出比有所不同。企业做任何事情都需要一定的投入，投入定下来之后，原则上如果没有其他变化，产出也应该是一定的。但是，每个企业都希望用现有的投入实现更大的产出，如果没有新的变量加入，那么这是不可能实现的。所以企业需要引入一个新的变量，这个变量就是降低做这件事情的代价。也就是说，管理者必须思考在企业资源不变的前提下，如何通过降低行为代价来让成效最大化。

我曾做过一个调研，结果显示90%以上的企业和个人都没有完成现有资源配置下的一般目标。这意味着在提高分子的同时降低分母，存在着极大的可能性，让分母降低靠的就是降低行为代价。我们常说"有钱花是幸福，会花钱才是水平"，同样，管理者"有资源是幸福，能让资源利用效率最大化才是水平"。

总之，投入产出比是财务概念，是关于经营效果的静态指标，而成效代价比体现的是管理水平。如果管理者能在不加人、不加钱、不加资源的情况下提高有价值的成效，那么这才是真正帮助企业实现增长。

改变思路，就能超越指标

我曾在一家商业银行做过一个关于提升绩效、超越指标的项目。当时这家银行有一款理财产品是通过柜台营业员卖给客户的，结果这款产品在第一年卖得特别好，但在第二年销量大幅下滑，为什么会出现这种情况？

项目组经过调研分析，发现这款产品第一年的提成比例是第二年的五倍，提成规则的改变导致大家都不想销售这款产品了。所以当时有人认为，要想解决这个问题，该银行只能提高提成比例，或者把提成比例设置成阶梯式的；也有人认为要增加市场宣传投入，让更多客户知晓这款产品；还有人认为提成比例不能变，但要加大对柜台营业员的考核力度；甚至有人建议直接把原来的柜台营业员全部淘汰，换上新人。

这些解决方法其实可以归为一类，即以增加组织代价为前提来提高企业成效和个人成效。换句话说，这些方法都只关注效能，但未考虑效率。在这个案例中，员工的个人成效是指销售提成，第一年是100元/单，第二年是20元/单，成效明显下降了；代价是指员工在销售过程中付出的成本，而成本始终没有变。也就是说，代价不变，成效下降，绩效当然会下降。

在这样一个典型的零售场景中，企业要想将一款产品卖出去，无外乎五个步骤。第一步是识别目标客户，第二步是挖掘需求，第三步是介绍产品，第四步是克服异议，第五步是促使成交。银行的客户信息往往都记录在相关系统里，所以识别目标客户和挖掘需求这两个步骤可以借助系统完成。解决方法是在系统里针对目标客户设定一个标准，一旦柜台营业员在办理业务时遇到符合这一标准的客户，系统就会自动弹出一个对话框，提示柜台营业员，这位客户就是这款产品的目标客户。这样柜台营业员在识别目标客户和挖掘需求方面的行为代价就降低了，而且相比人工，系统处理得又快又准，成效更高。

通过系统搞定第一步和第二步后，第三步和第四步就不再是难事了，接下来最关键的是第五步——促使成交。为了更高效地完成成交，项目组把之前销售业绩最好的明星员工召集在一起，收集并萃取了非常有效的成交话术，当系统识别出目标客户后，柜台营业员运用这些话术能大大提高成交概率。从此，柜台营业员做得更快、更好了。这既降低了代价，又提高了成交率，效能、效率均快速提升。

通过以上案例我们可以发现，企业最不愿意看到的是代价很高，成效却很低的情况。当把行为代价降低后再来考虑增加资源，企业就会看到，之后所有资源的增加，都是在"加杠杆"，这可以让绩效成倍增长。很多企业都在通过这样的思路来超越指标、提升绩效。

以国内一家鞋业集团为例，2020年，其全国4 000多家线下门店全部关停。当时该企业的反应非常迅速，其在2月初推出微信小程序，同时全面使用线上工具钉钉，两天之内就建了几百个200人以上的社群。仅2月14日情人节这一天，离店销售额就超过百万元。同时该企业举办的线上订货会在两天内销售额超过千万元。外部环境的变化加速了该企业业务的在线化、数字化，也让这家企业发现了一个之前被忽略的问题：以前该企业每年开发数百种新鞋型，加上正在销售的，总共有2万多种鞋型。出现这种情况的原因是，每个区域都要开发自己的专供鞋型，比如各个区域对婚鞋的要求不一样，都希望总部能为本区域单独开发鞋型。一种鞋类，同时开发这么多款型，开发成本非常高。该企业发现这个问题后，对不同区域、不同鞋型进行了分析，最终决定将2万多种鞋型直接砍到4 000种。这一决定带来的结果是，该企业的销售额不但没有下降，反而有所增加。

以上两个案例给我们的启示是，企业要想超越指标，就要遵循这样的思路：以降低行为代价为杠杆，全面分析并找到业务运营过程中的关键点，撬动组织效能和效率双提升。

管理者：今天我简单了吗

面对如何超越指标这一问题，管理者必须问一问自己："今天我简单了吗？"即通过有效分析，梳理业务过程，让工作简单有效。

"让工作变得简单"是所有管理者都想做到的，但这里所说的"简单"绝对不是简化、省事，也不是为了简单而简单，而是简单且有效。这正应了一个成语——深入浅出，必须有人做到"深入"，其他人才能做到"浅出"。

让我们回到工作场景，谁应该"深入"呢？管理层以及企业中的各类项目组要"深入"。管理者必须以事实为依据进行全面分析，找到有效动作，这样才能让执行者的工作变得简单。这里没有用"员工"一词，而是用了"执行者"，这是因为每一层级的管理者都对应下一层级的执行者，每一层级的管理者都有让下一层级的执行者的工作变简单的职责和义务。管理者要让目标清楚、任务清楚、动作清楚，这样执行者的工作才能简单且有效。

关于如何让工作变得简单，我们来看一个案例。某视频网站每年都需要采购大量片源，该网站想知道到底什么样的价格才是合理的。通常，价格的确定需要依赖非常有经验的专家，他们在行业中经验丰富，能够做出有效判断。但该网站遇到的挑战是：专家数量较少，但每年片源引进的工作量却相当大；同时，采购片源的成本很高，专家的工作效果却很难对比和评估。因此，这家视频网站的管理层开始思考：怎样才能让确定片源采购价格这件事变得简单、有效，同时最大限度地降低行为代价。之后，该网站组建了专项组。基于专家的决策经验，通过思考采购价格和哪些因素有关，比如上映档期、主创团队、演员阵容、题材、前后上映的影片等，该网站建立了有效的决策模型，其中包括权重、赋值选项和得分规则。这个模型建好之后，采购部门的一个职场小白只要经过简单培训，就可以通过这个模型对影片进行评估，计算其得分并确定采购价格。最终，这个片源采购价格模型经过不断迭代，越用越精准，这大大降低了给片源定价这件事的难度，而且评估一致性得到大幅提高，同时帮助企业有效控制和降低了运营成本。

俗话说，一将无能，累死三军。但反过来，"一将超能，幸福三军"。试想一下，如果员工跟着一个每天都在思考如何让下属的工作更简单、有效的领导干活，那么他绝对会感到很幸福。所以管理者要每天问自己："今天我简单了吗？"

第 1 章

跳出问题看结果，洞察关键指标

小心伪指标

我有一个问题想问各位管理者，你们公司的各类指标是从哪儿来的？有人说是拍胸脯得来的，有人说是拍脑袋得来的，还有人说是老板直接给的。

拍胸脯得来的指标

经常有管理者拍着胸脯说："明年完成XX万元业绩绝对没问题，这是我做的详细分析。"

很多管理者为了证明自己所设定的指标的科学性，会做很多分析和测算，但是这些分析和测算往往与管理者最终设定的指标没有关联。很多时候，管理者加班加点做的可行性分析和测算，其实都是无用功。管理者必须清楚地认识到，自己设定的很多指标其实都是经不起细致推敲的，都可以叫作伪指标。

拍脑袋得来的指标

很多时候，管理者设定的指标是凭经验和直觉得来的。我们来看一个常见的案例。一家网约车公司为了提高打车量，打算举办一场发放优惠券的促销活动，公司需要为活动执行者设置一个业绩指标。该公司管理层认为,这个业绩指标理所当然就是"客户使用优惠券的转化率"。

由于经费有限,公司不可能向所有客户发放优惠券,所以活动规定,此次只向目标客户进行定向派发。业务部门的管理者经过分析,认为公司的客户可以细分成四类,此次需要从中找到一类客户列入考核指标。这四类客户分别是:

- 有打车需求且有私家车的客户。
- 有打车需求但没有私家车的客户。
- 有打车需求且喜欢使用优惠券的客户。
- 有打车需求的其他客户。

大多数管理者凭感觉选的是第三类客户,但后来经过项目组的测试,此次活动的目标客户实际上是第一类客户。

为什么第一类客户使用优惠券的转化率会最高呢?因为第一类客户拥有私家车,这类人群平时出行的第一选择就是坐汽车,当有用车需求的时候,其最有可能选择打车,所以这类客户的用券转化率是最高的。

相反,管理者凭感觉选中的第三类客户,其出行方式可能是坐公交车,可能是乘地铁,也可能是骑自行车,还可能是走路,打车只是其中的一种选择。在众多出行方式中,这类客户通常要多做一次决策,即要不要打车,从而放弃其他交通工具,之后他才会选择使用优惠券打车。项目组最终的测试结果如表1-1所示,第一类客户的用券转化率为10.3%,而第三类客户的用券转化率只有1.5%。最终,业务部门将第一类客户的用券转化率设定为这次促销活动的考核指标。

通过这个案例我们可以发现,管理者凭经验和直觉所做的判断不一定正确。但是在早些年,大家会觉得凭经验和直觉做出的判断特别准。这是因为那个时候的环境变化并不快,各种信息和数据不多,也不复杂。

走到今天,如果管理者仍然根据经验和直觉来做决策,那么这会导致越来越多的跟管理者原先想象的不一样的结果出现。所以,这种凭经验、靠拍脑袋得出的指标叫作伪指标。

表1-1 某网约车公司的客户类型及用券转化率

序号	客户类型	用券转化率
1	有打车需求且有私家车的客户	10.3%
2	有打车需求但没有私家车的客户	2.5%
3	有打车需求且喜欢使用优惠券的客户	1.5%
4	有打车需求的其他客户	4.3%

老板给的指标

很多管理者都会抱怨老板给的指标不切实际,高得离谱,那么这种指标算不算伪指标?我们先不急着下结论,先来看看管理者领到指标后应该怎么做?

首先,管理者不能不做任何功课就直接质疑老板给的指标的合理性。

其次,对于老板直接给的指标,管理者不能不假思索地领回来就开干,这不叫执行力强。因为这样的管理者在向下布置任务和督促目标落地的过程中,其实内心会认为这个指标根本完不成,至少没有信心完成。这种没有使制定者和执行者形成共识,没有让执行者建立信心,甚至让执行者内心感到抵触的指标,即使是老板下达的,也是伪指标。

员工完成指标的信心来自哪里?来自管理者基于老板给定的指标,进一步对内外部环境做出的科学分析,来自管理者对业务逻辑的深刻洞察。大多数时候,管理者其实是不愿意煞费苦心去做深入调研和分析的,他们要么一上来就提出疑问,要么不假思索地执行。

为什么伪指标会大行其道

管理者喜欢根据个人直觉和以往的经验来设定指标,一旦出现与自己已有认知或想象不一致的指标,其第一反应就是质疑它,甚至排斥它、否定它，而不愿意对指标进行数据分析，不愿意深刻洞察指标背后的业务逻辑，不愿意遵循固定的结构和公式去做深入论证。这就是如今伪指标在企业中大行其道的主要原因。

说到这里，我想问各位管理者一个生物学问题：人类是天生爱动脑子，还是不愿意动脑子呢？

答案很奇葩——其实我们中的绝大部分人都是不愿意动脑子的，"怕动脑子"这个特性从人类进化的早期就形成了。

《人类简史》这本书讲到，人类在远古时期其实是一个特别弱小的种群，为了生存，远古时期的人类要不断抵御猛兽侵袭和自然灾害，这些与自然界、生物界的斗争都会消耗人类大量能量。而在远古时期，由于生产力水平低下，人类从外界获取能量的手段和渠道都很匮乏，所以人类没有多余的能量用于脑力思考，但是人类进行脑力思考所消耗的能量又是巨大的。一个有趣的比喻是：人类只要进行思考，脑袋上就相当于点亮了一个20瓦的灯泡。

为了腾出更多的能量用于抵御洪水猛兽，以维持基本的生存，减少思考就成了人类减少能量消耗最直接有效的方式。于是人类在漫长的进化过程中，本能上就不愿意进行深度思考，而是愿意根据过去的经验或直觉做出判断和决策。

这是人类进化过程中一个客观存在的现象，也是一个哲学悖论，因为人类在进入文明社会后，不得不需要不断开发大脑。

从人类进化的视角看，本能让我们不愿意使用大脑，但是现代社会又要求我们处处使用大脑，这一违反人性的操作会让人感到特别痛苦。所以为了摆脱痛苦、顺应人性，人类一有机会就愿意凭经验和直觉做事，同时本能地质疑和排斥那些与自己的经验和直觉不一致的事物。

洞察好指标

管理者应该经常问自己："我的管理行为给企业带来有价值的结果了吗？有价值的标准是什么？企业为此付出的代价值得吗？"

要想回答这些问题，离不开一个管理要素——指标，它贯穿管理工作的全过程。

管理者的工作可以归纳为五个部分，这五部分内容都离不开指标这个要素。

- 设定指标：确定业绩指标，根据业绩指标制订行动方案，在企业上下沟通、传递相关指标并形成共识。
- 衡量结果：关注指标就是关注结果，通过建立标准来衡量目标是否达成，并对管理者和执行者的绩效进行评估。
- 分解任务：将指标分类，并分配给相关人员。
- 奖惩挂钩：设计奖惩制度，并与指标达成情况挂钩。
- 弥补差距：根据指标达成的差距找到员工能力缺口，并制订员工发展计划。

可以看出，为了做好这五部分工作，管理者必须找到好指标，对指标进行分解并明确衡量标准，从而实现有价值的结果。总之，有好指标才会有好结果。

好指标的本质

管理者要寻找的好指标又是什么样的呢？我们先来看一个案例。

我曾经成立过一个内训工作坊，其中有一个小组特别优秀，一经介绍才知道，这个小组的学员是某企业大客户关系事务部的员工。在分组讨论指标的设定时，这个小组的学员很开心，他们说："易老师，我们这个部门特别好，没有指标。"

听到这句话，我没有立刻反驳，而是引导着说："既然课程要求每个小组都要设定指标，那你们可不可以尝试着对部门工作设定关键指标呢？深度设想一下，你们可以用什么指标来对部门的工作进行牵引，进而让部门的工作更加有效呢？"

只要老师能提出正确的问题，学员就会顺着问题思考。于是经过讨论，这个小组设定了两个指标：

- 第一个指标是大客户飞行检查次数。
- 第二个指标是对于大客户的飞行检查，部门能够提前多长时间知道检查内容。

这两个指标一经确认，该部门的负责人就在课堂上告诉我，这两个指标给他们的大客户维护工作带来了三个重要思考。

第一个思考是，该部门以前是为了维护关系而维护关系，上上下下、左左右右、里里外外的客户全维护。但是现在，该部门知道了孰轻孰重，对有限的资源使用得更加精准和有效。

第二个思考是，以前跟大客户相处时，该部门的工作人员只会说一句话："X总，以后请多多关照。"于是对方的负责人回答："好的，没问题。"这句话说了等于没说，因为对方的负责人不知道他到底应该关照什么。但是现在，根据指标的指引，该部门的工作人员可以向对方负责人提出明确、具体的合理诉求。

第三个思考是领悟了指标的本质。这是最核心的思考，也是该部门学员在这次课堂上最有价值的发现。

该部门的负责人说："前两个思考只关注了短期问题，而第三个思考则反映了部门工作的本质。因为我们跟大客户的关系好，所以我们能提前知道客户到底会检查哪些内容。如果需要检查的内容确实是公司相关部门的工作短板，我们就能提前让相关部门对工作进行整改和优化。因此，我们不是在应付检查，而是在从根本上解决问题，把事情做好。"

该部门的负责人最后总结说："在课堂上找到的这两个指标让我真正看清了部门工作的性质，了解了部门业务的本质，这样我们才能为公司创造价值。"

通过这个案例，我们可以把什么是好指标总结为两句话：一是内容要准，要深刻反映对业务逻辑的洞察；二是颗粒度要细，要有可量化的细分指标。

好指标与伪指标的区别

既然指标对管理者这么重要，那么管理者要首先识别什么是好指标，什么是伪指标（见表1-2）。

表1-2 好指标与伪指标的比较

好指标	伪指标
与组织目标和战略相关	自己想干
根据现场调研分析得来	拍脑袋想出来的
经过实际论证测试	心中有质疑
有强大的逻辑关联和数据支撑	拍胸脯想出来的
让工作既高效又简单	既浪费资源又折腾人
是一个可以发生化学反应的体系	是一个只有物理变化的组合

管理者可以从三个方面辨别好指标与伪指标。

是谁想干

好指标反映了公司需要且必须要干的事，它一定与组织目标及战略紧密相关。而伪指标往往脱离或偏离组织目标及战略，有时候是管理者为了本部门或个人利益而想干的事，甚至有时候只是为了干而干。

早些年，保险公司的人力资源部有一个管理指标，叫"新人十三个月留存率"，简称"十三留"。这个指标可不是保险公司随便制定的，它与组织目标紧密关联。保险公司的保费收入有相当一部分来自公司新人的业绩，所以新人在某一时间段的留存率，直接决定了组织目标能否达成。从这个维度看，"十三留"是一个好指标。

有没有现实依据

好指标是有现实依据的，一定是企业经过深入调研、科学分析后制定的。比如，很多专家都说专柜在商超中的位置决定了客户临柜率的大小，其影响度甚至占到80%，所以很多企业把"专柜位置调优"作为区域管理的重要考核指标。但是我在辅导一家知名食品零售连锁企业时发现，实际位置对客户临柜率的影响度其实不到20%，而影响最大的因素竟然是客户是否闻到了食品的香味。于是我帮助该企业调整了原有指标，把"提高客户闻香临柜率"作为考核指标，这不仅增加了有效客流，还节约了大量本来用于位置调优的租金成本。当指标有现实依据支撑时，执行者很容易建立起充分的信心。而伪指标缺少足够的现实依据，即使企业进行重赏，也未必有勇夫出现，因为执行者根本就没把指标当回事，指标和配套奖励自然形同虚设。

是否劳民伤财

好指标以不折腾人为前提，企业不增加资源就能实现业绩增长，员工的工作也会变得简单。这是因为好指标最大限度地还原了真实的业务逻辑，找到了业务价值链上影响最终结果的关键因素，避免了大量无效动作和资源的投入，往往会起到四两拨千斤的作用。

总之，好指标才能真正引领企业实现高质量增长。

好指标引导管理者跳出问题看结果

根据过往的咨询辅导项目，我发现很多管理者在实际工作中往往会对很多问题过度关注，并且花了很大的精力来解决这些问题，但这样一来，企业反而离最终想要的结果越来越远。

而好指标能够引导管理者跳出问题的迷宫，始终关注结果。我们先来看一个真实案例。

李才是某银行企业大学学习项目的经理。最近，为了落实总行提出的京津冀一体化客户协同营销要求，该企业大学发起了一个专题培训项目。李才作为项目负责人，组织三个分行以及证券公司、理财公司、基金公司进行课题研讨。其中，基金公司与各分行在小组讨论中发生的冲突完全超出了李才的预料。

原来随着房地产市场环境趋紧，房企的资金压力加大，基金公司适时推出了相关ABS（资产支持证券）产品，但是产品推出两个月以来，京津冀三个分行的销售数据是"零"。巨大的业绩压力让基金公司和三个分行的员工在课题研讨中都难以控制情绪，最后大家不欢而散。

这时，李才找到我所在的项目组寻求帮助。项目组顾问与他一起梳理会议记录，发现虽然各分行以及基金公司都提出了七八个问题，但总结下来主要问题有五个。

- 问题1：市场竞争激烈，该基金公司的ABS产品没有竞争力。

- 问题2：一线客户经理的压力很大，对销售ABS产品没有动力。
- 问题3：分行领导不重视。
- 问题4：总行的支持力度不够。
- 问题5：销售流程太复杂。

李才说："这五个问题确实都很重要，但我们只能从这五个问题中选一个，怎么办呢？"

项目组顾问反问道："的确，这五个问题都很重要，但我们解决这五个问题最终是为了得到什么结果呢？"

李才听后不假思索地回答："当然是让分行把ABS产品卖出去。"此话一出，李才立刻恍然大悟，他兴奋地对项目组顾问说："如果把讨论的焦点从存在的各种问题转移到ABS产品的销售上，那么大家肯定不会有争议，共识一旦达成，剩下的工作就是确定具体指标了。"

最后，在李才的引导下，基金公司和三个分行很快达成了共识：三个分行要聚焦同一个结果，即实现ABS产品的零突破。

管理者的职责就是解决问题。树立问题意识，聚焦问题解决，这本身没有错，因为关注问题是人的惯性思维。当遇到简单问题时，这种惯性思维能让我们快速、高效地做出决策。但当遇到复杂问题时，这种惯性思维往往会让人陷入问题的迷宫，失去方向。这时，好指标可以引导管理者回到结果上，思考用什么工具和方法来实现最终想要的结果。

那么，人们为什么容易陷入惯性思维呢？

人们习惯于只关注问题

要解释人为什么习惯于只关注问题，就要从人类的思维习惯和思维模式说起。

关注问题是思维的起因

美国著名哲学家、心理学家约翰·杜威在他的著作《我们如何思维》中将人的思维过程归纳为五个步骤：

- 感受到困难和问题。
- 定位或定义问题。
- 思考可能的答案或解决办法。
- 对联想进行推理。
- 通过进一步观察和实验，肯定或否定自己的结论。

在以上五个步骤中，杜威先生将"感受到困难和问题"视为思维的起因，而且第一个步骤和第二个步骤往往是结合在一起的。当人们感受到困难时，困难往往已经相当清楚，因而人们马上就可以考虑用什么办法予以解决。

所以，习惯于从问题中直接找答案是人类的本能。

因看问题的角度、立场不同而产生分歧和争议

在企业中，人们处于不同的岗位和层级。这样一来，大家在看待同一现象时，由于观察的角度不同，想法也存在差异。如果大家关注的问题不一致，争议就不可避免。

比如，某公司总部将一项重要业务指标下达给分公司，但是分公司不想干，抱怨这个指标太难达成了，付出的代价太大。因此，总部的指标和战略无法落实。然而在这个问题上，总部看到的是分公司不听指挥，分公司看到的则是总部瞎指挥。

只看别人的问题，不看自己的问题

出于自我保护的本能，人们往往习惯于只看别人的问题，而不看自己的问题，由此也产生了"五十步笑百步"和"乌鸦落在猪背上——看得见别人黑，看不见自己黑"这样的俗语。这种现象在工作场景中屡见不鲜。

比如，私人银行业务逐渐成为国内商业银行竞争的焦点，但私人银行客户具有跨区域流动性大、对专业服务的要求较高的特点。尤其是在经济发达的长三角地区，这种客户特征更为突出。为此，某银行在长三角地区推出了"行行联动"的合作机制，这些高端客户即使身处异地，也可以方便地享受高品质服务。但是客户移出地的分行普遍反映移入地的分行没有对自己的客户做好服务，这影响了自己和客户的关系；而移入地的分行说这是因为自己没有得到这些客户的详细资料。这导致不同分行相互抱怨。

不管是因为看问题的角度不同而产生分歧和争议，还是因为只看别人的问题，不看自己的问题，如果只是就事论事，那么问题不至于向情绪化冲突的方向发展。但人们的大脑常常不受控制，它喜欢自己制造问题并回答问题，且常常被劣质答案引向错误的方向，由此人们产生了情绪化反应。

我们再看一个案例。某培训机构是幼教行业领先的国际品牌，因外部环境的影响，其经营业绩受到较大冲击，老师的工资也大幅下滑。此时，关于责任心的问题成为大众讨论的焦点。该机构的管理者指出：部分教师缺乏责任意识和担当，这个问题需要改进。而老师则抱怨说："不给我发工资，还让我多干活。"就这样，管理者看到的是老师缺乏责任意识，而老师则对校方和管理者心生抱怨。

关注结果，跳出问题的迷宫

管理学大师彼得·德鲁克说过："你如果无法度量它，就无法管理它。"由于问题在最初往往是"我们感受到的困难和难题"，是对已发生的现象的概括，是感性的，因而难以比较，无法衡量，这给人们解决问题带来困难。

基于大多数人的思维惯性，人们在面对复杂问题时，往往会在问题的泥沼中越陷越深，甚至产生冲突，从而给组织带来伤害。那么，如何避免这一现象呢?

关注问题是思维的起因,这一点很难改变,而可以改变的是让大脑"动起来"。这里我告诉大家一条非常简单的原则,那就是"关注结果",因为结果反映了客户的真实需求。

芭芭拉·明托在《金字塔原理》一书中指出:"判断问题是否存在,通常要看经过一定的努力得到的结果和希望得到的结果之间是否有差距。"所以,当关注结果时,人们就会轻松地走出问题的泥沼,并且在实际应用中看到良好的效果。以下是我从实践中总结出的从关注问题转换到关注结果,跳出问题看结果的关键步骤。

第一步,识别好指标。判断当前设定的指标是问题型指标还是结果型指标的标准是,能不能举出一个明确的结果作为例证。比如,以"改善客户关系"为指标,但客户关系没有明确的结果可以衡量,因此它属于问题型指标。好指标有可衡量的、明确的结果,而伪指标代表着不可衡量的模糊的问题。

第二步,进行关键提问。如何识别伪指标?管理者可以运用关键提问公式R-B-I-C-R,得到组织真正想要的结果。

- R(Reality):你是基于哪些事实做出的判断?
- B(Behavior):由于这些事实的存在,员工在行为上有哪些表现?
- I(Influence):这些行为会造成什么影响?
- C(Conclusion):这些影响会产生哪些后果?
- R(Result):你最终想要的结果是什么?

第三步,达成结果。管理者要将自己想要的结果与公司战略对照,进一步思考公司想要的结果是什么,并说明自己想要的结果与公司想要的结果之间的关系。最终,管理者想要的结果与公司想要的结果达成一致,双方形成共识。

我们以某眼镜店为例,分析管理者如何跳出问题看结果。

一开始，管理者认为眼镜店的最大问题是客流量不足。于是其关注焦点是采用什么样的方案来增加客流量。管理者认为可以通过投入人力、物力、财力来解决这个问题。这些举措接下来又引发了新的问题——门店的获客成本过高。

项目组经过分析认为，找到好指标是关键。客流量不足只是表面问题，管理者要思考的是，这个问题带来的结果是什么？门店销售业绩不佳。于是，项目组就把管理者的目光从客流量不足这个问题转换到门店销售业绩不佳这个结果上了。

我们再从结果出发进行分析，为门店贡献销售业绩的客户有哪些？以前管理者更关注那些因为更换眼镜架而进店消费的客户，其实还有一类潜在客户被忽略了，即因眼睛度数加深而需要更换镜片的客户，且因为要更换镜片，他们顺便更换了眼镜架。所以这两类客户都能促进门店销售业绩的提升。于是项目组把指标从"提高进店客流量"调整为"提高客户验光邀约率"。这样，管理者就不再纠结门店拉新、引流甚至位置调优这些老生常谈的问题了，而是全力抓客户验光邀约率这个指标。最终，在不增加营销预算的前提下，门店销售业绩大幅提升。

好指标的确可以引导管理者从只看表面问题的迷宫中跳出来，更加关注结果，并且帮助企业在不增加资源的前提下实现管理者和组织共同想要的结果。

第 2 章

管理有抓手，就靠前置性指标

三层级指标体系

好指标能够引导管理者更关注结果，但这并不是说管理者只需要关注单一的结果性指标。一个好的指标体系通常要兼顾三个层级，并且要保持这三个层级指标之间的一致性。

这三个层级分别是最上层的组织层级、中间的流程层级和底层的行为层级，对应的指标分别是组织指标、流程指标和行为指标。

组织指标

吉尔里·A.拉姆勒是《流程圣经》一书的作者之一，他说在组织层级，指标即战略。一个好的战略可以确定一个企业的产品与服务、市场与客户、竞争优势、产品和市场的优先级。因此，组织指标反映的是企业为客户提供产品与服务的水平。一个有效的组织指标应体现：

- 企业创造的客户价值。
- 客户的满足程度。
- 企业的财务表现。
- 产品的目标市场。
- 建立与强化各项竞争优势的期望值。

本书把组织指标进一步简化为两类：

- 财务类指标，比如企业的收入、利润和成本等。
- 客户类指标，比如客户满意度和客户规模等。

这两大类指标通常代表着企业在组织层面想要的结果，这也是管理者应该关注的结果。

一个好的指标体系，其实在组织层面的指标并不多，也不复杂。管理者想清楚之后很容易把它们梳理出来，从而形成三层级指标体系中最上面的一层，即顶层。

组织指标是指一个企业在未来一段时间内要实现的结果。比如，"提高客户满意度"这样的指标可能看起来很空洞，但它就是一个典型的组织指标。很多企业都需要这样的指标，各个部门也需要围绕这类指标来制定本部门的工作任务，并以此指导和评估本部门工作。

组织指标被称为"指挥棒"，但这个指挥棒指挥的是企业高层，而不是各个部门以及部门中的各级员工。组织指标决定了企业一定时期的发展方向，即在某段时间企业最重要、最核心的事情。

管理者经常讲：人人头上有指标。但这个指标绝对不是组织指标。关于组织指标的分解，我将在下一章进行详细分析。这里要强调的是，组织指标的实现绝对不能跳过某些中间环节，将指标直接分解到员工头上。

这个不能跳过的中间环节就是确定三层级指标体系中的流程指标。

流程指标

业务流程是企业中最常见，也是最容易被误解和误用的管理要素之一。拉姆勒认为，业务流程就是指基于企业的产品和服务，设定好的一系列步骤。

企业作为一个组织，只有在业务流程有效时才能正常运转。也就是说，组织指标只有经过一系列合理的业务流程的运作才能实现。同样，每一个业务流程存在的意义和价值，就在于为顶层的组织指标提供支撑。业务流程中的指标化节点就是流程指标。

我们可以通过以下示例来直观感受什么是流程指标：

- 商贸类客户签约率达到30%。
- 代发薪客户签约率达到15%。
- 厅堂客户识别签约率达到30%。

在不同的业务单元，同一个组织指标所对应的流程指标是不同的。以"提高客户满意度"这个组织指标为例，某银行各部门对应的流程指标分别是：

- 前台部门的流程指标：降低每日客户投诉率，提高业务办理速度，缩短客户等候时间等。
- 后台部门的流程指标：提高24小时内对收到的票据进行信用审核的准确率，减少柜台操作失误次数等。
- 客服部门的流程指标：增加五星好评的数量，减少差评数量。

从这些示例中我们可以直观地看出组织指标和流程指标之间的关联与差别。流程指标位于三层级指标体系的中间层，再往下拆解，就是颗粒度更小的指标，即行为指标。

行为指标

行为指标是指针对各个业务流程中的具体工作行为所制定的指标，通常是一个或一组连贯的、可量化的动作。我们常说"事是干出来的，不是天上掉下来的"，这说的就是通过一系列动作来引起结果的变化。行为指标的变化直接影响流程指标和组织指标的达成，从而最终影响企业想要的结果。

我们可以通过以下示例来更好地理解什么是行为指标：

- 对辖区内存量商贸类客户进行100%营销覆盖。
- 对月均代发工资5 000元以上的客户进行100%营销覆盖。
- 在厅堂营销中，大堂经理、理财经理、柜员对账户资产在1万元以上的目标客户的营销开口率达到100%。

在三层级指标体系中，管理者通常最重视的是组织指标，最容易忽视的是行为指标。我在给企业做咨询辅导的过程中发现，很多企业的指标体系通常缺失的就是最底层的行为指标，这使得高高在上的组织指标成了空中楼阁。由于缺少最底层的行为指标的支撑，管理者往往会把组织指标直接分解，形成所谓的"人人头上有指标"。接下来管理者就会拿出他们的看家本领——排名、通报、奖惩，狠抓员工执行力。

行为指标必须与上一级的流程指标相关联，它一定是从业务流程中延伸出来的，并具体到实际工作中的某一个动作。还是以"提高客户满意度"这个组织指标为例，在这个组织指标下，其中一个流程指标是"提高24小时内对收到的票据进行信用审核的准确率"，这个流程指标对应的一个行为指标是"24小时内100%完成对收到的票据的信用审核"。

为了加深大家对三层级指标体系的理解，表2–1提供了一个示例。

表2–1　三层级指标体系示例

组织指标	2023年开门红期间，签约特定客户12 000个，带动个人存款增加3亿元
流程指标	1. 商贸类客户签约率达到30% 2. 代发薪客户签约率达到15% 3. 厅堂客户识别签约率达到30%
行为指标	1. 对辖区内存量商贸类客户进行100%营销覆盖 2. 对月均代发工资5 000元以上的客户进行100%营销覆盖 3. 在厅堂营销中，大堂经理、理财经理、柜员对账户资产在1万元以上的目标客户的营销开口率达到100%

有了对组织指标、流程指标、行为指标这三个层级指标的认识，我们不难发现，企业只有把指标从三个维度进行细分，才能说自己设定好了可落地的指标体系，而不是"假大空"的指标。

保持指标的一致性

一个好的指标体系由三个不同层级的指标共同构成，最顶层的是组织指标，最底层的是行为指标，中间的是流程指标。

但只是形式上具备三个层级还不够，三个层级的指标之间还必须有一定的关联性，即所有组织指标都是由一个个流程指标实现的，每一个流程指标又都是由一个个行为指标实现的。这样的指标才能被称为体系化指标。

管理者要做的事情就是始终确保组织、流程和行为这三个层级指标的一致性。只有当这三个层级的指标保持一致时，企业才能真正做到减少内耗、效率最高。

比如，"把客户满意度从95%提高到97%"是组织指标中的客户类指标。这个指标需要很多流程指标的支撑。在众多流程指标中，企业发现有一个流程指标出现了问题，即"提高订单处理效率"这个流程指标和应有水平相比，差距较大。而这会影响上述组织指标的实现。

再比如，"提高24小时内对收到的票据进行信用审核的准确率"这个流程指标由很多个行为指标来支撑，其中最关键的三个行为指标是：

- 24小时内100%完成对收到的票据的信用审核。
- 将信用等级较差的票据全部退给销售代表。
- 通过审核的客户的未结款项不能高于所有款项的1%。

执行者只要完成好这三个关键行为指标，"提高订单处理效率"这个流程指标就会相应得到改善，从而带动客户满意度的提升。

设想一下，如果你是这个岗位上的员工，当看到这三个行为指标后，你是不是就知道如何提升客户满意度了。所以说，"事是干出来的，不是天上掉下来的"。不仅如此，执行者还可以清楚地知道，自己只要把这三件事做好，就能直接完成"提高订单处理效率"这个流程指标。这是最关键的，因为企业建立起了一个从组织指标到流程指标，再到具体的行为指标的一致性关系。

一致性原则

如何理解一致性原则？以减肥为例，你有没有想过减肥的目的是什么？有人说是为了变漂亮，有人说是为了变得更健康。对于大多数人来说，减肥是为了变得更健康。也就是说，当减肥与健康发生冲突的时候，大多数人会选择健康，不会因为减肥而损害健康。所以，这里所说的"追求健康"就相当于企业中的组织指标，而减肥只是人们在追求健康过程中的一个环节，包括降低体重、减少脂肪以及维持正常血压、血糖、血脂等流程指标。

如果"追求健康"是组织指标，"降低体重"是这个组织指标对应的一个流程指标，那么"降低体重"对应的行为指标又是什么呢？

- 第一类是所有有损健康的减肥行为，都不选择。
- 第二类是所有减肥行为都必须对健康有益。

这两类行为指标都与"降低体重"这个流程指标以及上一级的"追求健康"这个组织指标相关联。

这个示例可以让管理者更直观地理解一致性原则。当组织指标、流程指标和行为指标具有一致性的时候，有些干预措施是不能采纳的，因为这些干预措施可能是无效的,也可能是不经济的,甚至可能是相冲突的。这就是为什么管理者必须把这三个层级的指标整合在一起且保持其一致性,这样的指标体系才算完整,才算真正的好指标。

900场次的课程从哪里来

一致性原则在企业日常管理工作中无处不在。很多项目在前期投入了大量的人力、物力,最终却不能落地,或是不了了之,有一个重要原因是管理者在实际工作中忽视甚至违背了一致性原则。

以我多年前做过的一个培训辅导项目为例:某公司希望与华商基业进行深度合作,并提出了明确的项目需求,即希望共同合作,在该公司内部同时启动10个内部讲师培养项目。收到这样的项目需求,我当然很开心,因为华商基业就是一个专业的搭建企业内部培训体系的组织。我们公司对企业内部讲师的培养采用"编、导、演"的方式进行,并运用项目管理的逻辑来实现。和其他机构不同的是,我们在"选、育、用、留"过程中设计开发课程的方法,之后直接为客户开发课程,最后再认证一批能讲解这些课程的内部讲师。

于是,我一层一层地与客户深入分析:未来要开展10个内部讲师培养项目,每个项目至少要开发6门课程,这样一来,总共至少需要开发60门课程。

接着我问客户:"首先,这60门课程你们想开发什么内容?哪些课程与贵公司的战略发展方向,以及在经营管理中遇到的各种困难和挑战是一致的?其次,每个项目都要培养出30个老师,那么10个项目总共要培养300个老师,这300人你们选好了吗?然后,你们有没有想清楚,这300人和这60门课程之间是什么关系?是一人讲多门课程,还是多人讲多门课程,或是各有交叉?最后,就算这60门课程都开发出来了,300个老师也培养出来了,项目到这里就算结束了吗?没有。一名讲师在企业内部一年至少要讲三次课,那么基于300名内部讲师,贵公司一年得开办900场次的课程，每场平均覆盖30人，全年全公司总共覆盖27 000人，这27 000人分别涉及哪些层级的员工，这些你们想好了没有？"

问到这里，对方的负责人摇摇头说自己压根儿就没有这样想过。如果不这样分析，那么结果一定是可预见的：要么最后不了了之，要么项目烂尾，最终浪费了公司大量的人力、物力和财力。

在与客户达成上述共识后，我们共同做了进一步的深度业务分析，最终决定将原来计划的10个项目压缩到当年只做2个项目。虽然项目数量变少了，但这2个项目都成了该公司的精品项目。到了年底，由于这2个项目的贡献突出，每个项目组都有成员拿到了公司颁发的10万元专项奖励。

总之，管理者不仅要抓住好指标，还要在指标设定和落地执行的过程中时刻保持各层级指标之间的一致性。

体系化助力实现"十三留"

我们再来看一个销售业绩（组织指标）与人才发展（流程指标）保持一致性的案例。

早些年，保险行业有一个非常著名的人才发展指标，叫"十三留"。"十三留"是指新人入职后，连续13个月留存在原岗位上的比例。某保险公司设定的年度指标是，"十三留"从32%提升到45%。也就是说，如果有100个新人同时入职，那么13个月后，原岗位留存人数要从32人提高到45人。

从指标体系化的视角看，"十三留"从32%提升到45%这个指标属于哪一层级的指标呢？要想保持指标的一致性，管理者首先要学会识别指标层级。

"十三留"既不是财务类指标，也不是客户类指标，根据组织指标的定义，它肯定不是组织指标。另外，这个指标中没有具体的动作，所以它也不是行为指标。通过排除法，我们可以确定它是一个流程指标。

在这个案例中（其实也是大多数业务管理场景），管理者只盯着自己头上的流程指标，不习惯甚至没有意识让流程指标与公司的组织指标保持一致。而这会导致好战略落不了地，各个部门为了干活而干活，员工工作很忙但产出成效不显著等。

那么管理者如何将流程指标与组织指标关联起来呢？这肯定不能凭经验或直觉。我问该保险公司的业务负责人："你们提升'十三留'的目的是什么？"对方回答说："因为公司要求每年的保费增长率不低于50%。而根据历史数据，保费收入有很大一部分是由新人完成的，所以新人的留存情况直接影响公司的保费收入。"

因此，提升"十三留"这个流程指标所对应的组织指标就清晰了，即"年保费增长率不低于50%"。向上找到组织指标后，管理者需要再向下找到对应的行为指标。

如何体系化地从流程指标向下推导出对应的行为指标呢？很多管理者特别喜欢通过头脑风暴的方式来推导行为指标，有的管理者则喜欢用结构化的思维导图来推导行为指标。但这些方法依靠的还是经验或直觉，充其量只是结构化地拍脑袋。

根据流程指标推导行为指标是有一定的方法的，这个方法就是用价值链还原现状，我将在下一章详细介绍具体步骤。"十三留"这个案例来自我曾经做过的一个项目，为了简化叙述，这里直接给出与提升"十三留"有关的四个关键行为指标。

第一个关键行为指标叫"计划100达成率"

新业务员入职后，保险公司不会安排其直接上岗，而是会先把新业务员的手机通讯录打开（以前是通讯录，现在是微信好友），看一下他的通讯录里有多少联系人。如果有几百人，那么这说明新人的人脉关系特别好，而保险销售最重要的基础就是人脉关系。

之后带教老师会帮助新人分析："看一下你的通讯录里面有多少人在半年之内和你有过2次以上的互动，我们把这类人称为活跃客户。把活跃客户筛选出来后，我们再分析在这些活跃客户中哪些人是目标客户。"

所谓目标客户，是指有保险产品需求的活跃客户。保险公司要求新人至少要掌握100个目标客户，所以这个行为指标叫"计划100达成率"。有人说："我的朋友没这么多，怎么办？"没关系，可以把家人的朋友也算进去。所以对于新业务员来说，完成这一动作的难度相对较低。

第二个关键行为指标叫"四张图通关率"

第一个关键行为指标完成了，是不是马上就要向这100个人开展保险推销了呢？当然不是，新业务员要继续完成第二个关键行为指标——四张图通关率。

每个人或多或少都有资产保值、增值的需求，带教老师会向新业务员提供四张图，以此说明不同的人在不同的人生阶段，如何保值、增值资产。新业务员拿到的不仅是四张图，还有对这四张图的解释以及对应的销售话术。只要新业务员把这四张图以及话术记住、背熟，并通过通关考试，第二个关键行为指标就算完成了。

第三个关键行为指标叫"四张图覆盖100个客户"

第三个关键行为指标叫"四张图覆盖100个客户"，这是指新业务员必须和目标客户进行联系，找出最匹配目标客户需求的那一张图，并向目标客户进行内容介绍。当新业务员向已有的100个以上的目标客户都介绍过后，这个行为指标就算完成了。

第四个关键行为指标叫"产品说明会邀约率"

新业务员只需要把有需求的目标客户邀请到产品说明会现场，就算完成了这个指标。因为只要客户到场了，公司就会安排专业的保险人士和资深的保险业务员对接客户，接替新业务员完成销售过程。

对于新业务员来说，这四个行为指标全部达成后，保单成交就变得简单了，保费收入就会增加，个人收入也会相应增加。

大家进一步思考，该公司是用什么来留住新人的？流程指标并没有调低，新人的业务能力在短期内也没有普遍提升，该公司是靠好的指标体系来留住新人的。通过这个指标体系，公司高层得到了想要的业绩，人事部负责人得到了想要的新员工留存率，新业务员得到了想要的个人收入。三个层级的指标虽然内容完全不同，但内在逻辑是一致的。如果新业务员能够很快挣到钱（销售佣金），且很容易挣到，那么他自然会留下来。新人的留存率越高，开单率越高，公司的保费收入自然水涨船高。此外，在这个增效过程中，该公司只是盘活了现有资源，并没有增加投入，甚至降低了培训成本和反复招聘的成本，真正做到了降本增效。

让指标之间发生化学反应

指标与指标之间不仅要保持一致性,还要发生化学反应。也就是说,从组织指标到流程指标,再到行为指标,不同层级的指标之间必须保持异质性。保持异质性是指标体系化的另一个重要特征。

管理者要做的就是确保组织指标、流程指标和行为指标这三个层级的指标逐级发生化学反应。只有这三个层级的指标保持异质性,企业才能真正做到减少冗余,杜绝无效动作和投入。

异质性原则

很多管理者都会设定多个指标,但这些指标不能称为指标体系,只能叫指标组合,因为指标与指标之间只是单纯的物理关系,我形象地称之为"一根香肠切几段"。

而指标体系化的另一个特征是保持异质性,即从组织指标到流程指标,再到行为指标,它们之间发生的是化学反应,我形象地称之为"把水分解成氧气和氢气"。

什么叫指标之间产生化学反应呢?我们先回顾一下前文提到的提升"十三留"的案例,在这个案例中,组织指标是年保费增长率不低于50%,这是组织指标中的财务类指标,说的是"钱";提升"十三留"是组织指标对应的一个流程指标,说的是"人";这个流程指标对应的是"计划100

达成率""四张图通关率"等行为指标，说的是"数据信息"。

这三者是互相异质的，从钱到人，再到数据信息，这个指标体系中的组织指标、流程指标和行为指标之间发生的是化学反应，这是指标体系化的第二个重要特征。

奥巴马竞选

我们来看一个国外的例子，以加深对不同层级的指标之间发生化学反应的理解。

几年前，网络上有一篇比较有热度的文章，叫"奥巴马竞选"。大家都知道，奥巴马在2008年和2012年的两次竞选中都成功了，如果把美国大选看作一项业务，那么它的业务逻辑是什么，组织指标和流程指标又是什么呢？

赢得美国大选要达成两个组织指标：一个是各州（特区）的自然人选票必须超过50%；另一个是选举人的票数要超过竞争对手的（270张以上）。组织指标对应的一个重要的流程指标叫"筹款"。具体来说：一是钱从哪里来，怎么来；二是钱花给谁，怎么花。

在这个案例中，组织指标说的是"票"，而流程指标说的是"钱"，从票到钱，组织指标和流程指标之间发生了化学反应，而发生化学反应的过程就是业务逻辑展开的过程，这是实现超越指标的基础。

但是管理者通常只会对指标进行物理分解，从票到票，再到票，层层分解，层层下压，责任到人，却从来不问票是从哪里来的。也就是说，管理者从来不考虑业务逻辑和指标的关系。

所以，对业务逻辑进行还原非常重要，没有钱就没有票，钱从哪儿来决定了票从哪儿来。当把组织指标中的"票"还原成流程指标中的"钱"后，接下来，相比票从哪儿来，钱从哪儿来就变得很重要了。

那么钱从哪儿来呢？有两个来源，一是大财团，二是公众。大财团姑且不论，我们先看公众这一部分，公众方面的钱从哪儿来？自然是来自选民中的支持者。

按照传统的指标组合，到这一层级时，行为指标一定会被设为"公众的小额捐款数"，然后所有支持者的小额捐款数加起来就是公众部分的竞选经费。这本身没有错，在2008年的竞选中，竞选团队就是这么做的。当时的方式是售卖T恤，上面印有口号、照片。这些T恤能不能卖出去呢？当然能，因为支持者一定会买。但是这种从钱到钱的指标组合打法，是比较传统和低级的方式。

所以在2012年的竞选中，奥巴马的竞选团队重新调整了指标体系，流程指标不变，还是向公众筹集足够的竞选经费。但是流程指标对应的行为指标发生了变化，从"通过售卖T恤获得小额捐款"变成"让支持者签署快速捐款承诺书"。也就是说，从"钱"变成了"纸"，从向支持者直接要钱，变成向支持者要一纸承诺。

奥巴马的支持者也是人，是人就有符合人性的地方。人性是什么呢？当欠别人钱的时候，人们总会忘记，但当别人欠自己钱的时候，人们总是记得清清楚楚。同样，往兜里装钱的时候，人们会很开心，但把兜里的钱往外掏时，就会很心疼，很犹豫。

对此，竞选团队对支持者说："当下不用捐款，你如果支持奥巴马，那么请签署一份承诺书，承诺如果在竞选过程中我们真的需要钱，那么你是愿意捐助的。"

人性特别有意思，只要不让我立即捐钱，只是签署承诺书，我大笔一挥就签了。根据心理学的"承诺一致"原则，谁都不愿意公开违背自己的正式承诺，如果支持者曾经正式做过承诺，那么到了真正需要钱的时候，他还是会捐款的。

这届奥巴马竞选团队对指标体系优化后，结果如何？支持者的捐款速度比原来快了4倍。

假设这是一个企业经营场景，那么管理者就不用每天都盯着收到多少钱，只用盯着每天收回多少份承诺书就行了。这就是让指标之间发生化学反应的优势。

"分猪肉式"或"切香肠式"的指标组合

在实际经营中，很多企业的指标组合之间往往是同质化的，比如年度销售收入指标说的是钱，月度销售收入指标说的也是钱，各业务单元的销售收入指标说的还是钱。这种指标与指标之间只有物理变化的组合是"分猪肉式"或"切香肠式"的指标组合，它还谈不上体系化。

比如，2022年某食品制造企业的某类产品在某个特定渠道的年度销量指标是2 500万吨，这是这个企业以一年为周期的组织指标。到年底时，该企业将根据这一指标来评估当年的销量完成情况。

通常来讲，企业不会只设定一个以年为单位的组织指标，其周期太长，时效性太差。所以企业会以时间为单位，进一步细分指标，形成以季度为周期的指标。2 500万吨的销量总值可以按照季度进行拆分，比如第一季度500万吨，第二季度700万吨，第三季度800万吨，第四季度500万吨。如果工作做得再仔细一点，那么管理者可将每季度的销量指标以月为单位进行拆分，甚至拆分到每一周。这样就形成了以时间为单位的指标组合，也叫"切香肠式"的指标组合。

企业以时间为单位向下进行指标拆分后，通常还会以业务单元为单位进行指标拆分，确定每个业务单元每周、每月、每季度以及每年的销量指标，这是"分猪肉式"的指标组合。

不管是切香肠还是分猪肉，这种指标组合的特点是指标与指标之间是同质化的。

只发生物理变化的指标组合只是对组织指标在数量和时间上进行了递减式分解，其目的是阶段性地完成经营者主观期望的工作结果，并没有真实反映业务发展的内在逻辑。这才是我们讨论指标之间是发生化学反应还是只有物理变化的意义所在。

企业的业务发展有其内在逻辑，而三层级指标体系（从组织指标到流程指标，再到行为指标），以及指标体系的一致性和异质性特征，反映的就是业务发展的内在逻辑。

凡是符合事物发展客观规律的行为，一定是最简单，也是最优的行为。管理者只有建立三层级指标体系，客观准确地洞察和掌握各项业务发展的本质和内在逻辑，经营管理工作才能事半功倍。

那些只发生物理变化的指标组合都与管理者想要达成的结果有关，可以称之为结果性指标。管理者不遗余力地分解指标、追踪指标、考核指标，不就是想对结果有所影响吗？但吊诡的是，与结果有关的结果性指标却影响不了结果，管理者只关注结果性指标往往得不到预期结果。

这是为什么？因为在这类结果性指标中，无论是年度指标还是月度指标，当它们最终呈现出结果的时候，管理者已经无法对其施加影响，更别说将其改变了。也就是说，这些指标的唯一作用就是测量和评估，而不是干预和影响。一旦结果形成，无论好坏，管理者就只能接受。

所以本书将这类结果性指标称为滞后性指标。

既然这类指标具有滞后性，不能影响结果，那它肯定不是好指标。什么指标可以影响结果呢？这就是下文将要重点讲述的前置性指标。

滞后性指标和前置性指标

从管控到影响

经常有管理者向我诉说他们的困惑：为什么天天紧盯指标，最终还是不能拿到预想的结果？为什么做了很好的营销计划，业绩还是上不去？

我们可以从管理者的这些困惑中看到，没有哪个管理者不注重结果，但我们也可以看到，尽管管理者付出了极大的努力，但是想取得好的结果却变得越来越不容易。

大多数管理者只关注结果性指标，以为关注了结果性指标就是在关注结果了，其实不然。管理工作可以分为两大类。

一类是可以直接管控的工作

这类工作一般要求管理者从组织赋予的管理权力出发，决定各项指标由谁来完成、完成多少以及完成的速度，这体现了管理者的统筹能力。

然后管理者基于划分给各个部门或每个员工的指标，对其进行激励、追踪、监督、评价和奖惩，从而始终对最终结果的达成情况和业务进度有所掌握，这体现了管理者的掌控能力。

管理三板斧"分任务、追指标、抓考核"，就属于可以直接管控的工作。那些以管控为目的的结果性指标，都属于滞后性指标。

另一类是可以施加影响的工作

管理者仅仅做好以管控为目的的工作还不够,他需要同时做好另一类工作,即可以施加影响的工作,也称具有撬动性的工作。

这类工作要求管理者从业务发展的内在逻辑出发,思考想要达成的结果究竟与哪些影响因素有关,进而把关键影响因素指标化。最后,管理者要把自己掌握的和能争取到的人、财、物等资源投入对应的工作,从而事半功倍地达成业绩指标。

加强版的管理三板斧"找因素、抓关键、配资源",就属于可以施加影响的工作。这类能够直接影响结果的指标,都属于前置性指标。

区别与联系

在管理实践中,滞后性指标很重要,因为它是管理者衡量预想结果是否达成的唯一指标。滞后性指标有两个特点,第一个是滞后,第二个是重要。

滞后性指标具有滞后性,这是因为在管理者获得最终数据之时,所有事情都已经发生了。这类指标有一个谑称,叫"验尸报告"。滞后性指标也很重要,每个企业都会追踪销售收入、成本、利润、市场占有率、客户满意度等指标,这类指标在企业经营中特别重要,管理者必须周周追踪。

前置性指标是影响和促进最终结果达成的推进性指标,它具有三个显著特征。

第一,它具有过程性。它一定反映了业务开展过程中的一系列动作,属于三层级指标体系中的行为指标。

第二,它具有可预见性。它一定可以提前预见结果能否达成。这意味着,一旦某个前置性指标发生了变化,管理者就可以推断出滞后性指标相应会有什么变化。

第三,它具有可控性。管理者可以对其进行有效干预和影响,即靠自己的力量促使前置性指标发生变化,并且撬动滞后性指标随之变化。

这三个特征缺一不可，这样的指标才能称为前置性指标。

那么管理者靠什么带领团队完成业绩、超越指标呢？管理者一定要找到业务开展过程中的前置性指标，并对其进行管理，这类指标也称"业务抓手"。

关于滞后性指标与前置性指标的区别与联系，我举一个生活中常见的例子来加以说明。

很多减肥人士都非常关心一个指标，那就是体重，他们每天、每周、每月都会通过体重秤得到相应数据。当正在减肥的人获得体重数据时，之前所做的所有关于减肥的措施就已结束，不管之前是吃多了还是吃少了，体重数据都已然成为一个最终结果，无法改变。这就是我们所说的滞后性指标。

如果减肥的人只关心体重这个滞后性指标，那么最有可能出现的情况是，体重只会继续上升，而不会下降。我们反过来思考，与体重有着内在逻辑关系，且能影响体重的可干预性因素有哪些呢？

通常情况下，一个人的体重变化与摄入热量和消耗热量这两个因素密切相关。

当摄入热量大于消耗热量时，体重呈上升趋势；当消耗热量大于摄入热量时，体重呈下降趋势。换句话说，吃得少、动得多，体重自然会呈下降趋势。

那么，要想减肥成功，人们就应该将"控制体重"这一滞后性指标转换成"干预摄入热量和消耗热量"这个前置性指标。这意味着只要减肥的人确保自己每天摄入的总热量少于每天通过运动或其他方式消耗的总热量，体重下降就是水到渠成的事情。

因此，前置性指标又被称为"预见性指标"。

在管理学中，"预见性"指的是两个指标之间存在必然的内在关系，当其中一个指标发生变化时，另一个指标必然随之变化。因此，管理者可以通过前置性指标的变化预见最终结果能否达成。

找到具有预见性的关键前置性指标是管理者应具备的一项非常重要的

技能。基于前置性指标的预见性，管理者可以提前对最终结果进行干预，通过一系列有效的管理行为来确保组织指标的最终实现。

这里要特别澄清的一点是，对于管理者来说，滞后性指标与前置性指标同样重要，两者并不是相互替代的关系，其区别如表2-2所示。

表2-2　滞后性指标与前置性指标的区别

滞后性指标	前置性指标
衡量结果是否达成	促进结果达成
滞后性 非常重要	过程性 可预见性 可控性

首先，滞后性指标与前置性指标帮助管理者解决的问题是不一样的。

滞后性指标给管理者指明了前进的方向，而前置性指标则提示了在指标达成的过程中管理者需要着重关注或重点发力的地方。与滞后性指标对应的问题是：经过一段时间的工作后，管理者想要达到的业绩结果是什么？与前置性指标对应的问题是：管理者要如何做才能完成理想的业绩？

其次，管理者对这两类指标采取的管理方式是不一样的。

对于滞后性指标，管理者要进行实时跟踪与监控，从结果层面了解业绩完成的进度与程度；对于前置性指标，管理者要进行业务设计，增加业务动作，通过一系列措施来对过程进行有效干预，从而促进业绩的完成。

在实际工作中，很多管理者都能做好第一类管理工作。但对于第二类管理工作，很多管理者要么不会做，要么不愿意做。这其实还是与滞后性指标、前置性指标的性质有关。找到并管理前置性指标，要求管理者拥有较强的业务洞察能力，对关键影响因素进行分析的能力，以及较强的业务设计能力与实施干预措施的能力。对于很多管理者来说，这是一个巨大的挑战。

于是，管理者更愿意关注滞后性指标，甚至把全部精力放在那些根本不可能直接影响结果的滞后性指标上。出现这一现象的原因有两个：一是滞后性指标能够直接衡量成功与否，也是必须达成的指标；二是相比前置性指标，滞后性指标更容易被找到和管控。

虽然前置性指标不容易被找到，但正是这些前置性指标给管理者带来了想要的结果。正如管理学大师戴明所说："只靠财务数据（滞后性指标）去管理一家公司，就像仅依靠后视镜开车一样。"

如果管理者能够找到有效的前置性指标，那么企业可以得到想要的结果，同时执行者可以获得绩效辅导和支持。如果管理者只告诉员工要实现滞后性指标，那么员工经常是焦虑的，不知道要怎么做才能实现。现在，管理者不仅要和员工对结果达成共识，还要告诉他们前置性指标是什么。前置性指标是具有预见性、可控性的行为指标，员工只要想做到，就可以做到。当清楚了要做什么、怎么做时，不用管理者激励，员工自然会干劲满满，他的精力会放在如何实现前置性指标上，最终结果自然能达到预期。这样就进入了一种良性循环，员工凭借现有能力就能取得更好的成绩，从而更有干劲，工作效率不断提高，最终助力企业超越指标。

前置性指标的优势

不折腾人

在企业的运营系统中，组织指标决定了企业的运营方向，即要做什么以及不做什么。从物理变化的视角看，企业通常会将组织指标层层分解到各个部门，由各个部门直接或间接承担指标。在组织指标自上而下传递的过程中，完成指标的主体通常被认为是员工，因而员工的能力以及员工与员工之间的协作被认为是完成指标的最主要因素。

因此，当遇到业绩压力和增长瓶颈的时候，各级管理者首先想到的就是折腾人，比如举办劳动竞赛、进行通报排名、召开誓师大会、实行全员营销、倒逼员工自己认领指标等，这就是"一将无能，累死三军"。

要想不折腾人，管理者就不能把组织指标直接分解给员工，而是要根据三层级指标体系，找到关键的前置性指标，并组织员工在关键的前置性指标上发力。这样企业既能完成组织指标，还能不折腾人，不劳民伤财。

为了加深对前置性指标的理解，我们来看一个真实的故事。

这个故事发生在20世纪的非洲，当时非洲最大的问题是什么呢？经常会出现一些传染病。

20世纪80年代，非洲地区流行一种病，它的名字有点长，叫麦地那龙线虫病。麦地那龙线虫是热带地区的一种常见的寄生虫，除了人类，一些哺乳动物也会成为麦地那龙线虫的寄主。这种寄生虫是通过水源传播的，人一旦喝了带有虫卵的水，这种虫子就在人的身体里寄生了。雌雄两性均寄生在人体内各器官的结缔组织内，雌虫的寿命可达10～14个月，雄虫在交配后死亡。雌虫成熟后会移到皮肤下面，该处会出现水疱，这个时候人就基本丧失了劳动能力，特别痛苦。人们经常到池塘、溪流中清洗自己的伤口，水疱破裂，无数幼虫进入水中。当其他人饮用了带有感染期幼虫的水后，麦地那龙线虫在人体内开始另一个周期。

面对这种寄生虫病的肆虐，非洲人民向世界性组织求救。很多世界性组织来到非洲，想要解决这个问题，经过分析，人们发现让患病率下降的最重要的办法就是控制水源。于是，他们来到各个村庄，告诉民众不要让水源再次被污染，为了家人的健康，患病的村民千万不要再接近水源！之后，他们给每个村民发了一本预防手册，让村民回去认真看，然后就离开了。大家猜一下这个措施能不能解决问题？完全不能，疾病仍然肆虐。

直到一个机构出现，这个问题才被真正解决，这个机构叫卡特中心。起初它的做法和别的机构一样，当发现这个方法无效后，该机构派了很多工作队深入各个村庄，进行调查、采样。经过调研，他们发现有一个村庄用的水源和周围村庄没有区别，但是这个村庄里的人很少得这种传染病。于是该机构就在这个村庄驻扎下来进行深入了解。

他们一开始有一个假设，是不是这个村庄的村民体内有某种特殊抗体，从而不会感染这个病？后来该机构发现，村民体内并没有某种特殊抗体。那到底是什么原因呢？他们开始了解这些人的生活习惯。这里的村民既不会不喝同一水源的水，也不会把水烧开喝，因为把水烧开也不能完全杀死虫卵。不一样的地方在于，这些村民的打水习惯不一样。其他村庄的村民都是在头上顶一个水罐，回来以后直接把水倒进大水缸，等要喝水的时候再把水从水缸里舀出来。但是这个村庄的村民在回来倒水之前多做了一个动作——把自己的长裙撩起来搭在水缸上面，之后再把水倒进去。这其实是做了一次简单的过滤，就是这个不起眼的小动作把水里的虫卵过滤掉了。这才是村民不发病的根本原因所在。

紧接着，该机构决定向各地推广这个方法。机构成员制作了很细密的织物，然后发给村民，并告诉村民把水打回来之后一定要用这个织物做一下过滤。于是村民纷纷开始应用这个方法，麦地那龙线虫病肆虐的问题很快就解决了。

在这个案例中，卡特中心想要的结果是什么呢？降低发病率，这属于滞后性指标。实现这个结果要靠什么行为呢？用织物过滤饮用水。这个行为就是关键的前置性指标。我们可以看到，只要用织物过滤一下饮用水，发病率就可以降低甚至杜绝。因此，只要管理者能够找到关键的前置性指标，预期的结果自然就会出现。

前置性指标是促成结果实现的推进性指标。一旦管理者把前置性指标找到了，并且做出有效动作，那么滞后性指标的达成基本上没有悬念。

管理者要时时思考各项规定和要求与下级执行者之间有什么关系，对他们有什么价值。如果这个问题没有想明白，管理者就直接让他们接受并执行，那么员工肯定口服心不服，甚至口头也不服。因此，管理者一定要明白，找到前置性指标是非常重要的。管理者如果在开展业务时能把精力聚焦在如何寻找和管理前置性指标上，就会发现结果达成变得容易了，也就不会总想着如何用各种招数来折腾人。

让工作变得简单

前置性指标不仅可以让管理者不再折腾人，还可以让执行者的工作变得更简单。我们通过一个卖糖炒栗子的案例来看看前置性指标如何让销售工作变得简单。

大街上有很多卖糖炒栗子的商贩，其一般的销售行为是什么呢？无非是吆喝两声"糖炒栗子，又香又甜，来包栗子吧"。我们可以把这种销售行为转化成一个行为指标：店员开口吆喝率。这个指标在门店销售场景中经常使用，特别是在一些促销活动期间，店员都会在店门口或柜台前进行吆喝。

但结果如何呢？理论上，客户听到吆喝声，买与不买的概率各占50%。

但实际上，客户听到吆喝声就购买的概率不足2%。显然，店员开口吆喝率不能算作前置性指标。

于是，有的管理者增加了一个指标——店员推荐试吃率。这是食品零售行业经常采用的做法，蛋糕店、水果店都有免费品尝环节。因为试吃不用付钱，所以试吃的人数很多，而且一般说来，试吃后决定购买的客户人数远多于直接购买的。因此，门店通过增加试吃环节，提高了客户的购买率。

但是这个指标在糖炒栗子店的效果不明显，门店这么做并不能带来明显的销售业绩提升，因为板栗带有硬壳，剥开它并不容易，这不便于客户试吃。因此，店员推荐试吃率也不能算作前置性指标。

那么管理高手是怎么做的呢？向店员统一配发一个工具，让店员在自己的精力范围内，剥开热乎乎的栗子，递给路过的人。店员把热乎乎的栗子剥好递到客户面前，诚意满满，而且栗子散发着香味，在这种情况下，品尝的客户会显著增多，购买概率也就相应增加了。

我再举两个通过管理前置性指标让工作变简单的案例。

第一个是关于销售增长的案例。

随着线上销售、自媒体营销等的兴起，线下实体店受到的冲击越来越大。某企业在全国拥有多家门店，2022年其营业额增长乏力。这是因为客户要到门店才能完成交付，而当时的情况是，来到门店的人大多数是老顾客，新顾客数量只占8%左右，而且下半年进店客户总数较上半年下降了20%。但是这家企业具有一定的市场空间，也有一定的潜力，其产品在同行中名列前茅，品牌也是受到消费者认可的知名品牌，线下门店数量已形成一定规模，同时具备一定的线上运营能力。

于是该企业制定了一个指标——门店营业额提升30%。项目组经过分析发现，要想提升营业额，该企业要做好两件事，一是将客户从线上引流到线下，二是提高客户到店后的成交率。于是项目组找到了两个关键前置性指标：一个是"线上引流五步法使用率"，另一个是"消费者到店后店员开口率"（简称进店客户开口率）。找到这两个前置性指标后，该企业所有营业员都改变了行为方式，线上引流五步法使用率从30%提升到80%，进店客户开口率从45%提升到95%，门店的营业额也相应有了一定的增长，打破了增长停滞的局面，但是远远没有达到预期的目标，这是什么情况呢？项目组在复盘后发现，虽然到店人数多了，但是成交率并没有明显提高。于是项目组进一步找到了"同类产品优势表使用率"这个前置性指标，将其和前两个前置性指标组合使用。两个月过去了，各门店的营业额平均增长了45%，这大大超出了管理层的预期。现在只要店员紧抓这三个前置性指标，门店业绩就噌噌地上涨，这同时把门店的销售工作变简单了。

第二个是关于内部管理的案例。

很多大型会展都有搭建工作，这些工作一般由搭建公司负责。安全问题对于搭建公司来说是最重要的，经常会出现未按施工图纸施工、未按高处作业要求施工或者暴力施工等问题，而且一旦出问题，就是大事故。为了避免这样的事情发生，在施工过程中有安全人员专门管理这方面事项，包括审核图纸、召开搭建前会议、进行现场检查、要求整改等。这样一来，运营管理工作很复杂，但效果一定好吗？

某搭建公司负责的会展特别多，每次都非常重视安全管理工作，但每年都很难避免一些小的安全事故的发生，管理者始终捏着一把汗，因为一旦出现大问题，后果不敢想象。

为了杜绝安全事故的发生，这家公司经过分析，找到了一个最关键的管理考核指标——提高施工现场安全隐患检出率，公司要求安全人员加大检查频次，但这么做仍然没有完全杜绝安全事故的发生。在项目组看来，提高施工现场安全隐患检出率是一个滞后性指标，安全人员无法保证施工现场的所有隐患被全部检出。

那么什么样的指标可以杜绝安全事故的发生呢？项目组经过分析发现，现场关于安全清单的"点检记录表使用率"才是前置性指标。这个指标既有预见性，也有可控性，只要管理者让点检记录表的使用率达到100%，那么不仅安全隐患会杜绝，原来复杂的安全管理工作也会变简单。

第 3 章

做业务更要懂业务，一个链条看懂业务

好指标是一个三层级体系，分为组织指标、流程指标和行为指标，其中能够对结果施加有效影响的行为指标就是关键前置性指标。

接下来我们需要讨论的是，在纷繁复杂的业务场景中，管理者如何构建指标体系，并且拨云见日地找到好指标。而洞察并还原真实的业务逻辑，是管理者找到好指标的唯一途径。

什么是管理者的业务思维

还原真实的业务逻辑是管理者解决问题的钥匙，然而要找到真实的业务逻辑并不容易。这需要管理者做到真正的实事求是。

我们常说中后台的管理者要懂前台业务，其实还有一句更重要的话，即"做业务的人更要懂业务"。大家乍一听可能感到很奇怪：做业务的人还能不懂业务？其实，很多有着多年业务经验的管理者（有的甚至创造过很辉煌的业绩），还真的就不懂业务。

不懂业务也能把业务做好，这在管理学上叫"电梯效应"。所谓"电梯效应"，说的是在一个飞速上升的电梯中，有人在翻筋斗，有人在用头撞墙，还有人在跑圈儿。当电梯到达顶楼后，有人问大家："你们从底层上来的秘诀是什么？"撞墙的人回答："因为我在不断地撞墙。"翻筋斗的人回答："因为我在不断地翻筋斗。"那个一直在跑圈儿的人则回答："因为我一直在跑圈儿。"大家都认为自己是因为刚才做的事才升上来的，而不认为自己能升上来的原因是上对了电梯。

这些人得出这种答案其实并不奇怪。韦纳的归因理论表明，每个人都习惯把成功归功于自己的能力和努力，而把失败归咎于他人或外部环境。我们在此处提及"电梯效应"，是要告诉管理者，即使你把业务做得很成功，这也并不意味着你就真的懂业务。

做业务更要懂业务

对于管理者来说，懂业务就是具有业务思维。这种思维既是一种对业务逻辑的洞察能力，也是一种能把业务逻辑清晰准确地还原出来的能力。

我们看到很多企业的管理者，今天谈愿景、使命，明天搞变革，后天要转型，动静很大，动作很多。而真正的管理高手总是能深刻地洞察业务逻辑，识别出业务的关键前置性指标，从而形成自己的业务策略。高手的动作从来不多，往往一两个关键动作就会立竿见影。

能不能深刻洞察并还原业务逻辑，能不能精准识别业务场景中的关键前置性指标，是管理高手和普通管理者最大的区别。

事实上，当前企业中的很大一部分高层管理者的业务能力是严重不足的。很多高管久疏战阵，早都没有业务手感了。一些自认为很懂业务的管理者，其实懂的只是增量时代企业处于粗放式发展阶段的业务。这种所谓的"懂"，在存量时代这个新的发展阶段，甚至会变成阻碍企业发展的负资产。

对此，管理者可以对照以下问题反躬自问：

- 我如果懂业务，那么能否把公司的业务逻辑和配套的运营体系、业务流程建立起来？
- 我如果懂业务，那么能否创建出属于本公司的独特的指标体系？我是否还停留在抓销售额、利润这种表层的结果性指标上？
- 我如果懂业务，那么能否说清楚公司需要具备什么特质的专业人才，以及目前的人才在个人能力方面还有哪些缺陷？我是否把这个责任推给了人力资源部？

如果管理者能够懂业务，那么企业的管理问题至少能解决一半。我们不能把懂业务简单地理解成一种职业经验或运作能力，懂业务实质上是一种思维——一种业务思维，这种思维大体上具有以下三个特征。

透视性

掌握了业务思维，管理者就相当于有了一个显微镜，能够更深入地洞察业务逻辑，在复杂的业务场景中精准识别出对结果有决定性影响的有效业务行为。

连接性

掌握了业务思维，管理者就可以从组织整体的视角来看业务，对组织中的业务需求、行为需求、组织能力需求、个人能力需求进行系统识别和分析，并跳出分析需求之间的相关性的传统思维，进而建立起这些需求之间的因果联系。

显性化

掌握了业务思维，管理者就可以识别出业务场景中的要素，把业务逻辑链路上的重要环节转换为显性化的行为指标，通过显性化的行为指标来引领业务高质量发展，实现不增加资源也能让业绩持续增长的目标。

正是由于透视性、连接性和显性化这三大特点，业务思维才能够有效地帮助管理者找到好指标。

四类需求模型：业务思维的底层架构

业务思维也是一种结构化的思维，是管理者在头脑中形成的相对固化的一套逻辑架构和算法，用来识别和判断业务发展的变化过程，以及各类关键要素之间的因果关系。管理者为什么要重视业务逻辑？这是因为大到公司的总体经营，小到某项具体业务，其推进过程和取得的结果只有符合业务逻辑的内在规律，才能达到效益最大、成本最优。业务逻辑的这种内在规律是隐性的，通常无法直接观察到，所以我们只能通过结构化的关键要素来识别和把握它。

那么，构成业务逻辑的关键要素有哪些呢？对此，国际绩效改进专家罗宾逊提出了一个四类需求模型，用来识别业务逻辑。罗宾逊认为，管理者要想掌握业务思维，首先要能够识别和判断构成业务逻辑的四大关键要素，即四类需求，其次要能够分析这四类需求之间的关系。

识别和判断四类需求

通常来看，一个企业的发展离不开内外部需求，需求决定了企业的生存能力和发展动力。罗宾逊认为，从企业内部视角看，一个企业的业务开展过程包括四类需求，这四类需求分别是业务需求、行为需求、组织能力需求和个人能力需求。

（1）业务需求

业务需求是一个企业在业务开展过程中最高级别的需求。业务需求量化成指标，对应的就是组织层面的组织指标和流程层面的流程指标。例如，不断增加的市场份额就是业务需求，它可以用市场份额百分比、新客户数量、客户满意度、年销售收入和利润这些组织指标来衡量。而流程指标包括提高运营效率、留住人才、降低运营成本等。

（2）行为需求

行为需求是指在开展某项业务的过程中，对实现业务需求有贡献的一系列动作和举措。一个企业的业务需求就是通过一个个有效的行为需求来实现的。

在业务逻辑架构中，行为需求明确了组织和个人必须采取哪些动作和举措，才能有效地实现既定的业务指标。行为需求也是可以量化的，量化后的行为需求就是三层级指标体系中的行为指标。

特别要提醒的是，在开展某项业务的过程中，那些能够实现组织指标的行为需求，往往是由组织中的绩优员工，即那些取得杰出成果的少数个人实现的。所以，管理者从行为需求出发，关注绩优员工的行为，对于实现组织指标是至关重要的。

（3）组织能力需求

组织能力需求是指组织的基础设施，包括工作流程、信息系统、激励机制和企业文化等。这些基础设施应支持团队的工作行为，以实现组织指标。

组织能力需求可以是有形的，也可以是无形的。有形的需求通常包括硬件水平、制度流程、人员编制和财务预算等。无形的需求从物理上无法察觉，但在人的意识里是真实存在的需求，比如企业文化、组织的敏捷性等。

任何组织能力需求都有可能成为行为需求实现的推动力量或阻碍力量。如果组织能力需求能够起到激励有效行为的作用，它就是行为需求的推动力量。相反，如果组织能力需求起到的是打击有效行为的作用，它就会成为一种阻碍力量。

（4）个人能力需求

个人能力需求是指员工为了按要求执行工作而必须具备的技能、知识和特质。个人的技能和知识通常被认为是可以通过培训来提升的，而个人的特质则无法通过培训在短期内得到改变。比如，销售代表需要具备的特质之一就是韧性，这种特质可以让他在失去一单生意后，不会陷入失望情绪而一蹶不振，反而能尽快地从失望中走出来，重新表现出对未来销售工作的信心与热情。这种叫作韧性的特质是很难通过培训在短期内得到提升的。所以，更好的做法是，企业在招聘的时候就设定标准并对候选人进行评估，找到那些天生具有这类特质的人来承担销售岗位的工作。

表3-1概括了这四类需求的内涵。

表3-1　四类需求的内涵

通称	替代术语
业务需求	业绩目标 当前业务结果
行为需求	成就与行为 当前实践
组织能力需求	制度流程 企业文化 基础硬件设施
个人能力需求	知识和技能 天赋和特质 动机和态度

分析四类需求之间的关系

首先，这里要解释一下这四类需求之间的关系。

所有的企业都要基于业务需求所要达成的业绩目标来开展具体的经营和管理活动。而每一个业务需求，都是靠向下的一个一个正确的行为需求来实现的。这就是我们经常讲的："事是干出来的，不是天上掉下来的。"

而任何一个正确的行为需求，要想在组织当中很好地表现出来，一定是靠"两条腿"支撑的，一条腿是组织能力，另一条腿是个人能力。这"两条腿"也是分先后的，要想做好对行为需求的支撑，首先要让组织能力发挥作用，其次才是让个人能力发挥作用。这就是业务思维的底层认知，也是对惯性思维的一种颠覆。因为在惯性思维中，要想把工作做好，个人能力就要首先发挥作用，而工作没做好，首先归咎的也是个人。

下文通过一个IT（信息技术）企业的案例来说明管理者如何运用业务思维去识别这四类需求之间的关系。

某IT企业的主营业务是为客户提供信息系统集成服务，销售工程师的主要工作是给客户提供完整的解决方案。目前该企业面临的业务痛点是，80%以上的销售工程师都不能一次性设计出基本符合客户需求的解决方案。

针对这个业务痛点，我们可以用业务思维的四类需求模型来做分析：

- 对于销售部门提出的"目前80%以上的销售工程师都不能一次性设计出基本符合客户需求的解决方案"这一问题，我们可以判断这属于业务需求。
- 销售部门的领导认为，主要原因是销售工程师队伍的专业能力不够强。我们可以判断这属于个人能力需求。
- 该企业同时存在团队内部配合较差的现象，这属于行为需求。

到这里，初步的需求识别就完成了。接下来我们就要继续运用业务思维，建立这三类需求之间的逻辑关系。

经过分析上述痛点的形成原因，销售部门与培训部门沟通，希望安排一项为期半年的分阶段的专业培训，以提升销售工程师的专业能力，同时在这一过程中再安排几次拓展训练，以培养团队成员的协作意识。

对于销售部门的这个要求，大家可能觉得并没有什么不合适的地方。通常管理者都会认为，既然员工业务能力不足，且短期内不能换人，那就只能加强培训。

但需要提醒的是，这位销售部门的领导已经不知不觉进入了一个误区，那就是急着拿到解决方案，即使这个方案不是一个业务解决方案，而是一个培训解决方案。

这么做有什么问题呢？这与四类需求模型有什么关联呢？

让我们回到最初的逻辑：销售部门的业务需求是，80%以上的工程师要一次性设计出基本符合客户需求的解决方案；销售部门认为相应的行为需求是，提高团队内部配合度。

提高团队内部配合度，这确实是一个行为需求，但不一定是一个真需求。接下来，我们继续运用业务思维进行判断：销售部门提出的这个行为需求能不能支撑它的业务需求，如果这个行为需求不是真需求，那么还有没有其他的行为需求可以支撑业务需求。

只有经过这样的逻辑分析，管理者最终提出的解决方案才会有价值。否则，在开展业务的过程中，只要一遇到问题，管理者就会想着是员工能力出了问题，进而对员工开展培训或进行岗位调优。

再举一个我亲身经历的例子。某个业务部门的领导希望我去给他的业务团队上一堂流程优化课。对于他提出的这个需求，我同样要先进行识别——他提出的需求属于哪一类。很显然，这是一个关于员工的个人能力需求。接下来我就要根据四类需求模型，从个人能力需求出发，向上找到该部门的业务需求。

我首先得问一下该部门进行业务流程优化的目的是什么？对于这个问题，这位业务部门的领导的回答是：进行业务流程优化是为了解决客户满意度不高的问题。经过分析，他发现客户满意度不高是因为业务流程出了问题，所以希望我能为他的业务团队做一次业务流程方面的培训。

针对该领导的上述回答，我所在的项目组继续进行需求识别，认为客户满意度不高属于业务需求，而业务流程优化是具体的解决方案。通过开展业务流程方面的培训来让业务团队掌握流程优化的知识和方法，这属于个人能力需求。

分析到这里，业务需求、个人能力需求都有了，要建立这两类需求之间的逻辑关系，还缺少中间层的行为需求。而要找到行为需求，我们就要从现状入手，分析业务部门现实存在的问题。

根据多年的咨询辅导经验，针对客户满意度不高这个问题，我认为该业务部门的缺陷是：没有明确的客户满意度评价标准。

但仅仅建立客户满意度评价标准还不够，因为业务部门会说建标准太慢了，他们等不及。业务部门这么说是有一定道理的，我们必须得有一个方案，能在没有客户满意度评价标准的条件下，提升当前的客户满意度。

于是项目组继续运用业务思维对业务需求进行向下透视，将"客户满意度不高"这个业务需求向下细分为若干个行为需求，细化颗粒度。

在进一步细化行为需求的颗粒度时，有业务人员说，作为一家燃气公司，其实影响客户满意度的最主要因素是，客户从报装到接通，等待时间太长了。所以，这本质上不是一个流程优化问题，也不一定要用流程优化的办法来解决。

总结一下，对于管理者来说，运用好业务思维需要做到三点：首先，运用业务思维进行透视，细化行为需求的颗粒度是非常重要的一步；其次，找到各类需求之间的逻辑关系；最后，把这个逻辑关系链路上的各个环节显性化，使之成为一系列指标。

其实要做到上述三点并不容易，大多数时候管理者会抛开这三点，凭经验和直觉直接给出解决方案，并要求执行者完成。这就是典型的做业务却不懂业务。所以对于管理者，特别是业务部门的管理者来说，拥有业务思维相当重要。

希望每一位管理者都能建立识别这四类需求的业务思维，当面临某个需求时，知道自己应该怎么思考，应该怎么做，应该怎么去把这个底层逻辑传达给大家。而这个底层逻辑其实是由两个部分构成的：第一部分是如何识别四类需求；第二部分更重要，即如何建立这四类需求之间的关联。

拥有业务思维的优势

大约四年前，我收到了一条微信，对方是这么说的，"易老师，向您报告一下，我换工作了"。一听到换工作，我的第一个想法是对方是不是跳槽了。但是他接着给我推送了新名片，我这才发现他并没有跳槽，还在原来的机构，只是职位变了，从HR（人力资源部负责人）变成联席首席执行官了。也就是说，他升职了。

他接着跟我说："在您的课上学到的业务思维已经根植在我的思考习惯中，这对我在职场上得到进一步的晋升有着极大的帮助。"他在一家国际学校工作，他升职的那年正好是2020年，当时国际环境的不确定性对学校运营的影响是不言而喻的。在这个时期，学校面对的最大挑战是能不能将已有的学生留下来，同时招到更多的新学生。

所以，该学校2020年面临的最直接的一个挑战就是，9月开学季能不能完成年初既定的招生任务。就在这个时候，这家学校和我们公司合作启动了两个项目，其中一个项目就是招生。这个招生项目从2020年3月启动，到6月结束的时候已经超额完成当期的进度指标。到了9月，该学校满员开班！

大家会发现，在这么严峻的形势下，无论是前端的招生人员，还是后端的HR，如果都能运用业务思维来做事情，就一定会比预期做得更好。这也是这位学员能够在严峻时期逆势升职，从一个后台HR转型为学校高管的原因。

这家国际学校面临的经营挑战并不是个例。其实在存量时代，市场竞争情况发生了很大变化。以前，中国经济一直超高速增长，企业面对的是增量市场。增量市场是什么样的呢？做得好的企业，发展速度会更快，发展规模会更大；做得不太好的企业也能活下来，在市场上占据一席之地。这就是增量市场的特点。但在存量时代，企业要从别人的市场份额里找自己的增量。你要想在市场竞争中抢占别人的市场份额，就要比别人做得更好，比别人更强，经营效率也要比别人更高。同样的产品，你得比别人质优价廉；同样的品质，你得比别人价格更低；或者同样的价格，你得比别人提供更高的产品附加值。这不是内卷，而是挤掉那些在增量时代成长起来的粗放式经营的企业，倒逼市场上的经营主体转向高质量发展。

这对于企业和管理者来说，都是当下最大的一个挑战。因此，对于企业中的管理者来说，拥有业务思维可以让他们获得巨大的职业竞争优势，而对于企业来说，基于业务思维开展经营可以让企业持续找到存量市场中的增长点。

明察秋毫——从隐性到显性

一项业务从开始实施到最终指标实现和结果达成的过程中，存在着诸多影响因素。在这些影响因素中，大部分因素是显性的，但有一些隐性因素极易被管理者忽视，而这些隐性因素往往就是决定业绩指标能否实现的关键要素。所以业务高手和普通人之间的差距就在于，前者能够运用业务思维，做到明察秋毫，把很多决定指标达成的隐性要素显性化。

有效业务动作的显性化识别

在销售场景中，客户愿意购买某产品的原因一般有两种：一种是客户自发购买；另一种是企业对客户做了若干业务动作，从而直接影响了客户的购买决策和购买行为。

企业对客户所做的业务动作，也分为两类：一类是那些处于业务逻辑链路上的动作，叫作有效动作；另一类是那些处在业务逻辑链路之外的动作，叫作无效动作。

事实上，在市场环境好的时候，即使企业对客户做了许多无效动作，或者投入了很多无效资源，客户依然会持续地购买企业的产品。这本来是客户的自发行为，但很多管理者却以为是自己所做的这些无效动作的功劳，并把这些重复的无效动作当作自己积累的能力和经验。这就是本章开头所说的"电梯效应"。

为了让大家更好地理解有效动作和无效动作，我们再举一个非常典型的例子。这是一个老客户转介绍新客户的销售案例，在这个业务场景中，老客户转介绍率是企业要达成的结果性指标。

在这个指标达成的过程中，大多数销售人员会做出一些无效动作。比如：当销售人员完成对老客户的服务之后，老客户一般会说"谢谢啦"，对此，销售人员通常会随口说"不用谢"，最多再加一句"这是我们应该做的"。当然，之后老客户也许会转介绍新客户，但这完全是老客户的自发行为，与销售人员销售行为的有效性无关。

接下来我们再来看看什么叫有效销售行为。同样是这一场景，绩优销售人员在客户说了谢谢之后，通常是这样说的："既然您这么认可我们的产品，那么请帮我们把它介绍给您周围的亲朋好友。"或者说："看来您觉得这个产品很好，我相信您身边肯定有朋友也需要，拜托您帮我们转介绍一下。我会像服务您一样，服务好您的朋友。"

可想而知，当销售人员对老客户说了这些话后，老客户转介绍率会大幅提升。但需要特别强调的是，这类有效销售行为在实践中往往是绩优销售人员的隐性动作，绩优销售人员自己甚至都没有意识到，当培训部门萃取绩优销售人员的经验时，他们会说："我也没特别思考，就自然而然这么说了。"

总之，拥有业务思维的管理者能够比别人看得更透彻，从而把业务逻辑中那些影响最终业绩和结果的隐性行为识别出来，并将其转换成前置性指标与相应的干预措施和方案。

对于管理者如何把业务逻辑看得更透彻，我们再来看一个案例。这是一家生产和销售专治脱发产品的企业，其业务团队参加了我的工作坊，计划完成的指标是：提升周末在药店门口做地推的产品销量。我通过梳理业务逻辑，迅速找到了影响这个指标最终达成的两个前置性指标，即意向客户转化率和驻足人数，进而针对这两个前置性指标制定了干预措施，并很快在工作中落地实施。最终的成果是：原来的产品平均日销最高不超过50个，而上完课并落地实施干预措施后，该企业在全国举办的5场地推活动的产品平均日销均突破100个，全部超过历史最高纪录。该企业销售副总总结了一句话：销售要突破，业务指标还原成业务行为这件事就一定要做透。管理者只有把业务行为还原做透，才能准确清晰地把业务逻辑梳理出来，从而找到业务机会点并进行改进，真正在不增加资源的情况下持续提升销量，实现业绩指标，最终达到想要的结果。

所谓看得透，就是对于一项业务，当把它的业务逻辑还原出来时，普通人只能看到显性的5个业务行为，而业务高手可以看到隐性的8个、10个甚至更多业务行为，并把它们显性化。因此，只有把业务逻辑链路上的业务行为最大限度地挖透，业务机会点才会显现出来。

我们经常会拿销售场景来举例，这是因为在当下这样一个存量的竞争环境中，销售变得更突出、更重要。但这个方法论并不是仅适用于销售领域，从企业方方面面的效率和效益提升来说，业务思维都可以帮助管理者解决问题和达成目标。

业务思维本质上是一种认知升维，它可以让管理者不再完全依靠个人的经验和感性做判断，就可以在业务管理过程中看得准、看得透，比一般人更容易实现业绩指标和达成最终结果。

客户行为变化的显性化识别

不仅很多符合业务逻辑的有效业务行为是隐性的，很多客户行为变化也是隐性的，管理者如果不能用业务思维有效地识别和捕捉这种客户行为变化，就很难接着采取下一步的有效动作，业务逻辑链路也就很难持续展开，这也意味着最终结果的失败。

关于对隐性客户行为的识别，这里举一个经典的案例——"小仙仙拿好评"。大家想一下，我们平时出差也好，旅行也好，去到一个陌生的地方，到了用餐时间会选择在哪里用餐？通常人们会先上大众点评看看附近有什么好吃的。那么，如果你经营的是一家餐厅，要想让出差和旅行的客人来你的店里吃饭，大众点评上的好评排名就显得很重要了。如何获得进店用餐客户的好评呢？是直接向用餐客户当面索要，还是靠客户回去后自发点评？都不行。小仙仙餐厅是通过一系列主动有效的业务动作逐步引导客户行为发生变化来获得用餐客户的好评的，我们可以把这些业务动作直接看作行为指标，这就是一个典型的通过管理行为指标来推动业务发展的案例。

但在很多时候，业务人员在完成业绩指标的过程中，缺失了很多业务动作，或者只做了半截动作，没有完全做到位。为什么呢？这是因为每个人的认知不一样。同样一个业务场景，每个人梳理出来的动作都不一样。这个人眼里的必要动作，也许在另一个人眼里完全没必要。这就是用行为指标来推动业务发展的难点。

第一个难点在于，大家对业务动作的认知是不一样的。

第二个难点在于，如何把隐性的业务动作和客户行为显性化。

所以，用行为指标推动业务发展的关键在于业务动作和客户行为。也就是说，在这个过程中，每一个业务动作都要对应一个相应的客户行为变化。所谓客户行为变化，就是当业务人员做了一个业务动作后，客户相应有哪些行为发生改变。为了方便理解，我们来看一下"小仙仙拿好评"这个案例中的各个业务动作对应的是哪些客户行为变化。

- 迎客入座这个动作对应的变化是客户入座。
- 确认人数这个动作对应的变化是客户回答有多少人。
- 推荐大众点评上的套餐这个动作对应的变化是客户认可套餐划算。

在这个互动场景中，把客户认可套餐划算这个心理变化显性化，才是真正的难点。

试想一下，服务员是在客人一进餐厅就给客人推荐套餐了吗？并不是，他是在客人点鱼这个动作发生的时候才开始推荐套餐的。当客人点鱼这个动作一出现，他就说："您都点鱼了，那不如来一个套餐划算，这个套餐不仅有鱼，还有其他菜品……"

这个时候，服务员对客人所说的一切都在传递一个信息，那就是"比起单点菜品，这个套餐更划算"。客人内心认可套餐比单点划算，这是客户行为的一个隐性变化，服务员经常会忽略它。但是没有这个隐性变化，是不可能有后面客户接受套餐这个显性变化的。

管理者只有把业务人员隐性的业务动作显性化，同时把客户行为的隐性变化显性化，才能更有把握实现预期的业绩指标。

回看这个案例中的指标，对于服务员来说，他的结果指标是拿好评。但这些动作和变化都对拿好评有用吗？当然不是，比如向客人确认人数就对拿好评没有什么用。它虽然也包括在服务流程里面，但是对拿好评这个结果指标没有直接作用，我们把这一类动作归为非关键业务动作。

但是有一些业务动作是与拿好评这个结果指标有直接关系的，这类动作可以归为关键业务动作，也就是关键前置性指标。这些关键业务动作的重要性在于，如果管理者不能明确地要求执行者去做并进行针对性训练，那么管理者预期的业务结果就真的达不到，除非是天上掉馅饼。在这个案例中，小仙仙餐厅的好评率真的是按照关键业务动作一步步做出来的，结果它在大众点评的榜单上排名第一，而且几乎每一个给出好评的客人都上传了它的门头。新客户去用餐的时候，可以一眼看到它。

管理者要想精准地识别客户行为的隐性变化，找到业务动作和客户行为变化之间的逻辑关系是关键。

我们先从逻辑的起点找起。逻辑的起点是锚定一个目标对象，也就是企业对谁去干这个事儿。在"小仙仙拿好评"这个案例中，目标对象就是"客户进店人数（批次）"。

接下来服务员的初始业务动作是"开口邀请入座",对应的客户行为变化是"客户入座率"。大家注意,这里强调的是"率"。接下来将客户进店人数(批次)和客户入座率这两个行为指标用数学公式关联起来,即客户进店人数(批次)×客户入座率=客户入座数。

然后服务员又发起动作,叫"推荐套餐",它对应的客户行为变化是"客户认可率"。刚才特别强调了,这是一个隐性变化,一定要写出来,即客户入座数×客户认可率=认可套餐划算的客户数。最后,认可套餐划算的客户数×购买套餐率=购买套餐的客户数。

看到这里,大家就会明白好指标是如何引领业务发展的:从业务起点开始,执行者做了一系列业务动作,然后这些业务动作让客户行为发生了一系列变化,最后形成一个个阶段性的工作成果。

其实在企业经营和管理实践中,绝大部分工作成果都是这样一步一步干出来的。但是之前由于缺乏真正的业务思维,管理者很少会理性地思考业务动作和客户行为的变化。企业通常也会建立一些业务流程,但是大多数管理者只看到了流程节点,而没有深入探查节点里面的动作。

比如,在销售场景中,企业经常有这种做法,即拜访、拜访、再拜访,销售人员特别看重拜访。我想告诉大家,拜访实际上只是一个解决方案,而管理者应该这样思考:销售人员拜访客户的目的是什么?换句话说,销售人员希望通过拜访使客户行为发生哪些改变:第一个是让客户了解,了解公司、产品;第二个是让客户接受,接受公司、产品。那么在让客户了解你和让客户接受你之间,有没有可能存在其他变化呢?有可能,这就是隐性的客户行为变化,需要销售人员把它显性化。比如,邀请客户参加专家会议就是一个处于客户了解和客户接受之间的隐性变化。如果管理者没有将这个隐性变化显性化,那么销售人员的拜访能有效吗?显然,相比较而言,邀请客户参加专家会议会比单纯进行客户拜访更容易让客户接受。运用这样的业务思维,管理者就会聚焦于"邀请客户参加专家会议",进一步找到更有效的解决方案,而不是一直停留在催销售人员拜访、拜访、再拜访上。

但是大家有没有发现，大部分管理者在业务管理中很少做这样的深度思考，其实这种深度思考就是业务思维。拜访很重要，但管理者要经常思考：拜访能让客户行为产生怎样的变化，是否能够把客户行为的隐性变化显性化。这就是业务思维给管理者的业务管理工作带来的巨大优势。

见微知著：从相关关系到因果关系

在企业的经营管理中，管理者设定的业绩目标是基于业务逻辑链路，用一个个有效的业务动作引起一个个有效的客户行为发生变化而最终实现的。

这种有效的业务动作和有效的客户行为变化之间的关系就是一种因果关系。拥有业务思维的管理者能够做到见微知著，深刻洞察从业务启动到业务结果达成的过程中，各种影响因素之间的因果关系。只有管理者在业务行为和业务结果之间建立了因果关系，企业才不会出现无效和冗余的业务动作和资源投入，真正实现在不增加资源投入的情况下，保持业绩持续增长和企业高质量发展。

而缺乏业务思维的管理者，大多数时候只能看到各种因素之间的相关关系，而看不到它们之间的因果关系，甚至把相关关系误当作因果关系，之后做出经营管理决策。

相关关系

相关关系是指一件事情的发生或变化，伴随着另一件事情的发生或变化，关键词是"伴随"。公鸡打鸣和天亮了这两者之间就是相关关系，而不是因果关系，因为即使你把鸡杀了，天还是会照常亮。但是，管理者在经营管理中却经常按照事物之间的相关关系来做决策。

管理者在管理实践中经常说这种话，即"这件事特别重要，影响很大，所以我们要加强执行力度，加大资源投入"。这是常见的把相关关系错当因果关系的例子。业务思维强调的是，管理者一定要建立结果和行为之间的因果关系。

因果关系

因果关系是指一件事情的发生或变化，会引起另一件事情的发生或变化，关键词是"引起"。比如，路人拿到优惠宣传单后选择进店，那么向路人派发宣传单和一部分路人进店之间就是因果关系。

两个因素之间存在因果关系，那它们之间也一定存在相关关系，反之则不成立，即两个因素之间存在相关关系，但不一定存在因果关系。比如，努力工作和业绩提高之间只有相关关系，而没有因果关系。我们先来看以下三种判断：

- 努力工作，销售业绩不一定会相应提高。
- 不努力工作，销售业绩不一定就不好。
- 一个销售人员业绩不好，不一定是因为他不努力工作。

以上三种判断都不是因果关系，只能说努力工作和业绩提高之间存在一定的相关关系。但是很多管理者一看到销售人员业绩不好，首先就认定销售人员不够努力，这就是把相关关系错当因果关系来看的典型例子。

如果管理者总是把这两者的相关性当作因果性，认为员工业绩不好就是因为不够努力，那么他们的管理手段一定是这样的：业绩排名，末位淘汰，延长劳动时间，开展劳动竞赛。这些手段是不是很眼熟？

这样的业务发展方式就是粗放型发展，这样的管理者就是粗放型干部。在市场环境好的时候，在相关法规不健全的时候，在劳动者维权意识不强的时候，这类企业可能会保持一定的增长，但从长期来看，这种发展模式一定是不可持续的。

管理者一旦拥有业务思维，就可以从对相关关系的认知升维到对因果关系的认知，找准业务行为与业务结果之间的因果关系，从而有效地推动各项业绩指标的实现。

我们来看一家车企的案例。该公司的业务部门向培训部门提出需求，希望在一个季度内将销售人员的产品知识考试分数提高至原来的5倍。

面对业务部门的需求，项目组首先带着培训部门进行了需求识别，这是一个典型的基于培训的个人能力需求。接着向上分析：相对应的业务需求是什么？也就是说，业务部门要把销售人员的产品知识考试分数提高5倍的目的是什么？对此，销售总监的回答是，提高4S店的销售业绩。而提高销售业绩是一个典型的业务需求。

接下来要做的是建立产品知识考试分数和4S店销售业绩之间的因果关系，也就是说建立业务需求和个人能力需求之间的因果关系。

通常，管理者做的都是相关关系分析，而不是因果关系分析。管理者会直观地认为，那些分数高的销售人员，销售业绩会很好，相反，分数低的销售人员一定是由于业务基本功不扎实，在销售时讲解不清楚，从而影响了销售业绩。于是，管理者把如何让销售人员掌握产品知识当作提高销售业绩的重要抓手。

管理者一般都是这么思考的，并迅速建立产品知识考试分数与销售业绩之间的关联，接下来就是对销售人员采取管理三板斧："培训+考试"，"成绩排名+通报"，"奖励+末位淘汰"。

但是，管理者如果掌握了业务思维，就会知道产品知识考试分数高，只会"伴随"着销售业绩的提升，绝对不会"引起"销售业绩的提升。

管理者要在这种相关关系的基础上，找出真正的因果关系。依据四类需求模型，管理者要找出真正的行为需求与最终的业务需求之间的因果关系。经过对业务逻辑的分析，管理者找出两个关键行为需求并转换为关键前置性指标，一个叫邀约试乘试驾，一个叫试乘试驾后的转化。

这就是业务思维带给管理者的见微知著的洞察能力，让其能够在诸多因素中找到大家司空见惯、习以为常的，但却与最终业务需求具有因果关系的行为需求，也就是我们说的关键前置性指标。

在这个车企案例中，普通管理者只能看到产品知识掌握度这个与销售业绩有相关关系的个人能力需求指标，而拥有业务思维的管理高手则致力于找到邀约试乘试驾和试乘试驾后的转化这两个与销售业绩有因果关系的行为需求指标。

我们先来看邀约试乘试驾这个指标。

销售人员把从客户触达到邀约到店这个过程中开口邀约需要用到的特定产品知识精准萃取，然后项目组根据各种可能遇到的场景，把对应的话术提炼出来，结合前面萃取出来的特定产品知识形成销售手册，供销售人员在开口邀约时参考。这样既能让销售人员的学习难度和工作量降低，又能让4S店的客户试乘试驾率大幅提升。这里的行为需求，我们可以判断为邀约场景和邀约话术的匹配度。

接下来我们来看试乘试驾后的转化这一指标。

在客户到店试乘试驾的过程中，有一个很有意思的现象，就是销售人员明明是用某类产品知识把客户邀约到店来体验的，但是试驾体验过程的各个环节，却和销售人员邀约时用到的某类产品知识毫无关联。这种现象在很多企业的业务场景中是普遍存在的。

于是项目组把销售人员邀约时用到的产品知识与体验员在服务客户试驾时用到的产品知识打通。而最终项目组给出的解决方案就是很简单的一张交接表。

大家会发现，真正对指标有效的干预措施，并不是那种大而全的方案，而是很精准地落到一个关键点上的措施，且一定是简单、简单、再简单。

一开始设计这张交接表的时候，项目组是按照体验环节写出对应的产品知识的，后来发现不用这么复杂和全面，体验过程中一定有高频出现的产品知识，交接表上只要写出这些高频出现的产品知识就行了。按照项目组制订的新方案，销售人员跟客户一谈完，就立刻把这个客户要体验的项目在交接表上标注，然后再把交接表交给体验员，体验员拿到这个交接表，就非常清楚体验环节该说什么话。

比如，客户告诉销售人员，他特别想体验车的动力性能，那体验员到了这个环节，只要对客户说"请一脚将油门踩到底""快听发动机的声音""感受一下"就可以了。

这个客户体验完回到销售人员这里，销售人员该问什么呢？以前销售人员通常会问："您这次体验感觉如何？"客户一般都会说："还行。"那这次邀约和体验大概率就白忙活了。

有了交接表，销售人员就知道客户在体验环节一定体验了动力性能，于是可以很精准地问客户："您刚才一脚将油门踩到底的时候，听到了啥声音？推背感如何？"话说到这份上，成交率一定会比先前有大幅提高。为什么？因为销售人员抓住了客户特别想听的那个点，将其与最后的成交建立了因果关系，而不是泛泛地问感觉怎样，这种问法与销售人员要的结果毫无关系。

最后，我要对非业务单元的管理者多说两句，不仅业务部门的管理者需要拥有业务思维，非业务单元的管理者也需要拥有业务思维，否则就不能理解为什么业务部门不积极参与人力资源部门安排的企业文化项目和培训项目。因为业务部门发现，这些项目与他们想要实现的业绩目标和结果并没有什么因果关系，充其量只是存在相关关系。所以说，培训赋能业务，不是改变，而是武装。只有培训部门安排的培训项目与业务部门业绩目标的实现建立了真实的因果关系，业务部门才会真正接纳培训项目。

价值链：掌握业务思维的工具

我们知道，万事万物都是有联系的，而业务思维能够让我们透过现象看本质，洞察到事物之间的因果关系。我们只有洞察到事物之间的因果关系，并有针对性地做出改变，才能更加有效、简单地得到想要的结果。价值链就是让管理者掌握业务思维，把业务逻辑和因果关系显性化的一个分析工具。

理论上，"价值链"这一概念是哈佛大学商学院教授迈克尔·波特于1985年首先提出的。波特认为，价值链分析的核心是将企业的所有资源、价值活动与企业的战略目标紧密连接起来，以价值增值为目的，形成一个简明清楚的结构框架，从而帮助企业清晰认识到经营中各相关链条的价值。

本书所说的价值链，在波特提出的价值链的基础上进行了本土化迭代，它不仅关注价值增值活动，还强调聚焦颗粒度更细的业务场景。

从企业经营层面来看，每项业务都对应着一条价值链，这条价值链是该业务活动从开始到结束的一系列连续的有价值的行为动作，并且可视化地反映了各个业务行为之间的因果关系。

以零售终端为例，如果业务人员不清楚零售终端的价值链，但又想提高终端的销售业绩，那么他一般会怎么做？可以肯定的是，大家会七嘴八舌地给出很多方案。这些方案可能会有一定的效果，但是管理者如果在设计方案之前，先把关键价值链找出来，就能更清楚整个业务发展的逻辑，也更容易分析出根因，找到更有针对性的解决方案。

价值链的三大原则

为了更好地理解价值链这个工具,管理者首先要明确画好一条完整的价值链应遵循的三大原则。

数学关系

世界上的万事万物之间都是有各种内在联系的,而且这种内在联系是可以被建立在数学关系之上的,这就是宇宙。爱因斯坦说过一句话:宇宙最不可理解之处就是它依然是可以被理解的。宇宙纷繁复杂、神秘莫测,但在数学家和物理学家的眼里,宇宙其实特别简单,简单到就是几个公式而已。比如,$F=mv$ 就表达了力和速度、质量之间的关系,$E=mc^2$ 就表达了质量和能量之间的互换关系。

这么复杂的宇宙都可以用数学关系来表达,那我们所处的商业世界当中存在的各种业务逻辑能用数学关系来表达吗?当然可以,这个用数学关系表达的业务逻辑就是价值链。

价值链可以看作在商业环境中能够用加减乘除这样的数学关系可视化表达的业务逻辑。

适配性

同一个业务在不同的场景中,其价值链脉络是不一样的。同样是提升门店销售业绩,有的价值链必须包括复购率,有的价值链则不必包括复购率。哪些地方的门店不用考虑复购率这个因素呢?比如旅游景点、火车站、汽车站、机场这些地方的门店就不需要考虑复购率,它们在画价值链时也不必包括复购率这一项指标。

但是如果是社区门店,它的价值链公式就要有所调整,除了客流量和成交率,它必须把复购率这个因素放进来,因为这比较大地影响着门店的销售业绩,同时相应地增加老客和新客这两个不同类型的客户指标。

要素指标化

客流量、平均客单价和成交率这三个因素构成了门店销售的关键价值链的主干部分，但这些还不够，我们要继续向下细分，找到它们的分支。我们以客流量为例，进一步向下分析客流量与什么因素存在因果关系。通常大家想到的有：位置、广告效应、装修环境、陈列、交流便利性、产品价格、引流措施等。很多管理者在做经营分析的时候，都会在报告中这样罗列。

但这里想强调的一点是，这些因素之间可以建立数学关系并做加减乘除运算吗？显然，这些因素不能直接进行加减乘除，所以它们并不能被直接放进价值链。因为价值链的定义中有一个明确的限制性条件，那就是指标与指标之间必须具有数学关系。

所以我们需要把上述若干影响因素转换成指标，比如把位置转化为"被动进店人数"，把广告效应转化为"主动进店人数"。这样一来，门店销售的业务逻辑就可以被数字化、可视化地清晰表达出来。

总结一下，在超越指标的过程中，价值链的作用是什么？还原真实的业务逻辑，让管理者真正看清楚业务需求和行为需求之间的联系。在这个认知基础之上，管理者可以构建企业要达成的业绩目标和实施过程中一系列业务动作之间数量化的因果关系。这种可以用数学关系表达的因果关系才是真正的业务逻辑，管理者只有精准地洞察并熟练地掌握这样的业务逻辑，才能称得上真正懂业务。

三步画好价值链

接下来我们重点讲解画好价值链的三个步骤，建立起业务需求与行为需求之间的数量化因果关系，为下一阶段在价值链上找到管理者想要的关键前置性指标打好基础。

画好价值链有三个步骤：明主干、透分支、找关键。

明主干

所谓明主干，就是弄清楚哪些因素是与结果直接相关的最基本的业务行为指标，而且这些基本指标必须能通过加减乘除衔接起来。这样，我们就在这些基本指标与要达成的结果之间建立了等式关系，形成了价值链的主干部分：

- 等式左边是结果指标。
- 等式右边是通过加减乘除衔接起来的若干个行为指标。

因为加减乘除是一种线性计算，而且整条价值链是一个等式，所以在画价值链的整个过程中，企业一定要做到"线性关系贯始终"。

以某眼镜店为例，店面客流、成交率、平均客单价和复购率是跟销售额相关的四个基本行为指标，且能够加减乘除，符合从"流量"到"变现"的业务逻辑。这里所说的流量是指店面客流，变现是指成交率和复购率。

- 销售额＝平均客单价×成交客户数
- 成交客户数＝成交新客户数＋复购老客户数
- 成交新客户数＝店面客流×成交率
- 复购老客户数＝成交新客户数×复购率

我们把上述四个等式进行合并，得到一个总的等式，这就是某眼镜店销售业务的价值链的主干部分：

销售额＝店面客流×成交率×（1＋复购率）×平均客单价

以上价值链中的这种等式变换，有助于管理者直观地理解什么叫"线性关系贯始终"。不过，主干部分只是一条价值链的雏形，我们还要依据先后关系不断进行优化。从时间维度来看，在这个价值链中，最先发生的是店面客流，我们把它摆到价值链最前面，接着发生的是新客成交，再接着发生的是老客复购，最后是对客单价的平均统计。

先后关系对管理者的指导意义在于：在这个链条上，如果客流足够大，就先重点提高成交率；如果客流不够，就优先做大客流。因此，管理者必须做到"谁先谁后分清楚"。这一方面指时间上的先后，另一方面指重要性的先后，就是将重要的事情放前面，优先考虑重要的事情，分清轻重。这对于如何让投入的有限资源最大化，具有极强的指导性。

如图3-1所示，经过梳理，某眼镜店销售业务的价值链主干就被画出来了。我们通过进一步分析可以发现，在这条主干上，店面客流、成交率、平均客单价和复购率都是客观因素，都是真实客观的业务指标。

```
                    销售额
          ┌───────────┼───────────┬───────────┐
       店面客流      成交率       复购率     平均客单价
```

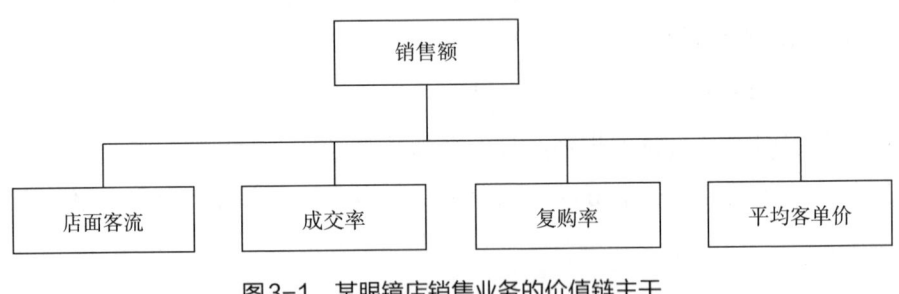

图3-1　某眼镜店销售业务的价值链主干

但是在辅导中我发现，很多学员在刚开始画价值链时，总会把一些主观因素放进来。由于主观因素既难判断真伪，又不能进行加减乘除，他们很容易陷入逻辑困境。所以说，画好价值链，还要做到"必须客观忌主观"。有了加减乘除的限制，管理者在找关键影响因素时，就无法再像以前那样信口开河、指点江山了，也不会再用一些感性色彩非常浓厚、非常抓人眼球、让听者听了非常兴奋的辞藻了。

比如，在影响员工离职的诸多因素中，岗位、年龄、性别、工资、司龄、绩效考核结果等都是客观指标，而诸如工作环境、发展空间这些完全依赖个人主观判断的影响因素，不能被直接放进价值链，管理者必须把它们转化成客观指标。

透分支

当进入价值链的数学关系设计步骤后,很多学员向我反映这很烧脑、很复杂,但我提醒学员不要忘记自己的初心,即画价值链是为了还原复杂业务活动背后的业务逻辑。

洞察并还原业务逻辑,是管理者找到好指标的唯一途径。

还是以上述眼镜店提升销售额为例,当管理者做好明主干后,得到的是有加减乘除关系的若干指标,对于这类指标,管理者在管理实践中加强监控是很有必要的。但光有这些指标还不够,因为它们只是中间层的流程指标,无法成为指导管理者推动业务发展的具体行为。

而任何业绩指标的实现和最终结果的达成,都必须落实到具体的业务行为上,所以我们必须继续向下细分,落实到具体的行为指标上。这样就进入了画好价值链的第二步:透分支。

正如前文所说,在价值链的明主干部分,店面客流是支撑门店销售额提升这个结果指标的前置性指标。但在透分支阶段,店面客流就由前置性指标转变成结果性指标了,我们需要分析"店面客流"下一层的行为指标,直到找到能影响最终结果的关键前置性指标。

习惯上,人们认为位置、陈列、促销之类的因素影响非常大,但这些因素不能进行加减乘除,所以不能直接放进价值链,得把它们转化成指标。

如何转化呢?我们必须紧扣"店面客流"这个指标进行细分。店面客流可以分为新客流和老客流,然后我们再分析新客是如何到店的。新客到店一般有两种情况:一是主动到店,二是被动到店。

主动到店人数就是拿着地址主动找过来的客人数量,这又分为"推广信息到店人数"和"老客户介绍到店人数"两种情况。

被动到店人数就是原本没有进店打算,只是路过却被临时吸引进来的客人数量。

我们用公式表达:

- 店面客流=新客流+老客流

- 新客流＝被动到店人数＋主动到店人数
- 被动到店人数＝路过人数 × 进店率
- 主动到店人数＝推广信息到店人数＋老客户介绍到店人数

接着我们把以上公式合并，可以得到：

店面客流＝路过人数 × 进店率＋推广信息到店人数＋老客户介绍到店人数＋老客流

该眼镜店销售业务价值链主干上的第二个重要指标是成交率。对于成交率的细分，我们就要考虑从流量到变现的全过程，最初是进店客流，然后是邀约验光，之后是试戴，再后来是讨价还价，达成一致后营业员就会开单并让客人交费，直到客人付款才算交易完成。在每一个环节，客人都可能流失，这就形成了一系列比率，比如验光率、试戴成功率、议价成功率和交费成功率。这样，每个环节上的业务动作就形成了一个漏斗，如图3-2所示。

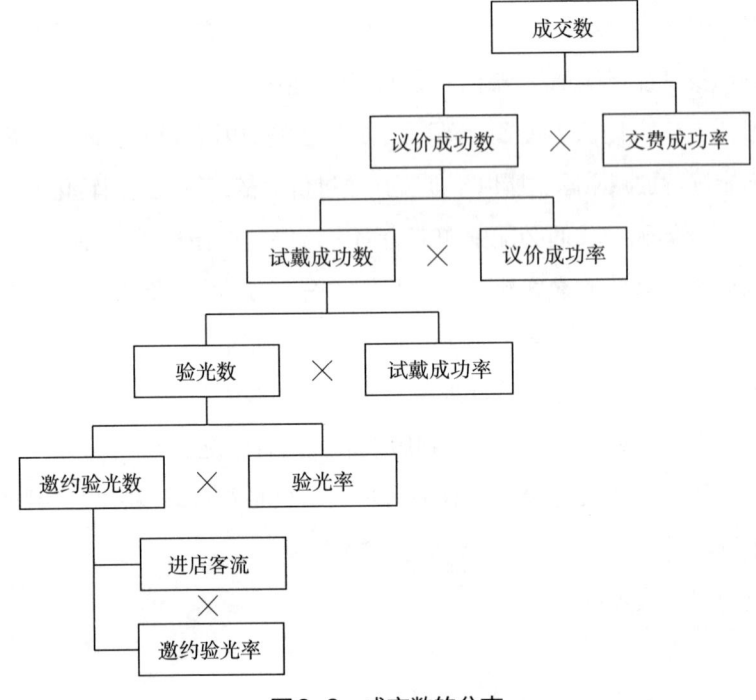

图3-2 成交数的分支

找关键

事物的客观发展过程是存在主要矛盾和次要矛盾的，并且企业可以调动和投入的资源也是有限的。对于价值链，管理者不需要关注所有因素和指标。管理者只要从链条上筛选出一个或几个最关键的因素和指标，并在这些关键点上投入资源，就能够实现组织指标和达成最终结果。隐藏在价值链上且对结果起决定作用的因素，我们称为痛点。

当把整个价值链全部画出来并完整地还原出业务逻辑之后，管理者就需要明确在价值链上，哪些因素是当前最关键的痛点。根据不同的维度，价值链上的痛点分为三类，即短板项、重点项和机会点，以便管理者进行识别和管理。

- 短板项也叫业务短板，是指执行者已经很努力了，但仍没有干好的部分。
- 重点项是指对企业业绩的实现影响较大的部分，虽然目前做得还不错，但依然有提升空间。
- 机会点是指投入小、成效大的部分，通常包括两种情况：一种是原先没有发现，通过价值链浮现出来的部分；另一种是原先已经发现，但没有引起重视的部分。

在以上三类痛点中，机会点对于管理者超越指标来说是最重要的。我们先来看一家全屋定制家具企业的案例，其管理者最初画出的关键价值链如图3-3所示。

在对初步画完的价值链进行分析时，管理者说："我们的客流没问题，进店后的环节也画得挺透彻的，而且平时大家就是这么干的，每个环节做得也都不错，但就是没看到机会点呀。"

于是，项目组就从客户出发，引导该企业的管理者思考各环节有什么不同。首先看客户分类，以及针对各类客户的业务动作有什么不同。这时，项目组发现虽然客户分男女，但针对他们的业务动作是相同的。而根据房屋状况，客户可以分为"毛坯房客户"和"精装房客户"，针对这两类客户的业务动作则是完全不同的，这个分类让人眼前一亮。

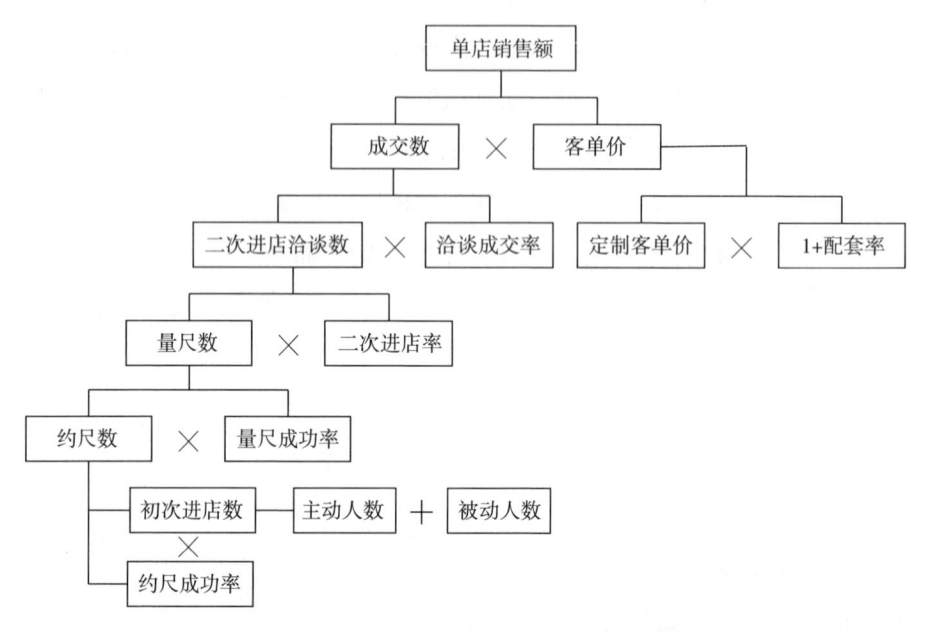

图3-3　某全屋定制家具企业提升单店销售额的关键价值链初稿

于是项目组就把原价值链的主干和分支修改为图3-4所示的样子。

项目组最终发现，毛坯房客户的"约尺成功率"和"二次进店率"这两个行为指标偏低，是这条价值链上的机会点，也是提升单店销售额的关键前置性指标。

总结一下，找关键前置性指标这一步骤的本质是对初始价值链进行调整优化，甚至是对初始价值链的主干和分支的重构。这一步非常考验管理者的业务思维能力——能否对业务逻辑进行深刻洞察并通过加减乘除关系把它设计出来。

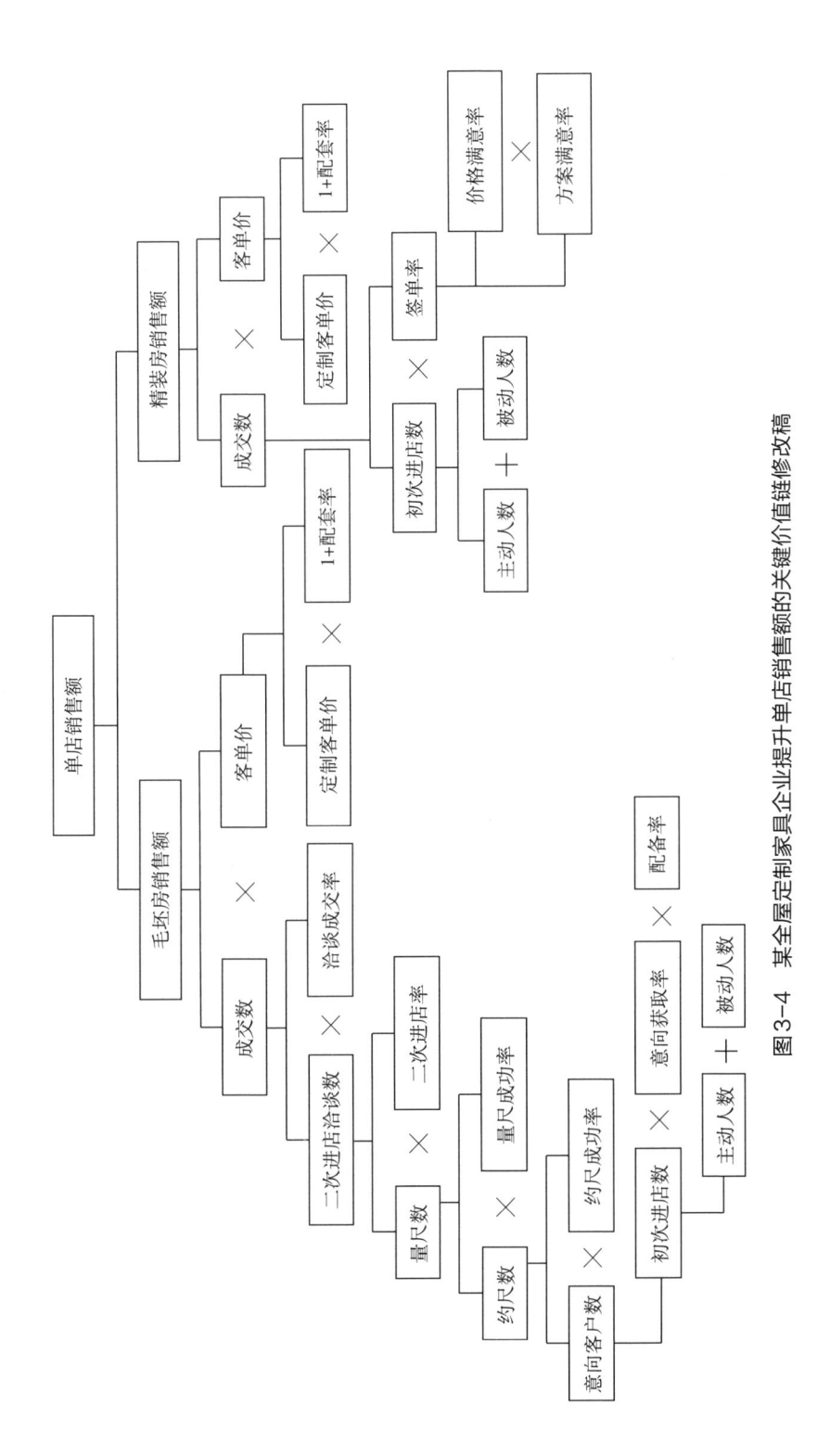

图 3-4 某全屋定制家具企业提升单店销售额的关键价值链修改稿

缺少价值链的业务分析

在没有应用价值链这个工具之前，管理者通常是如何分析业务的呢？

先举个例子，业务部门在做经营分析时，一定会分析门店销售业绩都受哪些因素影响，大家会说人效、坪效、客流、客单价、连带率、复购、转化、促销等。每个业务人员都可以说出一大堆影响因素，但我们要问的是：这些因素分别对门店销售业绩的影响有多大呢？业务人员只是感性地认为这些因素对门店的销售业绩都很重要，但重要到什么程度、对销售业绩影响有多大，他们并不知道。这里之所以举这个例子，是想告诉管理者，罗列影响销售业绩的因素是容易的，但是要找到这些影响因素与销售业绩之间的数学关系却是非常不容易的。

这也反映出大多数管理者的思维习惯，就是借用头脑风暴思考，这样大家会感到特别轻松、特别容易，但若被要求按逻辑步骤和限制条件去思考，大家就会非常不适应。

既然对于找到影响业绩指标的关键要素，头脑风暴显得相对随意，那么结构化分析是不是就比较严谨呢？当然不是。结构化分析对定性地掌握业务要素与销售业绩之间的关系，甚至对业务逻辑的洞察是有帮助的，但这种分析方法过于依赖业务人员的经验和能力，很难转化为组织的能力。

以零售行业常用的"人货场"经典分析模型为例，人、货、场被认为是影响销售业绩的三个重要因素，我们可以把和人、货、场有关的因素再进一步细分：

- 人的因素：销售人员——人员是否足够，素质是否达标，执行是否到位？
  客户——是否有足够客流，是否有成交，客户消费能力如何？
- 商品因素：商品质量——种类是否丰富，款式是否有吸引力，有没有爆款？

　　　　　商品数量——备货是否充足，畅销品是否短缺，滞销品有多少？
- 卖场或销售渠道因素：卖场数量——线下门店数量、位置，线上引流渠道数量、类型。
　　　　　卖场质量——线下门店的装修、面积、陈列，线上引流渠道的转化路径、页面设计。

　　当结构化地列出影响门店销售业绩的诸多因素后，管理者一般会对这些因素的影响程度进行分析。比如在做销售业绩分析的时候，管理者会认为是由于某类商品缺货，销售才受阻的，或者是由于某类新品不受欢迎，销量才未达到预期目标的，又或者是由于某款商品存在质量问题，引起客户退货，才导致销售不佳的。

　　通过这种结构化分析，有经验的管理者是能够比较准确地梳理出业务逻辑，找到问题关键点，并提出解决方案的。但是从业务逻辑本身来说，这种仅凭经验的定性分析，并不能客观、精准地找到影响因素和最终结果之间的因果关系，并数量化地体现出来。

　　而价值链建立的是结果指标和影响因素之间数量化的因果关系，能客观、精准地反映各个影响因素背后的业务逻辑，从而帮管理者找到决定最终结果的关键前置性指标，让他们通过管理关键前置性指标来推动业绩指标的实现和最终结果的达成。

　　价值链集中体现了业务思维的三个特征，它透彻、精准地反映了业务开展的逻辑链路，并且把各种定性的影响因素量化成指标，建立了组织指标、流程指标和行为指标之间数量化的因果关系。所以说，价值链是实现业务思维的重要工具，也是找到好指标的重要工具。

第 4 章

把指标量化，压力传递才有效

管理者找到好指标的基础是洞察业务逻辑和建立关键价值链，业务思维可以帮助管理者找到好指标存在的土壤，但这还不够。管理者还需要建立数据思维，像沙里淘金那样，从关键价值链上的诸多环节中，找到能够直接撬动业绩增长和影响最终结果的关键指标。

什么是管理者的数据思维

我们常常会听到数字化时代、数字化转型、数据思维等热门词，数据思维甚至被誉为未来"企业管理的第一思维"。大家都说数据很重要，拥有数据思维更重要，但什么是管理者的数据思维呢？

有人说"无度量，不管理"，于是管理者的数据思维被定义为某种量化思维。又有人说"无数据，不管理"，于是管理者的数据思维被定义为依靠数据来进行管理。最常见的对数据思维的运用是，在企业经营分析和业务汇报中引用大量数据作为支撑。但这些表述都没能触及数据思维的本质。

管理者的数据思维的本质，简单地用一句话来概括，就是对业务差异的敏锐洞察能力和精准度量能力。这一差异包括不同的业务行为、业务结果之间的差异，也包括同一业务行为、业务结果自身变化前后的差异。数据只是实现这种洞察和度量的工具而已。

分类也是数据思维的一种表现形式，它是对有差异的部分进行区分，把有相同性质和特征的归为一类，把性质和特征有差异的分成不同的类别，比如高级、中级、初级。

数据思维不是只涉及数据。我们不能把数据思维片面地理解成一种数据分析和数据运算能力，所谓的数据思维，大体上具有以下四个特征。

定量

管理者寻找好指标的过程，一定是一个从定性到定量的过程。管理者把业务逻辑还原为体系化的指标，只是做到了第一步的业务思维，还不够，下一步的关键在于取得数据。管理者取得数据的过程就是定量的过程，这时管理者已经在运用数据思维了，而定量这一工作恰恰是在业务开展过程中容易被管理者忽视的。

比较

比较是指两组数据之间的比较。数据比较的本质不仅仅在于找到现状与目标的差距，更在于发现业务行为的异常。运用数据思维就是要在各种数据的比较中发现那些异常值，否则数据再多、再精准也是一盘散沙，毫无价值。管理者的经营分析报告经常出现这样的情况：罗列了一大堆经营数据，但没有比较，更没有基于比较的异常值分析。这样的经营分析没有针对性，不能有效地解决业务问题，数据也只是花瓶似的摆设。

实验性

数据是死的，但数据思维是活的，这个"活"就是要把数据和现场验证结合起来。数据既来自实验，又能在实践中得到验证，这才叫把数据用活。运用数据思维意味着，在面对一个判断时，管理者要下意识地用实验数据去验证。比如，有人反映接待区的洗手间数量不足，管理者听到后，就得亲自或安排人员在不同的时间和不同的工作场景下多次去洗手间门口数人头，进行数据实验，这样才有可能发现管理的盲区，甚至发现新的商机。

回归价值

有一个成语叫"重剑无锋"，运用数据思维的尽头是不唯数据，那种为了数据而数据，进行数据秀的做法不叫数据思维。真正的数据思维是要回归业务本身来释放价值，数据只是实现价值的渡船和桥梁。从这个本质意义上说，数据思维也可以叫作价值思维，只不过是一种借助数据这个介质来实现业务价值的思维方式。

正是由于具备定量、比较、实验性和回归价值的特点，数据思维才能够帮助管理者在业务思维的基础上，进一步有效地找到好指标。

此外，数据思维和业务思维一样，也非常关注结果。数据思维不是将事物单纯地数字化，也并不排斥定性的描述和结论，数据也可以成为定性结论的基础。

企业中的很多报告罗列了一大堆数据，却并未基于数据形成结论，这就不叫数据思维，而是单纯地引用数据。我们可以用以下两个正反面例子做比较分析。

错误示例：2022年第四季度，某品牌在江苏地区的三个销售代理商A、B、C分别完成销售额130.4万元、210.5万元、98.6万元，共计439.5万元；去年同期，它们分别完成销售额110.2万元、150.3万元、96.3万元，共计356.8万元。（注：该品牌在江苏地区只有三个代理商。）

这个例子虽然列举了很多经营数据，但并没有形成最终结论。第四季度总销售额439.5万元是多还是少？三个代理商的销售额占比是否合理？和竞争对手相比，发展速度如何？只有数据没有比较，就不是数据思维。

如果我们将上面的例子调整一下，就是数据思维的成果了。

正确示例：2022年第四季度，某品牌在江苏地区的三个销售代理商A、B、C分别完成销售额130.4万元、210.5万元、98.6万元，共计439.5万元；去年同期，它们分别完成销售额110.2万元、150.3万元、96.3万元，共计356.8万元。总体同比增长23.2%，虽然有明显增长，但并未达到公司预期的30%。市场调研数据显示，竞争对手XXX 2022年第四季度实现38%的增长，其中，在C代理商所负责的区域，竞争对手达到200%的爆发式增长，销售额达320万～350万元。公司需要对C代理商进行重点关注。（注：该品牌在江苏地区只有三个代理商。）

以上示例虽然简单，却深刻反映了数据思维的本质特征，即对业务差异和变化的洞察，无论是和去年同期比，还是和竞争对手比，数据都只是比较差异的工具和手段。在这个示例中，将C代理商的销售额与竞争对手的数据进行异常比较，正是数据思维的体现。运用数据思维，就是在纷繁的指标和数据中，通过发现数据异常值，找到影响业绩实现和结果达成的关键前置性指标。而管理者如何在业务管理中具体应用数据思维，我会在后面的章节中详细讲解。

拥有数据思维的优势

避免经验思维的干扰

拥有数据思维，可以避免经验思维对管理工作的干扰，我自己就有亲身体会。

我是一个典型的"工科女"，本科毕业于北京航空航天大学电子工程专业，大学毕业后做了五年的飞机导航设备检测和维修方面的工程师。我讲一个我印象特别深刻的故事，它让我一生都很受益。我到工厂的那年是1989年，那时候大学本科生还是挺稀少的，加之我是党员，所以我一去就成为单位的重点培养对象。工作第二年，我就被单位派去英国马可尼公司进行为期半年的进修，向外国专家学习怎么维修导航设备。

在国外学习进修期间，我和同去的同事发现，外国人在工作中"很傻"，我们不能理解他们为什么是那样干活的。开始学习维修的时候，对于很多故障，我们凭经验和专业知识一眼就能看出来问题在哪儿，或者稍微摆弄一下就能解决。但是，外国工程师要求我们必须一步一步地检测，最终把故障检测出来。我们对此颇有微词，认为这么操作是多此一举。在见习工作中，不要说一般性的故障，有些很难发现的故障，我们都能很快地检测到，所以有时候我们都觉得自己挺厉害的。半年之后，我和同去的同事全部以优异成绩通过了考试。我们学成归来之后，就开始做飞机塔台上设备的检测维护。在日常的工作过程中，大部分故障都能被我们非常快地解决掉，而且我们处理故障的效率也高，维修质量也好。

　　但有一次，一架正要起飞的飞机出现了故障，情况特别紧急，我们接到任务后就赶紧把设备卸下来进行检查，可是，这次却怎么也查找不出问题。我们四个从国外进修回来的工程师一起熬了三天三夜，也没有查出来故障到底是由什么导致的。

　　后来我出了个主意，说要不我们就把在英国学习过的那本很厚的手册翻出来查吧。于是我们找来手册，翻到对应的那一段，然后按照手册中的要求一步一步地检测，最后只花了两个半小时就找出了故障并顺利解决。所以说，拥有数据思维可以保证我们不出错，即使它不一定是速度最快的，也一定能够帮助管理者很完整地梳理整件事情，让其避免经验思维的干扰，这才是最重要的。

　　上面这个故事让我不禁联想到著名的李约瑟难题。李约瑟难题是说中国人的发明在全世界发明中的占比从曾经的54%降到近代以来的0.4%，这个数据的对比说明，从17世纪以后，由中国人发明出来的东西，在全球发明中的占比是极低的。这是为什么呢？

　　李约瑟分析了很多的因素，其中有一个因素就是中国人太相信经验，而且中国人太信奉实用主义了。当有了实用经验之后，我们就不再探求究竟。不能够深入地探求究竟，就意味着我们离方法论越来越远，要想持续做出更有效的东西也就很难。李约瑟认为，中国历史造就了中国人这样的思维方式，即重经验思维，轻逻辑思维，重感性思维，轻数据思维。

　　但是走到今天，面临这样一个复杂、多变的时代，在很多地方我们真的需要按程序来思考，我们要真正找到问题的根源。即使是拍脑袋得出的结论，我们也要有运用数据思维的意识，通过数据来验证。

　　我再举一个生活中的例子。有一年我到上海出差，中午没吃饭，出去溜达的时候就听到一个小姑娘在那儿吆喝"如意快餐，一分钟出餐。如意快餐，一分钟出餐"。我一听，觉得这家餐馆出餐挺快的，不用等，就打算在这儿吃个午饭。就在我刚准备进去的时候，我看到这个小姑娘转过身跟另外一个小姑娘说："你到旁边去掐着表记数。"我出于职业习惯，就停下来看她们在干啥。然后我就听到另一个小姑娘说三分钟16个人。之后，那个在门口吆喝的小姑娘就改口说"如意快餐，健康美味。如意快餐，健康美味"。

我走上前问她俩在干啥，其中一个小姑娘说："我就想看一看，通过我的口播营销，在六分钟时间内两种吆喝内容各自的有效性。"我接着问："如果这六分钟的测试有偶然性怎么办？"她说："我们是用多个时间段来测试的，而且已经试了好几天。"我说："那你们有什么发现？"她说："当然有发现啦，结论是午餐时段就得喊一分钟出餐，晚餐时段就得喊健康美味。"

其实，我们不做这个测试，仅凭经验和感觉也能大致得出结论。但是通过数据验证，我们对于结论就会更加笃定。而且这些数据也不需要天天收集，餐馆的管理者只需要把用餐趋势测试出来，然后定期去看收银机里的收银小票是不是正常。如果正常，管理者就不用采取调整措施。除非收银机里的收银小票发生大幅度的变化，管理者才需要看这个过程中哪个环节出了问题。

通过这个案例，我们可以看出在企业经营中，有一部分员工是在动脑子干活，也有一部分员工不愿意动脑子。其实在很多工作场景，管理者只需要根据专业和经验拍脑袋决策，但即使是拍脑袋决策，管理者也需要用数据来进行验证。

有助于驱动决策的数据

我们经常说要让数据说话，但要让数据真正说话，就不能脱离业务逻辑。我们再继续看前文提到的奥巴马竞选案例。大家都知道，奥巴马在2008年和2012年两次竞选成功，但这两次竞选胜出的方式却大不相同，其中一个重要的差别就是数据。

2008年，虽然奥巴马的竞选团队也掌握数据，但这些数据都是一个个的数据孤岛。这和很多企业的数据运用情况很类似。很多企业的大部分数据也是淹没在一个一个的信息孤岛中，管理者也许有权限看到各种数据，但看不到这些数据之间的关系。

所以在奥巴马竞选这个案例的后半部分，我们着重分析第二个流程指标：钱花给谁？怎么花？有人说是花给广告商，因为要投放竞选广告。事实并不是这样的，竞选团队要关注的不是广告商，而是广告商覆盖了谁。所以钱不是花给广告商，而是广告商覆盖谁，竞选团队的钱就花给谁。

那么广告商应该覆盖谁呢？答案是选民，包括支持者、反对者和摇摆者。广告商一定要覆盖摇摆者这个群体，这样竞选团队花的钱才有用。2008年的竞选团队是怎么做的呢？他们在新闻栏目打广告。这有没有用呢？当然有用，因为看新闻的观众也涵盖了选民中的摇摆者群体。但问题是，新闻栏目的广告费非常高，而且投放不精准。

2012年，奥巴马的竞选团队通过分析选民行为数据发现，某个摇摆州的居民特别爱看电视连续剧，于是在一些电视连续剧中购买了广告，比如《混乱之子》《行尸走肉》《23号公寓的坏女孩》这些热门电视连续剧，而且电视连续剧的广告费比新闻栏目的广告费便宜很多。这样做的效果在后来的复盘中得到验证：在电视平台上，相比2008年，2012年竞选团队的购买效率提升了14%。

这是一个非常好的数据思维驱动决策的案例，决策的有效性和精准性都比以往有了大幅提升和改进。正如美国媒体评论的那样，这种由数据思维驱动决策的方式在社会经济、政治生活中发挥了重要的作用。这个案例再次表明，那些依赖预感和经验的专家的地位正在迅速下降，他们正在被善于利用大批量数据的数据分析专家取代，数字时代已经到来。

差距整理表：数据思维的应用

数据思维在企业管理工作中应用的一个重要工具就是"差距整理表"。企业经常会面对各种综合因素的考验，这往往体现为一个个业务指标，包括客户满意度、经济回报、市场份额、人才发展和产品性能等，而这些指标相比对标数据都有可能出现异常，在这些数据异常处，管理者就可以精准地找到业务痛点以及能够影响最终指标实现的关键前置性指标。

要用好差距整理表这个工具，管理者首先要从四个方面完成从感性思维、经验思维向数据思维的转换。

从无级差到有级差

给一个指标赋予数值，不叫量化；比较同一个指标的不同数值，也不叫量化。只有按照一定级差比较同一个指标的不同数值，才叫量化。

管理者的经营分析报告或工作汇报中经常出现很多数据，比如上季度开了100家门店、上季度开店数同比增长了15%，但这都不叫量化。一季度公司应开120家门店，但只成功开了100家门店，指标达成率为83%——只有这样的级差比较才叫真正的量化。这种有级差比较的量化能倒逼管理者真正做到对业务现状胸中有数，因为大多数情况下，管理者没有掌握甚至没有思考过业务现状的应有水平，他们领了任务就开干。

接下来我们将详细讨论什么是级差比较。

首先我们可以建立一个共识，就是在工作层面，完全没有被做过的事情其实是很少的，所以管理者总能找到与要做的工作任务类似的已有做法或案例。所以，我们把第一级差距设定为应有水平。

应有水平通常源于内部对标，只要这项工作在企业内部不是一个人干，而是多个人干，管理者就可以进行内部对标。大家不要小看内部对标，它可以带来相当大的业绩变化空间。我曾经在一家家用电器企业内部做过测算。这家企业在全国有将近2万名促销员，其中一定存在金牌销售，这样的金牌销售就是内部对标的标杆。

尽管让所有人都达到标杆人物的业绩水平是不太可能的事情，但是达到标杆人物业绩水平的70%，是一个大概率事件。我们就以70%为基准去测算：把所有促销员的业绩都提升到标杆人物的70%，这家企业的销售业绩相比之前增长400%。这个标杆人物业绩水平的70%，就被我们称为这家企业在销售业绩方面的应有水平。

我在一家汽车制造企业也做过同样的测算，基于小规模团队的内部对标，其销售业绩比之前增长2.5倍。结合上一个家用电器企业的案例，我们可以得到结论：团队规模越大，对标应有水平后的业绩提升倍数就越高。所以我们不要小看了对标应有水平后的业绩提升。

其次，级差转换的第二级差距，叫合理水平。合理水平源于行业对标。企业首先得明确自己在行业中的位置。企业如果已经排在行业的前列，就一定要对标本行业的老大；企业如果还没有达到行业的平均水平，那么至少要以处于行业前列的企业为目标进行对标。这就是管理者在进行行业对标时需要着重思考的。

最后，我们来看级差转换的第三级差距——卓越水平。经常会出现这种情况，即企业已经是行业老大了，应该如何进行对标？比如，业内和客户公认的一家服务最好的银行如果要做服务类的业绩水平提升，它应该对标谁呢？某家银行是这么做的：专门请丽思卡尔顿酒店的相关人员来给员工讲如何做服务，然后把丽思卡尔顿酒店的服务数据作为企业进一步提升服务水平的标杆。我们把这种对标叫作跨行业同职能对标，把标杆达到的业绩水平称为卓越水平。

从感性判断到分级度量

中国人习惯于从大体上来认识和把握一件事，即使对一件事进行了不同程度的评价，它也是模糊且没有标准的，比如"还行、不错、很棒"，而且这些评价结合评价者的表情和语境可以有多种解读。这种思维方式用于日常生活无可厚非，但用来进行业务管理，就会成为管理者极大的思维障碍。

所以我们强调要把指标量化，这实质上是为了寻找和度量指标和现状之间存在的明确且客观的差距。从能否量化的角度，管理者可以把指标差距分为可量化的指标差距和不可量化的指标差距。对于不可量化的指标差距，管理者要使用类似量表的方式进行分级，然后找到现状所对应的级别。常用的量表有李克特5级量表和10级量表。

之所以进行量化，是为了下一步能更好地缩小甚至弥合差距。比如考试考得不好或考得好，就没有对考试成绩进行量化，这样的表述和判断没有意义。考试成绩被量化之后就不一样了。假设我这次考了80分，这就是我的成绩现状。如果我还知道我这门考试的应有水平是70分，那么我就可以说这次考得很好，属于超常发挥。但如果我只考了60分，低于应有水平，这就说明我这次没发挥好，考得不好。80分和70分之间、60分和70分之间的10分就是差距，并且是量化了的差距。

可以看出，以上这种考试类的差距、销售业绩类的差距是可以量化的，但有一些差距没办法量化，这时就需要用量表来分层，从而找到差距。比如，客户关系就是一种很难量化的指标，管理者几乎没有办法给出一个数字来说明企业和客户的关系达到了多少分。所以管理者可以把不可量化的客户关系分成5级，分别是：

- 关系1级：了解客户基本资料。

- 关系2级：了解客户个性化资料。
- 关系3级：能够对客户"投其所好"。
- 关系4级：客户找我帮忙。
- 关系5级：我找客户帮忙。

这5级又有一些具体的表现和动作，比如管理者可以定义客户的基本资料，包括姓名、年龄、性别、公司、部门、职务、联系电话、地址、邮箱等。当今社会还有一个一票否决性质的要求，就是加微信。如果你和客户连微信都没有加，这就说明你和客户根本没关系。再比如了解客户个性化资料，这里的个性化资料是指不太容易了解到的信息：客户在这个项目上有多少预算？预算一般包含哪些内容？还有哪些竞争对手？客户和竞争对手之间的关系如何？如果和客户的关系没有达到一定的程度，业务人员是很难知道这些信息的。此外，客户的个性化资料还包括客户的私人信息，比如客户的爱好、家庭情况等。

一旦企业把客户关系分了层级，业务人员自然而然就会知道自己和客户的关系在哪一个层级，中间这些差距需要如何去弥补。否则，业务人员只能像以往那样，很感性、很主观地去评价自己和客户的关系，每个人心中都有自己的主观标准，都有倾向于自己习惯认知的关系判断。小企业尚可勉强维持，一旦企业上了规模，客户群变得复杂多样，这种仅靠业务人员的主观认知和判断的模式就会给企业造成极大的内耗，产生极大的共识成本。

从迷信大数据到重视小数据

有了级差比较和分极标准还不够。经常有管理者抱怨：巧妇难为无米之炊。管理者拿不到数据，或者系统提供不了数据，其实都是数据思维的误区。要想建立数据思维，企业管理者需要从迷信大数据向重视小数据转换。

大数据时代的到来，让数据超越土地、劳动力和资本三大生产要素，成为不可替代的第四大生产要素。大数据的精髓就是从大量看似没什么价值的数据中，找到普通人难以发现的隐藏趋势和异常信息，甚至可以预测未来的趋势。

然而，在实际商业环境中，大数据在很多时候是过犹不及的，就是俗话说的"杀鸡用了牛刀"。因为大数据技术所涉及的数据量规模巨大，以至于它无法通过目前的主流软件工具，在合理时间内撷取、管理、处理数据并将其整理成帮助企业经营的资讯。除非企业已经拥有了大量的数据（数据并不一定都有用，要避免大量垃圾数据），否则大数据分析需要的数据与整理、存储、运行这些数据的基础设施和云计算的花费都是一笔不小的开支，在不能保证回报的情况下，管理者务必考虑清楚成效代价比。

对于企业管理者而言，数据一直扮演着至关重要的角色。缺乏数据、寻找数据困难，始终是企业经营管理中的突出挑战之一。

在应对"缺乏数据、寻找数据困难"的挑战时，企业固然可以借助业务专家的经验进行判断，但这也意味着容易陷入经验主义的误区。这时候，小数据就为精准找到关键前置性指标，实现业绩提升提供了低代价、高成效的选择。小数据是指那些就在我们身边，更容易得到也更容易被理解的数据。最重要的是，它更容易直接产生可执行的业务动作，从而带来有形的价值。

例如，某知名食品零售连锁企业，想让我协助开展以拉动终端绩效（商超专柜生意）为目标的咨询辅导项目。项目组在梳理出关键价值链之后，借助企业的会员数据平台，采集了新客、系统销量等相关数据，但尚缺少一些关键业务动作与客户行为变化的数据（比如临柜率）。以往根据专家给出的建议，企业认为是专柜的位置决定了临柜率，如果想提高临柜率，就要把专柜设在客流大的地方，但这么做就意味着企业要支付更高的租金。而按照"有动作无变化，动作可能是无效的；有变化没动作，就是天上掉馅饼"的指引去思考，"顾客是因为什么被吸引过去的"这个问题就被提了出来。为了回答这一问题，项目组前往专柜实地观察并记录顾客的行为，发现顾客是被多种方式吸引过去的。比如：有的顾客路过专柜，销售顾问走上前去，递上一杯试吃品，这叫主动拦截；有的专柜是因为设在主通道，被顾客看到了；有的专柜虽然没有摆在主通道，但是其产品散发的香味把顾客吸引过来了；等等。此后，项目组又发放了超过3 000份问卷，进行定量调研。结果发现：专柜的位置对临柜率有一定影响，但影响比重不到1/5；更多的客户是被香味吸引过来的。正是这个数据比对，让项目组找到了业绩提升的关键机会点。这个提升临柜率的案例，就是典型的数据思维中关于小数据的应用。

在运用小数据时，企业需要特别注意的是，千万不要忘记最初的目标，否则就有可能被数据带入歧途。例如，20世纪70年代，受百事可乐的冲击，一直处于霸主地位的可口可乐感到了极大的威胁，于是在十多个城市展开了消费者调研。调研的目的主要是主动了解消费者对于饮料口味的感知，比如："如果可口可乐的口味更甜一些，你是否会喜欢"，"如果可口可乐有新口味，你是否会尝试"，等等。

调研结果表明，消费者愿意尝试更柔和、味道更甜的可口可乐，于是决策层果断进行了口味更改，推出了全新的可口可乐。在新口味的可口可乐上市前，可口可乐公司还进行了一轮盲测，盲测结果同样显示消费者更喜欢新口味的可口可乐。

这一结果提升了决策层的信心，新口味可口可乐全面上市，广告铺天盖地而来。然而，结果却令决策层大失所望，消费者在尝试完新口味后，不但没有继续购买，反而愤怒地向可口可乐公司寄来投诉信，声称"放弃原配方就是放弃了美国精神"。

最后，可口可乐公司不得不再次恢复沿用了100年的传统配方，而这一次巨大的新品投入成了一场乌龙。这次失败在某种程度上揭示了小数据如果偏离目标可能带来的缺陷，那就是可口可乐公司最终的目标是让消费者购买产品，而不是让消费者尝试更喜欢的口味。一旦目标错了，结果就会南辕北辙，因为可口可乐公司的消费者最关注的是品牌文化，并非饮料本身的口味。

从追求全面到聚焦异常

上述所说的建立级差和分级量化，其本身都不是目的，企业之所以要这么做，是为了让管理者更容易精准地发现数据异常。所以应用数据思维需要的第四个转换，就是从追求数据全面展现到聚焦数据异常，因为问题的关键点就在数据异常处。

大家都知道数据重要，而且管理者在工作中也会遇到很多数据。但是管理者拿到数据后，应该怎么办呢？单纯地追求数据的全面展示是没有意义的，管理者必须将数据和价值链这一工具结合起来使用，将各种数据放在业务逻辑中进行比较，从而找到异常。

管理者在"画价值链找关键"这一步中，根据业务动作不同的分类原则，先初步圈定了若干业务痛点，但如何精准地确定和验证，就需要通过"数据比较找异常"这个方法了。

都说商场如战场，其实现在在企业的经营管理中，管理者获取数据的渠道和手段、分析数据的工具和方法已经很多了。但扪心自问，管理者有没有在数据的差异中，发现并牢牢抓住决定业务发展的关键机会点，从而实现业务的迅速突破和业绩提升呢？

对异常数据进行比较之后，数据思维的应用还没有完全形成闭环，最后一步是根据异常数据的比较得出最终结论。这也是数据思维应用的最重要一步。管理者在实际管理工作中存在的常见误区是，没有经过数据比较，仅凭感觉就得出结论，或者有数据比较，但不是针对异常数据的比较，或者数据比较的分析部分和最终结论没有关联性。管理者如何避免这些误区？我们来看一个实际工作中的案例。

很多管理者在管理实践中都做过一件事，叫作"明星员工经验分享"。但分享完之后，大家会发现，明星员工还是明星员工，普通员工还是普通员工。这是为什么呢？因为管理者在明星员工分享完之后没有及时总结出知识点体系，也没有基于这些知识点量化明星员工和普通员工行为表现的差异。

明星员工一般会分享哪些内容？他们只会凭自己的感觉和经验，讲自己认为应该讲的，比如：我很努力，我很勤奋，我跟客户关系很好，等等。而明星员工分享的这些内容几乎都无法在企业内部复制。

所以管理者必须把明星员工分享的感性内容背后的知识点和相关的业务动作进一步整理和提炼出来，然后在这些知识点上放上明星员工和普通员工各自的行为数据，再通过异常数据的比较得出结论，也就是支撑明星员工做出明星业绩的关键举措。统计发现，明星员工和普通员工在业务行为上的差异只有17%，明星员工的其他业务行为和普通员工一样，但就是这17%的差距，让明星员工从普通员工中脱颖而出。

再举一个我曾经辅导过的一家物业公司如何提升业主维修服务满意度的案例。项目组通过比较表4-1中的异常数据，发现维修关闭及时率是明星服务人员相比普通服务人员获得较高的业主满意度的关键点。

表4-1 异常数据比较表

项目	痛点1：签约后沟通与服务	痛点2：维修关闭及时率
现状数据	65	12
对标数据	80	74
对标数据来源	明星员工	明星员工
差距	15	62
成为痛点的理由	虽然权重和分值都较低，但提升成本也低，分值提升较容易，是机会点	对于房屋质量与维修、投诉处理及物业服务的影响较大，且分值低、权重大，是提升的重点

因此，明星员工经验分享只有围绕产生异常数据的关键点展开，才有复制和学习的价值，所有的分享内容都要为这个关键点服务，要把这个关键点分析透彻，而将与关键点无关的内容删除或一笔带过。这样的明星员工经验分享，才会更有干货，更有可复制性和可学习性。

差距整理找关键

管理者要想在业务管理中应用好数据思维，就必须先做到四个方面的认知转换。这就是从无级差到有级差的转换，从感性判断到分级度量的转换，从迷信大数据到重视小数据的转换，从追求全面到聚焦异常的转换。而这四个方面的认知转换，最终都要体现在差距整理表这个数据思维工具的使用上。

一张完整的差距整理表如表4-2所示，其通常包括5个要素。

表4-2 差距整理表

关键举措	业务部门（公司）满意度	市场份额	员工绩效：时间、数量、频率、返工和浪费	财务绩效：成本、成本收益、销售收入和现金流
指标	等级（五分量表），投诉量	实际占比与潜在占比	完成过程所需时间、周期及每个时间段的电话或拜访量	固定可变资本、投资回报、资产收益、边际收益与增长比例
目标与实际绩效的对比	目标4:2，实际3:7	由比较产生的差距	损耗低于X%；浪费降低X%；每个时间段的产量为X	销售成本低于X美元；X%的销售增加值；X%的增长
评估	数据调查、小组座谈与访问	市场调查	时间表、访谈、产业指标、工作表和观察报告	日常报告、实际与预算差距及营业额分析
评估结果	等级较高，投诉较少	份额提高	产品、员工和过程绩效的改进，减少浪费	提高收益率，降低成本；高利润，高收入，增加现金流

关键举措

这些举措经常被称为策略或目标，比如增加市场份额、减少人员流动、降低成本或提高销量。它们是企业中大到业务单元，小到任务小组，都必须关注的。

指标

指标是指管理者日常追踪的数据，一般源于痛点，人们往往将它看作目标达成的依据。有时，这些数据会得到完整的记录和理解，但有时，管理者也会仅凭直觉做一些记录。不管这些指标是如何被确定的，管理者都需要把它们全部找出来。

目标与实际绩效的对比

这两者对比的结果就是指标差距，即企业或某项业务目前的状况与管理者期望之间的数据差距。

评估

评估指的是管理者怎样获取相关数据。这些数据可以用来找出产生指标差距的原因，并评测差距的大小。管理者可以使用评估来确定已经获取了哪些信息，在哪里获取的这些信息，谁获取的这些信息，哪些其他信息是有用的，以及如何获得这些有用的信息，同时进行数据分析，得到的结果有助于确定合适的干预措施。

评估结果

管理者在实施每一项干预措施之后都要评估结果。评估结果是为了明确企业要做出什么样的改变，才能让客户认为干预是成功的、值得的。在这一步，管理者要讨论干预措施必须获得多大的利益，才可以抵销采取干预行动所花费的成本。在完成干预后，管理者可以检查并展示真正改变的是什么，它到底产生了多大的效果，以及改变的成本是多少。

绩效差距整理表其实非常有价值，它有助于管理者运用数据思维比较异常数据，精准地发现关键的业务问题并找到影响业绩指标实现和结果达成的关键前置性指标。

那么绩效差距整理表是如何帮助管理者结构化地发现关键的业务问题并找到关键前置性指标的呢？我们可以用一个实际的案例来进行推演。

A公司是一家大型机械设备制造与安装公司，有上千名员工。最近该公司的财务预算主管小董特别发愁，因为上一级的财务总监总是说他执行力不够，不能按时提交《分析和规划报告》，导致高层领导无法有依据地做出决策。但是小董觉得特别委屈，他认为不能按时出报告的主要原因不在自己，而是各部门每周都不能很好地向他提交公司要求的财务数据，要么晚交，要么填写不完整，要么没有使用要求的表格模板。于是他在和财务总监沟通后，找到人力资源中心下面的培训部，希望培训部给需要提交财务数据的部门安排一次培训。

培训部经理小唐并没有急着安排培训项目，作为公司内具有业务思维的培训管理者，他深知需求本身分四种：第一种是业务需求，通常是组织目标；第二种是行为需求，是基于业务需求，员工在本岗位上需要表现出来的行为要求；第三种是个人能力需求，即员工要达成目标还需要学习什么；第四种是组织能力需求，即要完成既定的业绩指标，企业中的哪些系统和流程必须做出调整。若要满足业务需要，那么行为需求与业务需求必须与个人能力需求保持一致，此外还要确定组织能力方面必要的改变。因此在项目实施前期，小唐的首要任务是通过业务分析明确事实和指标差距，再针对差距分析问题产生的真正原因，从而明确有效的个人能力需求。

于是小唐组织部门内的培训专家，先分析这件事的业务逻辑，画出了相应的关键价值链，然后通过资料收集、访谈调研、深度取证等多种方式，拿到各类现状数据，并相应地放在价值链的各个行为指标上作为赋值。

这几个动作完成后，就开始进入差距整理表的使用阶段。通过对关键价值链进行分析，小唐发现了四处数据异常，并把它们写入差距整理表的第一行，作为关键举措要解决的问题。这四个数据异常点分别是：

- 财务预算主管审核数据的时间过长。
- 各部门主管汇总数据的时间过长。

- 各部门一线主管对接、收集对象的时间过长
- 各部门一线主管提出数据收集需求的时间过长。

这四个数据异常点，也被称为业务痛点，是指业务部门最关注和最重视的事情。

在界定好关键问题并放入数据异常点后，小唐就进入第二行，明确各个痛点的指标衡量标准，也就是业务部门会依据什么标准来进行评估。在这个案例中，指标的衡量标准是"天（工作日）"。

接下来小唐就要找到目标与现状之间的数量差距，也就是拿目标和实际情况进行对照，量化业务部门的期望与现实之间的差距。在这个案例中，第一个痛点的差距最大，目标是1天，现状是7天，有6天的差距需要弥合，其他三个痛点的差距都在1～3天。

确定了指标衡量标准后，就要考虑如何获得确定差距的数据。小唐结合工作实际情况，确定用OA（办公自动化）系统数据对干预结果进行评估，并将其写入第四行。

最后是差距整理表最重要的一部分，即评估结果，其目的是找到能够影响组织指标变化的关键前置性指标。这里特意把前置性指标和对应的滞后性指标都放在这一栏，目的是让管理者始终避免惯性地回到滞后性指标上。管理者只有抓准关键前置性指标，才能实施有效干预，解决痛点问题，最终实现业绩指标。

因此，这张差距整理表最上面一栏的痛点和最下面一栏的前置性指标，通过数据要能够关联起来，且做到一一对应，比如：

痛点1：财务预算主管审核数据的时间过长。

前置性指标1：减少财务预算主管与各部门核实数据的次数。

痛点2：各部门主管汇总数据的时间过长。

前置性指标2：提升一线员工上报数据的统计口径的一致率。

痛点3：各部门一线主管对接、收集对象的时间过长。

前置性指标3：更多缩短一线员工对接、收集对象所花费时间的方法被找到且有效性被验证。

痛点4：各部门一线主管提出数据收集需求的时间过长

前置性指标4：更多缩短一线员工提出需求所花费时间的方法被找到且有效性被验证。

我们从以上痛点和前置性指标的一一对应关系中可以看出，管理者通过管理前置性指标，就可以判断对应的痛点是否朝着预期的方向改变，进而经过差距整理分析确定各项痛点的指标差距，也就是关键问题点，从而进一步挖出造成指标差距的根本原因。这就是差距整理表作为数据思维应用工具的"瞻前"作用。

同时，我们再往后看，结合之前提到的三层级指标体系，通过差距整理表梳理出的四个关键前置性指标属于指标体系第三层级的行为指标，它还要能够以终为始，向上推导出第二层级的流程指标。在这个案例中，流程指标就是"财务预算主管每周按时提交《分析和规划报告》，在保证数据有效率达99%的前提下，及时率达到100%"。这一流程指标也要符合指标体系最上层的组织指标，即"帮助公司高层快速有效地决策，达成增效降本和提升利润的目标"。管理者始终不能忘记保持指标体系中三层指标之间的一致性，这是差距整理表作为数据思维应用工具的"顾后"作用。

所以，"瞻前顾后"地应用差距整理表，不仅可以让管理者找到用于进一步分析根因的差距问题关键点，还可以让管理者做到以终为始，精准找到能够决定最终结果达成的好指标。

第 5 章

从组织赋能员工到员工赋能组织

运用业务思维和数据思维帮助管理者找到好指标，只是完成了第一步，接下来如何影响指标的变化，从而实现业绩增长才是关键。这就涉及一个重要的话题：是组织能力决定指标的实现，还是员工个人能力决定指标的实现？这正是本章要重点讨论的内容。

组织能力的三层级建设

我经常要求学员每天问自己一句话："今天我简单了吗？"很多老学员说："老师，我也想变得简单，但到底要怎么做呢？"我们先来看一道题：以下六个选项，你认为哪一个选项对员工工作业绩的影响最大？

- 我了解公司对我的工作期望，而且可以获得明确的工作反馈和拥有畅通的信息渠道。
- 我掌握工作所需的更好的工具和资源。
- 我因为工作出色而得到了更好的精神和物质激励。
- 我通过更多、更好的培训来提升工作能力。
- 我的个性和能力与工作更加匹配。
- 我对工作的关心和热爱要多一些，我确实想把工作做好。

在课堂上，大部分学员选择了第三项，理由是第三项是最符合人性的。这是大多数人的认知,即一个员工只有受到了足够的精神和物质激励,才能创造出更好的业绩。

但真的是这样吗?在这道题中,这六个选项对业绩的提升都很重要,那么到底哪一项对业绩的影响最大呢?

不管遇到什么问题,管理者要想得出正确答案,都不能只靠拍脑袋,而是要知道正确答案背后的理论模型。

根据上文提到的罗宾逊的企业四类需求模型,所有企业都是基于业务所要达成的业绩目标来开展具体的经营和管理活动的。而企业中每一个业务需求的实现,都是靠一个个正确行为的执行来支撑和推动的。这就是我们经常讲的"事情是干出来的,不是天上掉下来的,除非这件事不是人干的"。

而任何一个正确的行为,要想在企业经营中得到很好的执行,一定要靠"两条腿"来支撑:一条腿是个人能力,另一条腿是组织能力。

我把个人能力分为三层:

- 第一层:知识和技能。
- 第二层:天赋和潜能。
- 第三层:态度和动机。

这也可以理解为大家通常说的态度、技能和知识(ASK),都属于个人能力部分。

个人能力部分通常被管理者认为是最重要的。如果某个业务单元的业绩指标完成得不好,那么管理者通常会说,这是员工的能力不行,或者态度不好、责任心不强、执行力不够等。因为管理者认为,个人能力决定了业务单元甚至整个企业的业绩结果的实现。

但是我有一个不同的认知:个人能力因素确实会在一定程度上影响一个人、一个团队甚至一个企业的业绩结果,但个人能力因素对业绩结果的影响只占25%,而上文所说的另一条腿,也就是组织能力因素,对业绩结果的影响占75%。

组织能力也分为三层：

- 第一层：数据、要求、反馈。
- 第二层：资源、流程、工具。
- 第三层：后果、激励、奖励。

这些要素都与组织能力有关，所以建设和加强这三层要素的工作，可以称为组织能力建设。

先技控后人控

针对组织能力和个人能力共六个层次的影响因素，我提出了一个根本性话题：企业做到数据清楚、要求明确容易，还是改变一个人的潜能和动机容易？

我相信大部分管理者看了这六个层次之后，都会得出这样的判断：从组织能力到个人能力，这六个层次的改变难度是从上到下逐渐升高的。管理者之前一遇到业绩指标完不成的情况，就爱往人身上使劲，认为是员工执行力不强导致的。现在我们有了答案，那就是管理者只在人身上使劲，对业绩的影响最多起25%的作用。

在个人能力上使劲，总想着改变人的知识、技能、天赋、潜能、态度、动机的做法叫人控。相对应地，在组织能力上使劲，首先想着在数据、要求、流程、工具、激励等方面进行投入的做法，叫技控。

管理者一定要从组织能力的第一层因素开始进行技控，一旦把组织能力的三层因素全部管理好了，管理工作中80%的问题就迎刃而解了。先技控后人控，并不是说技控比人控好，技控和人控是先后关系，而不是优先关系。

为了帮助管理者理解如何通过提高组织能力来为一线员工赋能，我们来看在一个竞争非常激烈的业务场景下进行技控的案例。

通信行业的市场竞争非常激烈，某运营商为了提高市场份额，启动了"WW计划"。这个计划旨在把企业原来在 To B（企业客户）业务上的优势，转化成在 To C（个人客户）业务上的成果。具体来说，就是期望通过这个项目，把现有的企业客户的员工转化成该运营商的个人客户。

项目组分析后发现，在影响这个项目的众多因素中，有一个特别关键的因素，叫客户关系。这家运营商与企业客户的关系越好，企业客户的员工就越有可能成为该运营商的个人客户。

于是项目组做了这样一个动作：对现有的企业客户进行关系评级。有一家企业客户的分数是60分，另一家企业客户的分数是100分，且两家企业的员工人数差不多。业务人员如果去做业务拓展，那么凭直觉肯定会觉得在分数为100分的企业客户中发展的个人客户多。但实际上，在业务人员拓展完业务后，项目组发现结果不是这样的，分数为60分的企业客户创造的业绩几乎是分数为100分的企业客户的三倍。于是项目组进一步分析，洞察到先前没有考虑进去的另两个更重要的维度。

- 第一个维度是"青年员工在总员工中的占比"。
- 第二个维度是"员工过往使用手机的 Arpu（用户平均收入）值"。

项目组发现，原来只用一个维度来分析客户是不够的，现在增加了两个维度，变成三个维度，这就是升维分析。项目组用这样的逻辑再分析一次，重新做优先级排序。最后的结果是，这家运营商所在市场的潜在目标客户有20万人，但其销售业绩却超过了潜在目标客户100万人的其他分公司。

这个成绩的背后是资源投放的精准和高效。一家企业的人、财、物等资源是有限的，把资源用在哪里、怎么用，将直接决定企业的效率。所以说，只有输入越精准，输出才会越有效。

在我们辅导过的大多数项目中，企业往往只需要动用组织能力中的第一层和第二层的干预措施，基本就能拿到预期的结果。

技控是真正的以人为本

曾经有人问我:"易老师,我们都强调以人为本,你怎么老说技控优先呢?"

对此,我首先问大家一个问题:我们常说人特别重要,所以企业不断引进人才、培养人才,提高人的能力。但反过来想一下,如果企业想要达成的业务指标根本不需要人来执行,那么大家觉得这个岗位还需要人吗?未来很多岗位都会被人工智能替代,但是我也相信,不管科技怎么发展,这个世界上一定有需要人去干的事。所以以人为本的本质在于,如何让人去做人最该干的事,这一点在这个时代尤其重要。

因此,技控才是真正的以人为本。而且我想告诉大家,正是因为人太重要了,所以管理者不能总去折腾员工。

原来有一句话是"苦干、实干加巧干",现在我告诉大家"巧干、实干,最好别苦干"。企业的经营者和管理者一定要把巧干放在第一位,千万别苦干。

离方法论越近,效率就越高。管理者在存量时代要想降本增效,掌握这个底层逻辑就非常重要,即先技控后人控,技控=简单。

我辅导过的企业中的大多数管理者都形成了技控思维。比如,总部要举办一个活动,管理者先会反复思考:"在我的方案中,哪里需要表述得更清晰,哪里可以提供一些工具,怎么让下面的人的工作更简单?"之后再把活动方案发到群里,这样执行者就能接得住方案了,甚至能做得更好。这就是技控文化和氛围产生的结果。当大家有了共同语言和思维的时候,彼此会互相督促:你又折腾人了吗?你简单了吗?

让我们回到前文的那个问题,答案是:技控决定了员工业绩结果的大小与好坏,同时,员工的积极性也取决于企业的技控水平,而不仅仅是精神和物质奖励。这个判断是不是与大多数管理者的认知大相径庭?下面用一个真实的案例来进一步说明。

员工的积极性从哪里来

有一回，我在海南对一家企业进行辅导，该企业领导亲自带着项目组在基层单位搞调研，调研结束后，这位领导在微信上给我发了两段话：

昨天我第一次参加分公司的行销活动，当看到兄弟姐妹在烈日下走村串户，但销售效果却不是很好的时候，我心里五味杂陈。六月份的海南，出门不到一分钟，汗水就一把一把地往下掉，但是我的兄弟姐妹还在顶着烈日工作。这样的工作态度非常好，可是工作结果确实不是很好。

易老师，你能想象到吗？基层员工得有多么强大的内心才会干这个活啊。我认真观察了几个销售队伍，发现问题集中在组织能力的第一层、第二层。

首先，该企业的后台系统是有存量客户数据的，但分布在不同的系统中，彼此没有打通。有些客户数据需要销售人员手动添加，因此经常出错。

其次，很多目标客户都是该企业的老客户，有的客户已经进入了企业的黑名单，但是现场业务人员手中的客户信息表却没有标注这些信息。由于得不到中台的支持，员工干活只能靠自己。比如，在行销前，相关部门没有调查目标并进行标注，业务人员到了现场，遇到的全是投诉客户，更不要说让这些客户办理新业务了。这种情况完全可以让业务人员在去之前就掌握，这样业务人员至少可以选择不去向这些黑名单上的客户推销。

如果中台向业务人员提供了这些客户信息，行销工作就不会这么被动了。员工的工作积极性就算再高，被这样折腾几回也就不想干了。

所以，基层员工的积极工作态度真的得从管理者提供的能顺畅开展工作的组织环境中来，也就是来自组织能力中的第一层和第二层。这样我们也就理解了为什么华为会提出"倒金字塔"管理，要求所有部门都要为一线"听得见炮火的人"提供支持。这能够让整个队伍更强大，士气更高涨，作战效率更高。

总结一下，企业真正的以人为本就是六个字——简化事、赋能人。企业要为员工提供强大的组织能力支撑，而员工的积极工作态度也只能来自强大的组织能力。如何加强组织能力建设？企业要坚持三个原则：可控、高效、深入。

可控：完成原因转换，去除借口思维

一线销售人员通常认为，产品卖得不好是因为市场竞争太激烈，产品价格太高，甚至产品本身没有优势。而管理者总认为这是因为一线销售人员的能力不行，或者公司的激励措施不到位。可以看到，这几乎都指向客观原因，或者别人的原因。

遇到问题后，管理者如果总是找客观原因和别人的原因，而不能从自己身上找原因，就很难找到正确的解决方案。很多时候，如果管理者不是从为员工营造更好的组织环境出发来考虑业绩提升，而是一味地通过培训来提升员工的个人能力，那么结果往往不尽如人意。

要想解决问题，首先要找到产生问题的原因，企业以往常常通过头脑风暴找原因，最终找到的无外乎三个维度的六种原因：客观原因与主观原因、外部原因与内部原因、别人的原因和自己的原因。

本书对客观和主观的界定与哲学中的有所不同。对于客观原因，除了哲学中所说的不依赖人的意识而存在的一切事物，本书把无法改变或者很难改变的事实也称为客观原因。在这个定义下，所谓的客观是相对的，其取决于管理者的控制范围和控制程度。比如，对于高层管理者来说，产品价格、服务标准都是主观的；而对于销售部门的负责人来说，产品价格、服务标准有一定的客观性。

也就是说，客观原因是客观存在的，且无法改变或较难改变的原因。产品不好，品牌不好，价格太高，服务不好，人手不够，激励不足，竞争对手太强大，客户太难缠，都是客观原因。这种所谓的客观原因有两个特点：第一是跟"我"没关系，第二是改变起来难度很大。这类客观原因是管理者超越指标的最大障碍之一。

外部原因是指跟企业有紧密的关系，但不被企业直接掌控的人和事。企业内部人员造成的原因就是内部原因，企业外部合作伙伴造成的原因就是外部原因。本书所说的外部原因特指上游供应商和下游经销商、加盟商等合作伙伴的原因。

企业内部人员造成的原因，按照影响主体可以分为别人的原因和自己的原因，这里的"别人"是指管理者的下属或者跨部门的其他同事。

客观原因、外部原因和别人的原因对于管理者来说，往往无法改变或者很难改变。但是在日常工作中，管理者很多时候都只能看到客观原因、外部原因和别人的原因。这种思维习惯一方面会导致管理者忽视真正的原因，另一方面会导致企业付出不必要的沉重代价。所以我建议管理者在分析原因时，要学会通过客观原因、外部原因和别人的原因找到相关的主观原因、内部原因、自己的原因。这个过程就是三类原因转换（见图5-1）。只有这样，管理者才能精准找到有效的干预措施并解决问题。

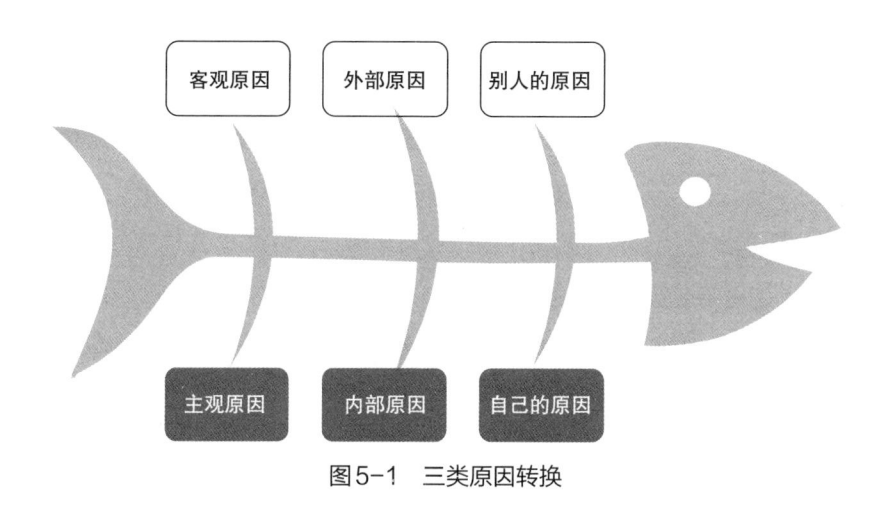

图5-1 三类原因转换

把客观原因转换成主观原因

在介绍客观原因的转换之前,我们首先需要了解客观原因都来自哪些维度。这里我们可以通过《流程圣经》中的企业自适应系统图进行分析(见图5-2)。

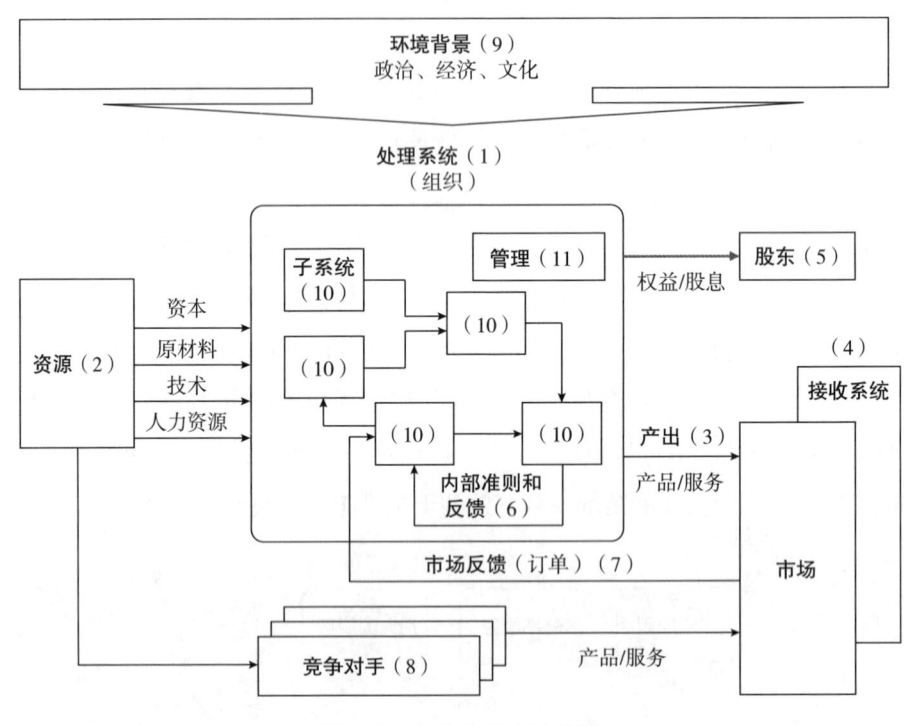

图5-2 企业自适应系统图

企业就是一个处理系统(1),它将各种资源(2)投入,转化为以产品或服务为形态的产出(3),并将其提供给接收系统或市场(4),再以权益或股息的形式向股东(5)提供财务回报。企业受自己的内部准则和反馈(6)的控制,但最终由市场反馈(7)驱动。同时,竞争对手(8)也在吸收各种资源并向市场提供产品与服务。基于这个系统的商业活动,在政治、经济和文化等环境背景(9)下循环运转。从企业内部视角看,各种子系统（10）将资源转化为产品或服务，同时企业拥有一套控制机制，即管理（11），通过管理机制来解析和应对企业内外部的反馈。由此，企业保持着与外部环境的动态平衡。

在这个系统中，政治、经济、文化等因素造成的原因是客观原因，这些因素也不是企业或企业中的个人能够控制和影响的。企业投入的资源：资本、原材料、技术、人力资源，对于整个企业来说，似乎也是不可控的客观因素，但是企业真的无法控制这些因素吗？另外，企业所处的市场环境一般来说也是不可控的客观因素，但是企业能否做些什么呢？同时在竞争中，企业不能影响竞争对手的策略和行动，那它就只能坐以待毙吗？

很显然，在这个系统中，很多事物都是相互影响的。比如，虽然环境背景几乎不可能被企业影响和改变，但是资源、市场、竞争这三个方面是可以发生变化的。也就是说，管理者可以将这些客观因素转换成企业可控制的主观因素。在这个转换过程中，管理者应该有两种思维方式：第一个是"针对该问题，还没有相应的解决方案"；第二个是"针对该问题，现有的解决方案不够有效"。这就是"原因转换万能公式"。通过这样的转换，管理者可以先将问题的主体换成自己，然后进一步从自己的角度考虑背后的深层次原因。

资源输入方面

企业可以通过提升组织能力，提高对外部资源的吸引力；企业可以通过提升自己的市场规模和议价能力，获得质量、价格、供应量都更合适的原材料；企业可以通过外部购买、增加内部研发投入、提高研发水平，获得一定的技术优势；企业可以通过改善工作环境和企业文化，吸引大量优秀人才。

也就是说，对于外部资源这个看似客观的因素，管理者可以将其转换成组织能力、市场规模、研发水平、企业文化等主观因素，并进一步找出其中的不足。

市场现状方面

企业可以根据自身能力水平和资源现状，确定针对特定市场的竞争策略。比如：企业可以通过技术创新形成产品竞争优势，从而引发客户对产品功能或性能的关注；企业可以通过加强品牌宣传，扩大目标客户对自身品牌的知晓度和认可度；企业还可以通过提升组织能力，提高自身效率，从而降低成本、扩大目标客户群。与外部资源相似，市场因素看似是客观的，其实管理者可以将其转换成技术创新能力、品牌宣传能力、组织能力等主观因素。

竞争环境方面

企业在进入特定市场后，就要与该市场中的竞争对手竞争资源和市场份额。企业可以通过提高自身的资源竞争力以及自身对市场的吸引力，提高自己的竞争地位，前文提到的关于资源获取和市场占有的内部因素也适用于竞争优势的建立。同时，企业可以通过研究竞争对手，增进对竞争环境现状的了解；企业可以通过与竞争对手合作，提高自己在竞争中的影响力；企业还可以通过兼并、重组等方式，快速获取一定的竞争优势。也就是说，虽然企业无法改变竞争对手的水平，但是企业可以努力获取相对优势。

总之，针对以上三个维度，管理者都可以通过原因转换找到自己可控制的因素。在进行转换时，管理者可以分别看看针对这些客观因素，是否已有解决方案。如果已经有了解决方案，那么管理者可以思考这个方案是否有效。

上文列举了一些可控的主观因素，在这些主观因素中，最为核心的就是组织能力，因为组织能力是企业创造竞争优势的核心来源。组织能力不仅影响外部资源中的原材料、技术、人力资源，还影响企业对市场现状的分析，以及企业相较竞争对手的竞争优势。

在经典图书《基业长青》中，我们可以看到成功企业都有组织能力优势。那么组织能力到底是什么？组织能力包括企业所拥有的一系列反映效率和效果的能力，这种能力可以体现在从产品开发到营销，再到生产的任何活动中。为了让管理者对组织能力有更深入的了解，从而进一步深挖组织能力背后的因素，本书结合多位学者的研究结果，得出了企业组织能力框架（见图5-3）。

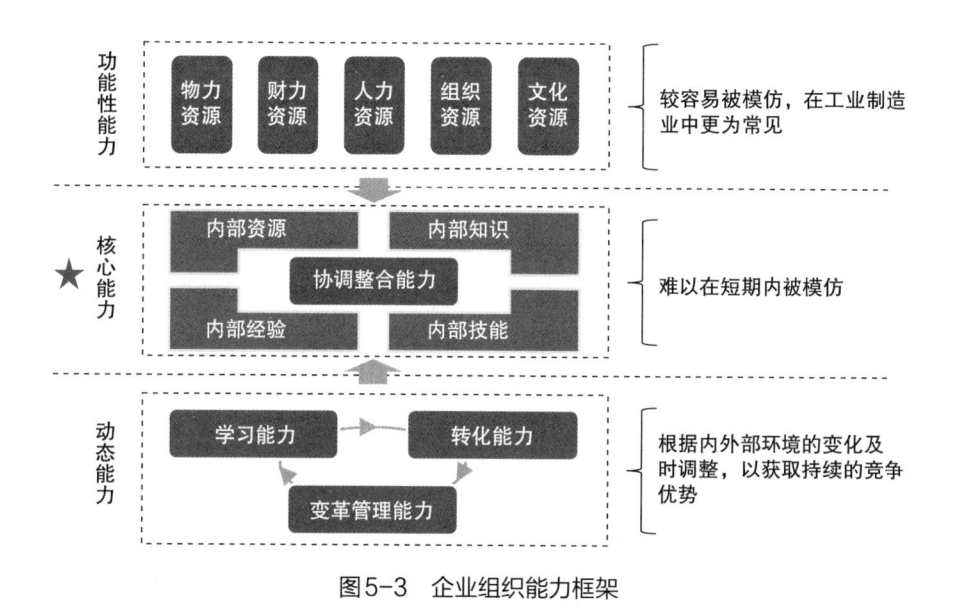

功能性能力：物力资源、财力资源、人力资源、组织资源、文化资源 — 较容易被模仿，在工业制造业中更为常见

核心能力：内部资源、内部知识、内部经验、内部技能，以协调整合能力为核心 — 难以在短期内被模仿

动态能力：学习能力、转化能力、变革管理能力 — 根据内外部环境的变化及时调整，以获取持续的竞争优势

图5-3　企业组织能力框架

企业的组织能力可以分为三种类型：功能性能力、核心能力、动态能力。其中，功能性能力是最初级的组织能力，是组织在某些功能模块上建立的能力优势，较容易被模仿甚至被超越；核心能力需要企业积累一定的知识、技能、经验、资源，它具有一定的系统性，以协调整合能力为支撑；动态能力是企业在当今快速变化的市场环境和竞争环境下，需要特别构建的能力，从而保证企业获得持续的竞争优势。

在动态能力中，学习能力、转化能力、变革管理能力形成了一个闭环，以保证企业持续创新。学习能力指的是单纯获得新知识的能力，个人学习能提高员工的技能，组织学习能帮助企业形成新的组织规范和流程，从而提高效率、降低决策成本，而企业之间的学习则可以实现能力的传递，从而消除单个企业的战略盲点。

转化能力指的是对新知识的处理和融合能力，企业可以运用这种能力重新对自身所需的资源与能力进行配置，从而形成新的能力。转化能力决定了新知识的转化效率，即"学以致用"的效率。这种转化也包括对知识资源的重新组合。比如，麦肯锡等世界一流咨询公司通常都有一个关于全球企业案例的数据库，其中收录了本公司曾经做的各行各业的咨询报告，有了这个数据库，项目经理习惯性地将新知识融入已有的知识，新知识来自目标企业，而已有的知识可能来自以前为其他企业所做的咨询报告或者原有的客户。在当前快速变化的市场环境下，重新配置企业所需资源的能力以及对资源进行内外部转化的能力是非常重要的。

变革管理能力意味着企业能够积极地对现状进行分析，从而发现存在的问题，并且在制定了相应的措施后，有效推动各部门进行调整和改善。变革管理能力强的企业一般会形成一种变革管理基本路径，甚至形成一种拥抱变化的企业文化。

总之，当遇到客观原因时，管理者可以按照以下步骤进行原因转换。

第一步，通过原因转换万能公式改变自己的思考方式。这种转换有两个好处：一是原来和管理者没有关系的因素，现在有关系了；二是管理者在寻找真正的解决方案时，经过原因转换，可以获得更多关于解决方案的思路。

第二步，按照第一步的思考方式继续深入分析。管理者应先考虑当前问题属于哪个层面：是市场环境方面的问题，还是外部资源获取的问题，又或是竞争问题？针对不同方面的问题，管理者的深入分析方式会有所不同。

第三步，时刻站在组织能力的角度进行思考。管理者可以按照功能性能力、核心能力、动态能力三个维度分别深入思考，从而找出企业内部对应的可控因素。

最后，当遇到客观原因时，管理者可以将其转换为"关于这个问题，我们做得还不够好"。举一个例子。某零食连锁企业的某产品存在试吃率比较低的业务痛点，之后业务人员找到了一个原因——产品的颜色太黑。

这个原因听起来有点好笑，但确实是因为产品颜色太黑，客户觉得吃完后有碍观瞻，所以不愿意试吃，这直接导致试吃率下降。

于是项目组进行了原因转换，把原因转换成"针对产品颜色太黑，我们还没有有效的解决方案"。于是大家集思广益，想出很多解决方案：采用白色的原材料；用漂亮的灯光改变视觉效果；送客户一小包漱口水；送客户一个口香糖；宣传黑色产品更健康……最终，问题总能得到解决。

把外部原因转换成内部原因

外部原因是指企业外部合作伙伴造成的原因。企业的外部合作伙伴包括上下游企业、联合企业、战略合作企业等，最常见的合作伙伴是供应商、经销商、代理商、加盟商。外部原因该如何转换呢？我们先来看一个案例。

某车企在配合项目组进行企业内部诊断的时候提到：企业的客户满意度不高，集中表现为客户对轮胎质量的投诉较多。什么原因导致轮胎质量出了问题呢？该企业说这是因为供应商提供的轮胎本身就不合格，这是典型的外部原因。针对这个外部原因，项目组进一步深挖：该企业和供应商、经销商之间有两个互动环节，一个是甄选环节，另一个是监管环节。接下来，项目组通过"有没有……"、"……是否有效"以及"按标准进行……了吗"三个问题进行深挖。

针对甄选环节，第一个问题是"有没有甄选标准"，如果答案是有，那么第二个问题是"甄选标准是否有效"，如果有效，就进入第三个问题"按标准进行甄选了吗"。监管环节也可以套用这样的方法，第一个问题是"有没有监管标准"，第二个问题是"监管标准是否有效"，第三个问题是"按标准进行监管了吗"。

也就是说，在把外部原因转换成内部原因的时候，也有一个万能公式。这样管理者就知道如何寻找解决方案了。

参考前文的企业自适应系统图，对于企业来说，上游合作伙伴影响企业所获资源的好坏，下游合作伙伴影响企业与终端客户之间的关系，股东也会对企业的发展产生直接影响。

对外部原因的分析与前文的客观原因分析有相似之处，但是外部原因集中反映了企业的供应链管理能力。"供应链"一词最早源于彼得·德鲁克提出的"经济链"，后来迈克尔·波特将其发展为"价值链"，最终演变为"供应链"。供应链的定义为：围绕核心企业，通过对信息流、物流、资金流的控制，从采购原材料开始，制成中间产品以及最终产品，最后由销售网络把产品送到消费者手中，它是将供应商、制造商、分销商、零售商以及最终用户连成一个整体的功能网链结构。供应链管理的最终目的有三个：

- 提高客户满意度（提高交货的可靠性和灵活性）。
- 降低企业的成本（降低库存，减少生产及分销费用）。
- 优化企业整体"流程品质"（去除错误成本，避免异常事件）。

管理者在进行供应链管理能力评价时，需要始终从这三个目标的实现出发。

同时，管理者可以使用国际供应链协会开发的SCOR模型（供应链运作参考模型，Supply-Chain Operations Reference-model）来进行供应链诊断。SCOR模型将供应链分为计划（Plan）、采购（Source）、生产（Make）、配送（Deliver）、退货（Return）五大流程，并分别从流程分类、配置、流程元素分解等层次切入，提供供应链"最佳实施方案"。SCOR模型可以使企业与外部合作伙伴用同样的语言交流供应链问题，客观评估绩效，明确供应链的改善目标和方向。这里给出了SCOR模型的基本框架，具体如图5-4所示。

总之，外部原因主要源于供应链上的上下游企业，在对问题进行综合分析时，管理者可以使用专业的分析框架（比如SCOR模型），但在针对每个环节进行深入分析时，管理者可以使用三层万能公式：有标准吗？标准有效吗？按标准做了吗？

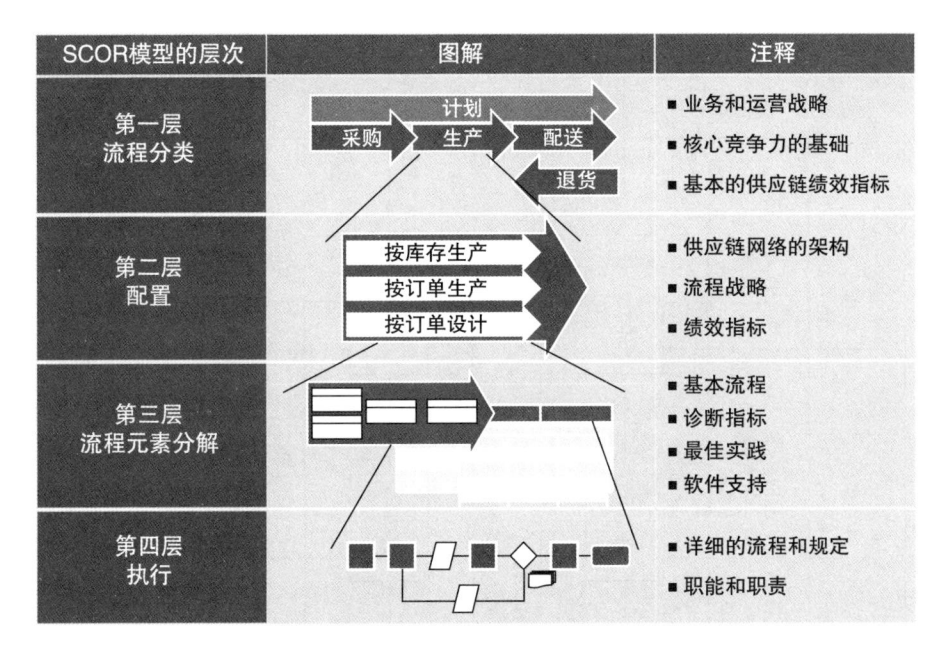

图5-4　SCOR模型的基本框架

把别人的原因转换成自己的原因

在分析原因时，管理者需要从多个角度考虑问题，也需要从自身寻找原因。

如果是下属的原因，那么这也一定是管理者自己的原因。根据四类需求模型，管理者需要把下属个人能力中的知识、技能、天赋、潜能、态度、动机等转化为组织能力中的数据、要求、反馈、资源、流程、工具、后果、激励、奖励。

如果是跨部门其他人的原因，管理者就需要根据跨部门工作流程对原因进行梳理和转化。如果他人的工作结果是管理者对某项工作的输入，或者管理者本人的工作结果是他人对某项工作的输入，此时企业就需要考虑衔接环节的标准是否清楚，双方是否达成了共识，衔接效率是否可以提升。图5-5为企业系统说明图。

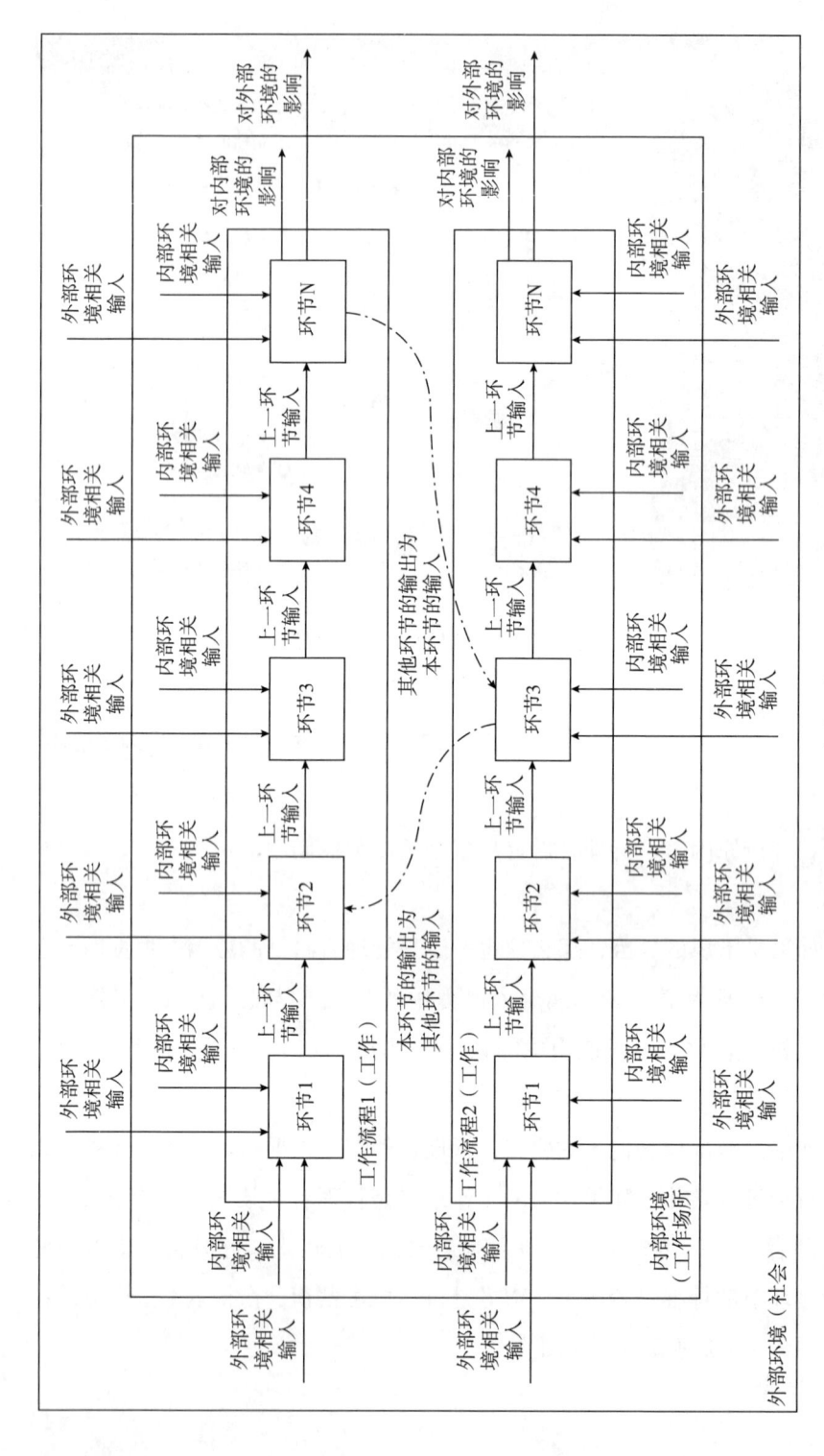

图 5-5 企业系统说明图

在这个系统中，各个环节的工作密切相关，无论是管理者本人的工作结果是其他环节的输入，还是其他环节的工作结果是管理者对某项工作的输入，管理者都需要从自身的角度思考这个衔接过程是否清楚，是否需要优化。

当然，从整体来看，管理者还要思考当前系统内的各项流程是否清楚。有一个跟各个环节都有关的问题是，是否已经形成了具有明确标准的跨职能流程。对企业内部流程进行分析和设计的方法有很多，eTOM商务流程框架就是一个很好的工具（见图5-6）。

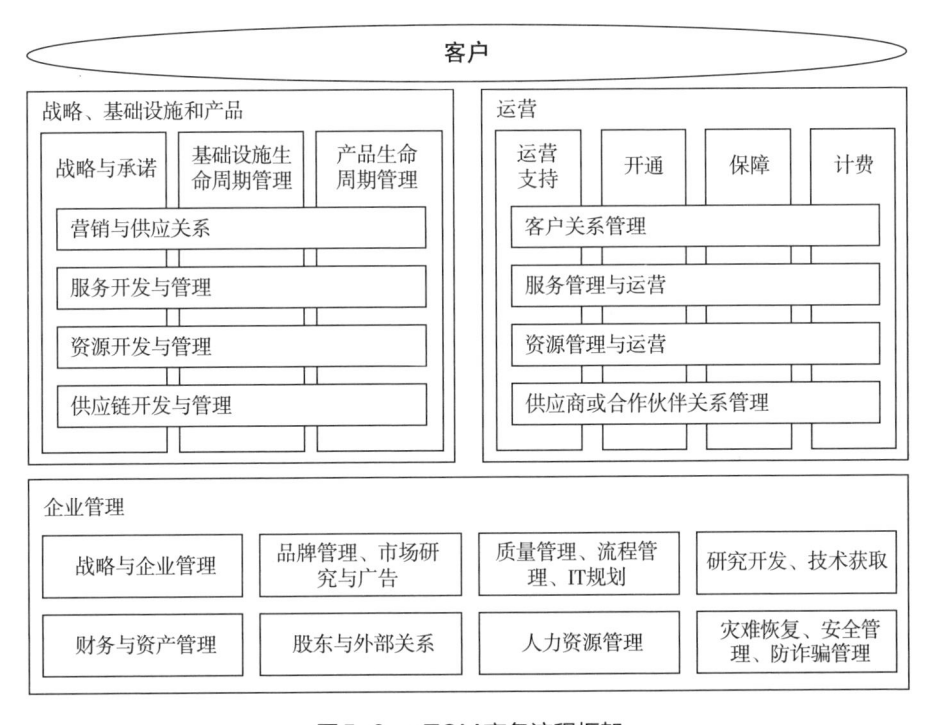

图5-6 eTOM商务流程框架

如何对某项具体流程进行分析和设计？管理者可以参考《流程圣经》一书中给出的步骤。书中提到，在进行流程分析与设计之前，企业需要先明确流程优化的目标以及要解决的关键问题。之后，企业可以按照以下十个步骤进行流程分析与设计，如图5-7所示。

```
流程再造项目          第一步：梳理当前流程
（目标、角色、边界）   第二步：识别流程中的断点
                      第三步：制定优化流程的设计规范
                      第四步：设计所有可能的流程并对其排序      期望的流程
                      第五步：设计期望的流程                    流程说明
                      第六步：制定流程评价标准                  流程的执行策略
                      第七步：开发跨职能角色/职责矩阵
                      第八步：识别绩效系统的变化
                      第九步：给出期望流程的说明
                      第十步：制定流程的执行策略
```

图5-7 流程分析与设计的步骤

管理者需要考虑以下问题：当前是否有明确的流程？当前流程是否符合管理者的预期？当前流程中是否存在断点？是否还有其他更好的流程？当前流程是否有明确的评价标准？当前流程的呈现是否足够清晰？当前流程是否给出了便于使用的说明？

也就是说，当遇到别人的原因时，首先确认对方的哪些工作和自己的工作相关；其次，针对这些相关工作，确认其中的输入和输出关系；然后，确认双方的衔接过程是否有清晰的标准，以及这些标准能否有效发挥作用；最后，如果问题仍然存在，管理者就要考虑这是否是企业层面跨部门流程设计的问题。

最后我们来看一下在转换原因的过程中，可能会出现什么样的问题。以我辅导过的一家生产近视治疗仪的企业为例，其业务痛点是，业务人员向客户介绍完仪器后，客户就走了。对此，业务人员找到了一个原因——客户对近视治疗仪的治疗方式了解不足，这属于别人的原因。

项目组用原因转换器把别人的原因转换成了自己的原因，这个问题就变成了"针对客户对近视治疗仪的治疗方式了解不足，我们现有的解决方案还不够有效"。

但是很多时候，人性导致管理者认为："在这件事上我已经尽力了。如果还有问题，那么这一定是客观原因导致的，要不然就是外部原因、别人的原因，反正跟我没关系。"也就是说，管理者在潜意识里会把问题往外推，把锅往外甩，而不是向内看，从内部和自身找原因。所以本书提供了原因转换器，帮助管理者从向外找原因转为向内找原因，真正做到"行有不得，反求诸己"。

管理者在工作中运用原因转换器的最大好处是，让工作变得可控。接下来我们通过两个案例，了解如何把不可控因素变得可控。

案例1：某互联网医院业务量提升

首先是一家互联网医院的案例。之前，该医院的管理者认为业务量不佳的原因是：

- 第一，自费患者太少。
- 第二，科室主任不看好互联网平台。
- 第三，医生工作忙，没有时间和精力维护互联网平台。

经过项目组的辅导，该医院最后转换出来的原因是：

- 第一，医生不知道哪些患者是合适的患者，担心互联网处方会产生医疗纠纷。
- 第二，互联网平台对目标医生的画像不清楚，对目标医生的选择不准确。
- 第三，没有参考成功的标杆案例。
- 第四，医生和患者对平台的流程不熟悉，医院也没有提供解决方案。
- 第五，医院不够重视，所以医生的积极性也不高。

该医院最早设定的指标是一个绝对值，即从月均132个病历提升到月均5 000个病历。这个指标是不是已经很有挑战性了？实际上经过原因转换，三个月后该医院做到了月均12 000个病历。

案例2：降低数据获取投诉率

我曾经做过的一个辅导项目叫降低数据获取投诉率，该项目的痛点是现场抄表准确率不达标。管理者此前找到的原因是：

- 客户外出导致客户经理无法现场进行抄表。
- 恶劣天气影响。
- 客户经理的责任心不强，因抄表次数较多，对于没有抄表的客户，他不愿意重复上门。

对于第三个原因，项目组向管理团队提出了一个具有挑战性的问题："请问在座的各位管理者，你们愿意重复上门吗？"所有人异口同声回答："不愿意。"项目组继续问："为什么你们不愿意重复上门就不叫责任心不强，而一线客户经理不愿意重复上门就叫责任心不强？这是不是很双标？"

所以一出现问题，很多管理者首先想到的就是员工的责任心不强。其实管理者在做完原因转换，找到真正的原因之后，才能发现为什么一线员工不愿意执行某些任务。

- 第一，大部分基础台账不完备或者没有及时更新。
- 第二，客户经理对表位和环境不熟悉，表位缺乏有效的位置指示信息。
- 第三，客户经理不知道如何从系统中导出现场漏查数据。

这里我着重解释一下第三点原因。因为中台分拆不出来客户是否抄表的数据，所以客户经理一旦再次上门，就得从第一家开始依次确认，因此谁也不愿意做这样的事情。但是这个问题能不能解决呢？其实很容易，只要中台多花点工夫，把没有抄表的客户数据分拆出来，客户经理自然会去干活。

看完这两个案例，大家可以发现，管理者经常把业务问题归咎于员工的个人能力，也就是人的问题。我经常听到有管理者说："企业给的激励不够，人手不够，要想完成指标，我需要增加激励，增加人手。"

但是，管理者只要做一个简单地转换，把"人手不够"转换成"对于人手不够这个问题，我们的解决方案还不够有效"，立刻就会发现情况变了。这种原因转换的好处在于，管理者会发现其实自己可以找到若干个方案来解决这个问题。

高效：BEM模型的迭代与应用

管理者：今天我高效了吗

要想超越指标，管理者要满足一个要求——"今天我简单了吗"，此外管理者还要满足一个要求——"今天我高效了吗"。所谓高效，就是让执行者的工作变得敏捷有效。

有一本书叫《把信送给加西亚》，书里的主角叫罗文，他接到一个任务——把一封信送给远在古巴丛林作战，但谁也不知道他具体在哪里的加西亚将军。罗文没有任何推诿，不讲任何条件，历尽艰险，徒步三周后，凭借自己的忠诚、意志、耐力和"不找借口"的态度，终于把信送到了。

看完这个故事，很多管理者是如何思考的呢？他们特别想把这个故事分享给自己的下属，希望所有下属都能像书中的罗文那样，拥有卓越的执行力。但是换个角度思考一下，企业中的执行者，有多少人能够做到罗文那样呢？答案恐怕是"几乎没有"，甚至管理者自己都不具备这样卓越的执行力。

既然管理者不能期望每位下属都拥有卓越的执行力，都能做出高绩效，那么管理者需要对下属所处的"工作系统"进行优化，以实现组织的高绩效。也就是说，管理者需要对"工作系统"进行深入梳理，从中找到优化措施，促进下属更加简单、有效地实现高绩效。但是很多管理者并不知道如何对"工作系统"进行梳理。

说到"工作系统",我必须首先说一下吉尔伯特的"行为工程模型"。吉尔伯特在他的著作《人的能力》(*Human Competence*)中详细讲解了行为工程模型,这个模型通常也被称为BEM模型。

BEM模型一方面系统考虑了"刺激、反应、强化"因素,认为完整的行为过程(B)应该是由引起反应发生的刺激(S^D)、刺激所引起的反应行为(R),以及具有强化作用的刺激(S_r)共同组成的;另一方面在个体行为的基础上引入环境因素,认为行为的发生是由个体所具有的行为储备(P)[①]以及个体的所处环境(E)引起的。

$$\begin{cases} B: S^D \to R \cdot S_r \\ B = E \cdot P \end{cases}$$

基于以上两个层面的思考,BEM模型最终被分为六个维度。吉尔伯特认为,在企业管理中,这六个维度是一个系统性内容,管理者要想提高业绩,就需要从这六个维度进行分析。吉尔伯特提出的BEM模型具体如表5-1所示。

表5-1 BEM模型(原始版本)

项目	S^D—信息	R—工具使用	S_r—动机因素
E 所处环境	数据 1. 与绩效结果相关且频率较高的反馈; 2. 对期望绩效的清晰描述; 3. 与期望绩效相关且清晰的行动指引	工具/方法 根据员工特点科学设计相关工具	激励 1. 根据绩效设置财务激励; 2. 非物质激励; 3. 职业发展机会
P 行为储备	知识 1. 科学设计培训项目; 2. 实践	机能/潜能 1. 根据人员潜能灵活设置绩效目标; 2. 身体塑造; 3. 适应; 4. 选择	动机 1. 评估员工的工作动机; 2. 招聘与岗位需求匹配的员工

---

① 行为储备是指一个人或动物能够进行的全部行为,比如坐、站、吃、走、发声等。

吉尔伯特的BEM模型为管理者提供了提高员工绩效的六个维度。为了便于企业的实际操作,吉尔伯特进一步分析了这六个维度对员工绩效提升的影响程度,具体如表5-2所示。

表5-2　BEM模型中六个维度对绩效影响的排序

项目	S^D—信息	R—工具使用	S_r—动机因素
E 所处环境	数据 1	工具/方法 2	激励 3
P 行为储备	知识 4	机能/潜能 5	动机 6

自从吉尔伯特提出BEM模型,大量的学者对其进行了深入研究,并进一步将该模型运用到企业的日常管理之中。其中,哈罗德·斯托洛维奇及艾丽卡·吉普斯在他们的著作《从培训专家到绩效顾问》中就对BEM模型中六个维度对绩效的影响大小进行了研究,并得出了具体占比,具体如表5-3所示。

表5-3　BEM模型中六个维度对绩效影响的占比

项目	S^D—信息	R—工具使用	S_r—动机因素
E 所处环境	数据 35%	工具/方法 26%	激励 14%
P 行为储备	知识 11%	机能/潜能 8%	动机 6%

基于上述研究,我们可以发现,所处环境对绩效的影响占到了75%,而行为储备仅占25%。管理者可以运用BEM模型对工作系统进行梳理,进一步从所处环境层面提出改进措施,这样就可以让执行者的工作变得简单,同时工作产出也会变得更高效。

本土化迭代：从8要素到15要素

吉尔伯特提出的BEM模型具有一定的时代特征，当时美国刚刚进入"后工业化时代"，其中一个很重要的特征就是"劳动力更加专业化且劳动生产率不断提高"。也就是说，吉尔伯特的BEM模型在最初更偏向于工业企业的应用。而当前，企业种类繁多，组织形式多样，员工的工作岗位、工作内容、工作形式都在不断变化。吉尔伯特的BEM模型是否适用于当前的企业呢？

近十多年来，华商基业公司作为国内绩效改进领域的引入者、践行者和成就者，一直致力于推广和应用吉尔伯特的BEM模型，同时结合中国本土企业发展特点，不断对其进行迭代、优化。基于大量的研究和实践，华商基业公司认为，吉尔伯特的BEM模型依然适用于当前的中国企业，但需要进一步从使用的便利性、针对性出发，分别对六个维度进行更新。因此，华商基业公司基于罗宾逊的四类需求模型对BEM模型的六个维度进行了升级、迭代。升级后的BEM模型把企业的组织能力和员工个人能力与企业的业务需求和行为需求紧密结合起来，重点针对组织能力进行要素扩展，从而成为管理者提升业绩、超越指标的重要利器。

在对BEM模型进行迭代时，华商基业公司运用系统论的观点，始终把企业看作一个"封闭系统"，这个系统中的大多数工作都是需要重复进行的，每一项工作都需要一定的"输入"，经过一定的"处理"之后，最终形成"输出"，而这个输出一定会有一个"反馈"，管理者需要根据"反馈"和"输入"的内容不断进行"处理"过程的优化，最终实现既定标准的"输出"。这个过程如图5-8所示。

结合上文的系统论观点，基于企业管理实践，从使用便利性的角度出发，华商基业公司对BEM模型的内涵重新定义，具体如表5-4所示。

```
输入 → 处理 → 输出
         ↑      ↓
         └── 反馈 ←┘
```

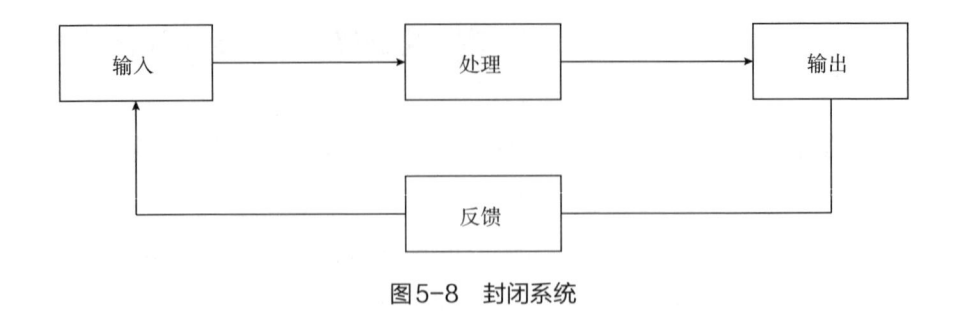

图5-8　封闭系统

表5-4　BEM模型（华商基业迭代版）

环境因素	数据、要求、反馈	资源、流程、工具	后果、激励、奖励
个体因素	知识、技能	天赋、潜能	态度、动机

数据：是指做一件事情需要输入哪些数据信息才有可能完成，比如快递小哥必须知道收件人的地址和电话。

要求：是指某件事情的输出，即这件事情最后要做成什么样子，通常包括做这件事情的目标、任务和评估标准，比如快递小哥的每日送件数量、送达时效等。

反馈：是指针对一件事情的完成过程，来自上级或系统的、对过程或结果的反馈，这个反馈必须是清晰的、准确的、及时的，比如针对包裹的送错、破损情况的反馈。

资源：是指做一件事情的必备资源（通常所说的人、财、物），这里的资源强调的是必备性。例如，企业要求员工做数据分析，但是不给他配电脑，这就叫没有必备的资源，同时企业并不一定要给员工配备最好的电脑，这就是资源的必备性。

流程：是指做一件事情的过程中有一定的步骤和行为组合，包括这件事在企业经营中处于什么环节以及这件事本身的执行流程。这里强调的是某个岗位的员工在工作时的具体操作流程，而不是多岗位的管理流程（多岗位的管理流程属于"工作要求"）。

工具：是指让一件事情更加简单的工具，包括硬工具和软工具。比如，银行柜员使用的点钞机就是硬工具，而柜员介绍产品时的话术就是软工具。当然，也可能存在某个硬工具同时具有软工具功能的情况。

后果：是指行为发生后所带来的客观事实。比如，某人到达机场的时间晚了，后果是没有赶上飞机。

激励：往往是指在事前做出物质或精神层面好处的承诺，刺激员工按照要求工作。

奖励：是指在达成目标后，给予的物质或精神层面的好处，从而强化员工下一次继续这样做的可能性。

知识、技能：是指员工做一件事情需要掌握的各种信息和能力，这可以通过后天的学习和培训习得（可以进一步分为与工作相关的专业知识、技能和通用知识、技能）。

天赋、潜能：是指个人所具有的难以显性化的、待激发的能力（比如学习能力、情商），以及与生俱来的、很难改变的特质、个性（比如视力、身高、记忆力）。

态度、动机：是指一个人的内在驱动力，通常表现为积极性、意愿、执行力等。

在企业的经营实践中，管理者可以将BEM模型当作企业诊断工具，通过对六个维度的系统分析，找到企业的改进方向。这里建议管理者先对企业实际存在的问题进行聚焦，然后使用BEM模型进行原因分析，并且在使用时要注意以下两点。

第一，在选择干预措施时，管理者需要按照六个维度的先后顺序进行选择，优先选择对业绩影响更大的维度，具体的顺序如图5-9所示。

不难发现，这六个维度从上到下对业绩的影响程度是从大到小排列的，同时，管理者改变它们的难度是从易到难的。对于管理者来说，改变员工的态度、动机往往是最难的。正如前文所说，实际上，管理者的下属都做不到像罗文那样具有极强的执行力，所以管理者更多地需要从前三个维度来解决问题。

易 ↓ 难	环境因素	数据、要求和反馈	35%
		资源、流程和工具	26%
		后果、激励和奖励	14%
	个体因素	知识、技能	11%
		天赋、潜能	8%
		态度、动机	6%

图5-9　BEM模型的六个维度对业绩的影响

第二，管理者需要注意这六个维度的纵向对应关系，可以通过优化环境因素来解决个体因素中对应的问题。具体纵向对应关系见表5-4。

如果管理者在环境因素层面做得足够好，那么他对个体因素的要求就会下降。比如，如果管理者拥有一个丰富的、方便使用的产品数据库，那么不一定每个执行者都要熟知产品知识；如果管理者拥有一个便于使用的故障检测工具，那么企业就不一定需要聪明的故障诊断专家；如果管理者拥有更加有效的激励或奖励政策，那么这会更有效地调动执行者的积极性。

从BEM模型第一层开始应用

基于BEM模型，本书提出了让员工的工作变得简单，且产出更高效的原则，即管理者要善于使用BEM模型来进行经营和管理现状的分析，从BEM模型中的前三个维度找出提升业绩的方法。

首先，管理者在进行经营和管理现状分析时，必须从BEM模型的第一层开始。这一层包括三个基本要素：数据、要求、反馈。

无论是管理者还是员工，在工作中都会收发邮件，因此经常会有这样的"乌龙"情况发生：邮件刚发出去，员工就发现自己忘记添加附件了。如果上级管理者收到了员工发出的没有附件的邮件，那么他一般会怎样给予员工反馈？好多管理者是这么说的："你长点心吧，下次千万别忘了。"

当管理者说"你长点心吧"的时候，他就是在挑战BEM模型中的第六层，即员工的态度、动机。"下次千万别忘了"这句话挑战的是BEM模型中的第五层，即员工的天赋、潜能。

设想一下，当管理者说完这句话后，员工会不会再次忘记添加附件呢？大概还会。这意味着挑战BEM模型中的第五层、第六层并不能从根本上解决"发邮件经常忘记添加附件"这个乌龙问题。而且大家想象一下，当员工被管理者质疑态度、天赋有问题的时候，他会是什么感受？肯定很不爽。

当遇到经营和管理问题时，管理者一定要从BEM模型的第一层开始，逐层分析。管理者首先要思考，对于发邮件要添加附件这件事，员工都知道吗。如果大家都知道，那么这说明BEM模型的第一层没问题，管理者要继续看第二层，即资源、流程和工具。

从资源的角度讲，问题可以分成两类：一类是不能更改系统的问题，一类是能更改的。在绝大多数情况下，管理者都不能更改系统。因此在资源这个部分，管理者不能为了解决问题而要求公司增加资源投入。那么管理者就得在流程上想办法，比如把流程反过来，要求全体员工在发邮件时必须按照以下四步操作：第一步，有附件时先添加附件；第二步，写正文；第三步，写标题；第四步，写收件人。

如果有些员工就是不按这个操作步骤执行，怎么办？有人说可以罚款，但这跳过了BEM模型中的第二层，直接到了第三层。在BEM模型第二层的要素中，管理者还有一个要素没用，这就是工具。

管理者得思考用什么工具可以让员工不会忘记添加附件，比如给员工电脑上贴个告示贴。类似的方法有很多，它们都属于绩效辅助支持，即不依赖人的记忆力和能力提升，还能大幅提高个人的工作业绩。

接下来我们再分析另一种情况，即可以更改系统的问题。比方说现在已经有了这样的系统，如果系统检测到正文里有"请见附件"这四个关键字，但最后没有发现附件，电脑上就会跳出一个提示框。还有一种方式是，把发送邮件的界面调整一下，将输入顺序倒过来，第一栏必须添加附件，第二栏才是输入正文，第三栏是输入标题，第四栏是输入收件人。第三种方式是，在员工点击发送邮件时，弹出一个二次确认的对话框，员工确认已添加附件后，才能正式发送。

总之，当在BEM模型中的第一层和第二层用力时，管理者想让员工出错都难。

分析到这里，大家就能了解一名合格的管理者真正的责任和担当在哪里。管理者的工作真的不是每天坐在办公室里挑员工的毛病，而是设计好管理系统，让员工想低效都难。

关于如何在管理实践中运用好BEM模型中的六个维度，本节给管理者提供了一个管理工具，叫合力矩阵。

如图5-10所示，这个矩阵意味着，管理者要想提高员工的工作业绩，有两个维度的方法可以采用。一种是不断提高人的能力，这种方法企业经常使用。比如早些年，银行柜员必须学习点钞技术，经过刻苦训练，有的柜员点得又快又准，这确实是一种提升业绩的方法。

还有一个维度，叫改变工作方法。如今的银行柜员已经不点钞了，都是使用点钞机，一沓钞票很快就点完了，不仅点得快、点得准，还能识别伪钞。所以说面对现状，一种方法是不断提高员工的个人能力，另一种方法是改变员工的工作方法。但是大家注意，业绩指标的完成绝对不是只走一条路，这需要纵向与横向的合力。

虽然是合力，但彼此之间也有先后关系。假设一名指挥官明天要带一支队伍去跟敌人打仗。这个时候他有两个选择，一个选择是增加1 000人，另一个选择是通过情报系统获得对方的作战部署。面对这两个选择，如果你是指挥官，那么你首先选哪一个？毫无疑问，大家会先选择第二种。第二种就是BEM模型中的第一层，属于信息要素。增加1 000人则是BEM模型中的第二层，属于资源要素。

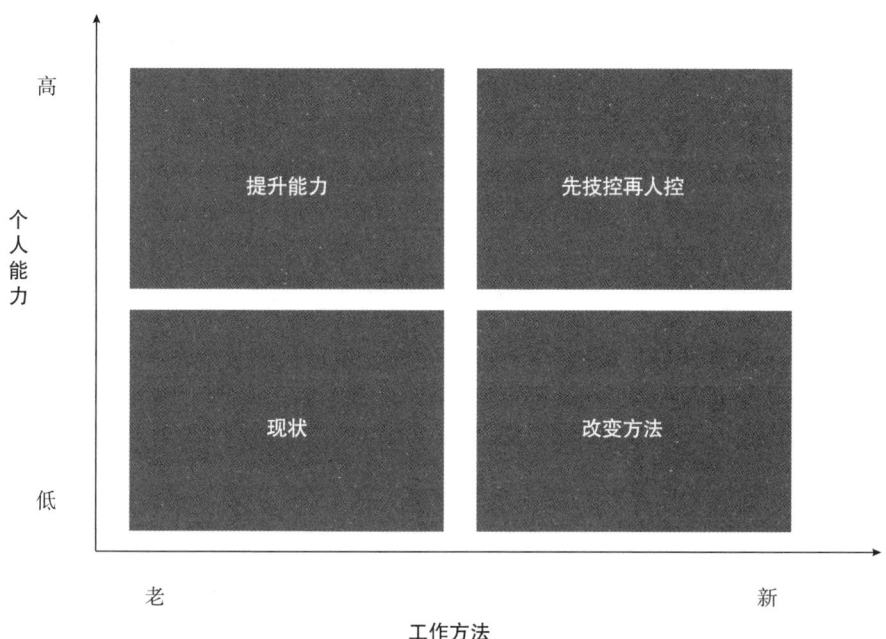

```
高
↑
个
人
能
力
    ┌─────────────┬─────────────┐
    │   提升能力   │  先技控再人控 │
    ├─────────────┼─────────────┤
    │    现状     │   改变方法    │
    └─────────────┴─────────────┘
低
     老                        新
              工作方法
```

图5-10　合力矩阵

明明能增加资源，但为什么大多数人会首选第一层呢？这是因为大家知道这个信息带来的效果会比增加1 000人带来的效果好得多。

所以从BEM模型中的第一层到第六层，其改变难度是由易到难逐层增加的，但改变效果却是由大到小逐层降低的。

其实越是简单的方法，越快、越准、越不容易出错，所以管理者在工作中要记住"简单=技控"。但是这里的"简单"和"技控"都是有来历的，"简单"源于吉尔伯特关于绩效的定义，即"绩效=有价值的成效/行为代价"。本书所列举的所有案例都遵循一个原则，那就是成效的提升不能以牺牲被服务者的利益为代价，这是特别重要的。

但很多管理者在遇到问题时是怎么做的呢？他会对员工说："来，填个表格。"这么做谁的工作变简单了？是管理者的工作变简单了，但员工的工作变复杂了。所以这种以牺牲执行者为代价的业绩提升不叫技控。管理者要求员工填表这个做法本身无可厚非，但管理者需要依据收集上来的数据信息进行深度分析，然后找到方法，指导员工的工作更加简单、有效，这才叫真正的技控。

深入：挖到根因才能治本

原因冰山分析法

企业经营和管理中出现的绝大多数问题，根因其实都不是人的问题。当管理者找到了真正的原因后，很多问题其实就迎刃而解了。管理者会发现，问题不是被解决的，而是消失的。

当管理者找到的原因太多、太杂时，他需要继续深挖，直到挖出真正的根因。任何一个问题产生的原因都可以分为三层，最上层是表面原因，中间层是过渡原因，最底层是根本原因。本书把这个三层原因模型称为"原因冰山分析法"。管理者可以通过这个方法，找到影响业务发展的根本原因。

通过前置性指标的数据差距来找原因，管理者会找到很多原因，但这些原因的性质不同。为了解决问题，管理者需要判断哪些是表因、哪些是过渡因、哪些是根因。

原因冰山分析法与BEM模型有相似之处，也有不同之处，管理者可以将二者结合起来使用。原因冰山分析法将原因分层，通常自上而下分为表因层、过渡因层和根因层，但这种分层和BEM模型分层的本质区别在于，BEM模型中的六层彼此相互独立，而原因冰山分析法中的三层互为因果关系。

最上层：表面原因。

- 直接造成问题的原因（现象）。
- 需要尽快得到改善，但只能治标。

中间层：过渡原因。

- 造成近因的原因。
- 可以暂时放置，待找到表面原因和根本原因后可自愈。

最底层：根本原因。

- 直接造成问题的根本原因。
- 需要耗费时间，但能够治本。

例如，一个人感到身体不适，这是由发热引起的，发热是表因。而发热是由病毒引起的，感染病毒是根因。在这个过程中，头疼、嗓子疼是过渡因。

对于这三类原因，人们一般会采取怎样的干预措施呢？

首先吃退烧药，这是从表因解决问题，也是有效的，不然持续高热会把人烧傻了。但是如果没有把病毒清除，那么人还是会发烧。所以抗病毒治疗是从根本上进行的干预措施。而头疼、嗓子疼这样的过渡因，会随着病毒的清除而自动消失。

掌握了原因冰山分析法后，管理者如何使用这个工具把根因从众多原因中识别出来呢？这就要用到因果关系法，具体步骤如下。

步骤1：罗列。

通过头脑风暴，把能找到的所有原因都列出来。

步骤2：比较。

对这些原因进行两两比较，看看哪个是因，哪个是果。有时候管理者会有惯性思维，比如经常认为因为缺少激励，所以反馈不到位。其实经过分析，在有的场景下，反馈是因，激励是果，而在有的场景下，两者并没有因果关系。

步骤3：赋值。

对于两两之间的因果关系，管理者还要进行赋值。从第一条因素开始，将其与其他因素对比，观察是否有因果关系，如果有，那么作为因的计-1分，作为果的计1分。如果没有因果关系，就计0分。

步骤4：计算。

对每条因素的得分进行加总，同时将最大的得分除以2，作为上临界值，将最小的得分除以2，作为下临界值。最后，将每条因素的得分与临界值比较，并进行排序，大于上临界值的属于表因，介于上下临界值之间的属于过渡因，低于下临界值的属于根因。

某个实际项目的三层原因如下所示。

- 表层原因：没有有效的解决方案。
- 过渡原因：不了解业务战略；缺乏建立客户关系的能力；没有业务诊断的能力。
- 根本原因：缺少沟通机会；工作职责界定不清。

通过原因冰山分析法，项目组最终发现在诸多原因中，影响业务增长的根本原因是"缺少沟通机会"和"工作职责界定不清"，而不是管理者在分析前想当然认为的"缺乏建立客户关系的能力"和"没有业务诊断的能力"等关于人的问题。也就是说，影响业务增长的根因主要在于组织能力方面，而不在于个人能力方面。

管理者通常会形成这样一个思维定式：造成业务发展和业绩问题的根本原因是人的问题。但是通过使用原因冰山分析法，我们可以发现几乎所有根因都不是人的问题，而是业务设计和组织建设问题，即BEM模型中的第一层和第二层的问题。

那么在企业经营和管理中，存不存在人的问题呢？当然存在，管理者通常认为的"人的问题",几乎在大多数情况下都属于过渡因,当把环境层面的根因问题解决后,人的问题自然迎刃而解。

我们用原因冰山分析法继续分析前文那家生产近视治疗仪的企业的问题。

管理者认为业绩不好、销售结果没达到预期的原因是员工的销售能力不足,但项目组做了原因分层后发现,根因不是人的问题,不是人的能力和态度的问题,而是数据、要求和反馈方面的问题。

这就是管理者在管理实践中要掌握的一个重要管理思维和方法,即所有的根因都不是人的问题,管理者要先在BEM模型中的第一层寻找根因,解决方法也要先在BEM模型中的第一层去找,不要动不动就折腾员工,总在员工身上找问题。

一张原因列表厘清所有原因

通过原因冰山分析法,管理者最终找到了业务问题的根因。但有的管理者会说,在实际经营中,自己往往会被团队伙伴、下级以及跨部门伙伴带偏,没有办法严格按照这几步进行原因分析。所以在这一章的最后,本书给管理者提供了一个万能原因分析工具,叫BEM原因列表(见表5-5)。这个工具能够保证管理者所找到的原因是完整的,而不是碎片化的。

表5-5 BEM原因列表

序号	问题	判断	
		是	否
	数据因素(第一层)		
1	是否有充足且易获得的数据(或信息)来指导一名有经验的人表现得更加出色?		
2	数据(或信息)是否准确?		
3	是否能保证数据(或信息)清晰无误,且不会刺激竞争、降低绩效、产生错误?		

（续表）

序号	问题	判断	
4	工作指标中的数据是否过多？是否能以最为简单的方式表达？是否已经剔除各种无关数据？		
5	数据（或信息）的更新是否及时？		
6	是否已经确立了良好的行为规范？		
7	是否已经将清晰且可衡量的绩效标准明确告知每一位员工？		
8	员工是否接受这些标准并认可其合理性？		
反馈因素（第一层）		是	否
9	反馈是否与工作相关——不仅有行为，还有符合绩效标准的结果？		
10	反馈是否及时？反馈效率是否足以帮助员工记住他们所做的事情？		
11	反馈信息是否有选择性、针对性、是否限制在少数重要事项上，而且不包含多余的数据和模糊的表述？		
12	反馈信息是否具有教育性、积极性和建设性意义？		
工具因素（第二层）		是	否
13	是否始终拥有工作所需的工具与设备？		
14	这些工具与设备是否可靠且有效？		
15	这些工具与设备是否安全？		
流程因素（第二层）		是	否
16	工作流程是否高效？是否有不必要的步骤或者无意义的动作？		
17	工作流程是否建立在有效的方法上，而非建立在之前偶发的事件上？		
18	工作流程相对于员工技能水平而言是否适当？		
19	工作流程中是否已剔除重复性内容？		
资源因素（第二层）		是	否
20	是否提供了圆满完成工作所需的资料、物资和辅助设施？		
21	资料、物资和辅助设施等是否按照工作的需要进行了有效调整？		
22	工作环境是否舒适并避免了不必要的干扰？		
激励因素（第三层）		是	否
23	岗位的薪酬是否具有竞争力？		

（续表）

序号	问题	判断
24	对于绩优员工，是否给予相应的奖金或加薪？	
25	好的绩效与职业晋升机会之间是否具有相关性？	
26	绩效好（基于结果而不是行为）的员工是否能获得有意义的非金钱激励（比如表彰）？	
27	非金钱激励的频率是否合适，既不过分频繁（丧失意义），也不过分罕见（变得毫无用处）？	
28	员工是否可以因为绩效好而免于处罚？	
29	是否出现了对不良工作表现听之任之的情况？	
30	员工是否因为缺乏隐性激励而表现糟糕？	

有了这张BEM原因列表，管理者就可以把未来有可能遇到的95%以上的原因都以表格的形式罗列出来。

这张表对于管理者的价值不仅仅在于对原因思考的完整性，更重要的是它杜绝了管理者95%以上的借口和理由。也就是说，一切没有落在这张列表中的原因，都是借口。

回顾我多年来做过的咨询辅导项目，可以说，90%甚至95%以上的根本原因都集中在BEM模型中的第一层和第二层。所以如果管理者能够把第一层、第二层的因素解决，这类问题就得到了根本解决。

所以仔细分析这张BME原因列表，你会发现表中罗列的原因，在第一层和第二层的集中度更高。这是一个"傻瓜式"的表格，管理者在经营和管理实践中，可以直接用这个表来对照筛选原因。

以表5-5中的数据因素为例，这几个问题就已经把输入、输出原因全部涵盖了。

BEM原因列表对输入是有要求的。第一得有数据，第二数据得准，第三数据不能自相矛盾，第四数据不能有冗余，第五要及时更新数据。每一个问题都是有逻辑的，并完整地把第一层中的输入部分涵盖。接下来的三条就全部属于输出部分了。

我在进行咨询辅导时经常发现，很多企业有标准，员工也知道，但就是不接受。其实这恰恰是管理者在管理实践中经常会忽视的盲点。一出问题，管理者就本能地认为是员工的执行力不够，是人出了问题。其实问题恰恰出在管理者自己身上，是管理者懒政、怠政，是管理者嫌麻烦。

其实管理者首先要做的一个特别重要的动作叫"证明给下属和跨部门协作伙伴看"。但是为什么大部分管理者都不愿意这么做呢？因为这个动作特别麻烦，特别费事。对于懒政的管理者来说，最省事、最容易，且可以短期见效的动作是什么，那就是跳过环境因素，直接在个体因素上动刀。

人都是趋利避害的，管理者只要一动员工的利益，员工的行为马上就会变化。这个时候管理者就会觉得自己的管理方式特别有效。

最后总结一下，如果管理者真的把BEM模型中的环境因素解决了，这其实就已经从根本上把问题解决了。

第 6 章

不要追求管理的简单,
　　　　　而要思考执行的简单

在企业发展中，阻碍业绩增长的原因是人的问题多，还是组织环境造成的问题多，这是一个在管理实践中经常被讨论的问题。而BEM模型的前三层就可以明确地回答这个问题。我们把BEM模型的前三层归纳为三句话：第一层叫"说清楚"，第二层叫"干简单"，第三层叫"奖到位"。

接下来我们来分析每一层对业绩指标的影响。BEM模型的第一层包括三个要素：数据、要求和反馈。这三个要素要求管理者首先要做到"说清楚"。

什么是"说清楚"

第一是数据要清楚

BEM模型中的数据不是我们一般意义上认为的数据，它有着明确的定义，是指员工要做好岗位规定的工作所必须具备的输入。打个比方，快递员这个岗位最需要的数据就是投递地址。

关于数据要清楚，我举一个生活中的小例子。比如网上购物，在下完单并付完款之后，消费者就会拿到一个由一串数字构成的订单号，这个订单号的作用就在于能追踪购买的商品当前走到哪儿了。消费者一般不会时时刻刻跟踪物流进度，只会在出现以下两种情况时去查一下：一种情况是商品在运输过程中出现异常，没有按时到；另一种情况是物流本身没有异常,而是消费者盼着早点收到货,因此时不时地去查。但是消费者每次查完,并不会立即打客服电话和客服人员联系,只有当查到的结果和想象的不一致时,消费者才会联系客服人员进一步咨询。

就是这样一个小小的订单号,让消费者的体验感大幅提升了。设想一下,如果没有这个订单号,客服部门会是一个什么样的工作状态?其工作量和工作强度肯定会大幅增加。所以这个小小的订单号,就是一个成效代价比很高的干预措施,既让消费者的体验感提升了,又降低了客服部门提供服务的代价。这充分体现了BEM模型第一层要素中的数据信息的重要作用。

数据信息的重要性不仅体现在工作中。我经常去深圳讲课,空闲时候会特意去吃一种当地的特色美食,叫作椰子鸡。服务员是这么操作的:先把三四个新鲜的椰子打开,倒出里面的椰子水,再把切好的生鸡块倒进锅里,把锅盖一盖。这个时候服务员说再煮十来分钟就可以吃了,然后就走了。我相信大家都感受过这种心情:饥肠辘辘地看着一锅美食,闻着隔壁桌飘来的香味儿,却吃不着,只能干着急。所以大家过一会儿就开始招手了,说服务员过来帮我看看这锅鸡熟没熟。服务员就过来了,打开锅盖,拿勺子转一下,再一盖,说再等几分钟,然后又走了。我统计过这个过程,次数最多的一桌能把服务员叫过来三回。2021年我再去的时候,发现他们的操作改进了,增加了一个彩色的沙漏。服务员操作完毕后把沙漏一扣,对客人说:沙子漏完你就可以吃了。

这个方法就简单了,客人开始盯着这个沙漏,心想一半没了、三分之二没了、我快要吃了……再也没人去找服务员的麻烦了,而且这个等待过程变得愉悦了,客人的体验感也提升了。

同时,这个改进措施也减少了服务员许多无效的工作。所以大家会发现,这个沙漏既提升了消费者的体验感,又降低了服务员的代价,是一个非常有用的干预措施。

第二是要求要清楚

管理者在工作中提出的目标、任务和标准，都属于要求范畴。但是管理者在向团队提出要求时，往往只说目标，而不是把配套的任务和标准一起提出来。

关于要求要清楚，我用一个曾经做过的咨询项目作为案例，这个案例叫"新人带教和成长"。我相信很多企业招新人进来，都希望他们能够快速成长。为了帮助新人快速成长，企业一般会配套这样一个项目，叫作新人带教项目，俗称"师傅带徒弟"。

传统的新人带教项目存在的问题是，带教老师只知道言传身教，但对于言传什么、身教什么，各个带教老师有各自的说法，也就是带教的标准不统一。所以最终结果就是，不同的带教老师教出的徒弟技能水平各不一样。

对照传统的新人带教项目，我们再看把新人培养项目在要求上做到极致是怎样的。我辅导过一家互联网汽车服务企业。众所周知，在互联网企业里面将策划做得好的人才在市场上是相对稀少的。该企业的人力资源负责人吐槽说："易老师，我们好不容易看中了一个人，给了他一份我们认为薪酬特别高的录用通知，结果第二天他就被其他互联网企业用两倍的工资撬走了。"

因为觉得互联网企业都不按常理出牌，所以该企业就邀请我们一起做了一个新人培养项目，这个项目名称叫"IT策划中心12周培训手册"。通过这个培训手册，项目组要对新员工下定义，规定他的每周工作目标，即这周他都需要完成哪些任务，然后明确这周结束的时候，主管需要考核他什么。根据手册要求，主管需要告诉新员工，要达成目标、完成任务和通过考核，还需要看哪些资料、接受哪些培训，相关的知识点是什么。

这样一来，各位带教老师自然就知道该怎么带徒弟了。各位徒弟拿到这样一本手册，也自然就知道该跟带教老师学什么了。在这本手册应用了两年之后，人力资源总监和策划总监给整个项目做了总结："一张表"加

"一本手册",帮助我们成功地度过了两年的 IT 策划人才荒,并给我们企业带来了三大好处。

- 第一个好处是,在这家企业工作一个月的人,就相当于在别的企业工作了六个月。这就叫人才倍速成长。
- 第二个好处是,极大地降低了企业用人标准。原来得找牛人来用,现在只需要找到可以培养成牛人的人。
- 第三个好处是,内部培养出来的牛人和外部招聘引进的牛人用起来是完全不一样的。内部培养出来的牛人忠诚度相对更高。

有一次我在培训课上讲到这个案例,有个学员就站起来问:"牛人一定得自己花时间、花精力来培养吗?"我说:"当然不一定,但是你要知道,有选择和不得已是完全不同的。"所谓有选择,是指企业既能培养人才也能从外部挖人才,然后根据当下的情形,可以主动选择培养或从外部挖。所谓不得已,是指企业没能力培养人才,只能靠从外部挖。所以,有选择实际是有能力的体现,而管理者一定要做有能力的人。

复盘这个新人培养项目,其实项目组所做的内容全部都是关于工作要求的,工作要求包括工作目标、工作任务和工作标准。一旦管理者明确要求,很多棘手的事情就会变得非常容易解决了。

我们再对 BEM 模型第一层中的要求和数据进行比较,数据就是我们通常理解的输入,要求则是我们通常理解的输出。

近些年,很多企业都强调目标管理,无论是用 KPI 还是用 OKR,都是在强调目标。所以有些管理者就整天喊目标、盯指标,然后折腾人,将指标完不成归咎于人的能力不行、执行力不行,或者人没有找对。但是管理者要明白,只有精准输入才有精彩输出。这也就意味着,只盯目标就相当于等着天上掉馅饼。因此管理者必须建立起输入与输出之间的关系,也就是要"说清楚"。

第三是反馈要清楚

关于反馈，有些管理者也许会说："我平时会告诉员工工作结果好还是不好的呀！"但这不是真正的反馈。什么是真正的反馈？我经常会在课上举这样一个例子：我女儿特别喜欢跳舞，有一次我和她一起看一个综艺节目《舞林争霸》，这个综艺节目是选舞蹈演员的。这个节目有四个评委，我最喜欢的是金星。有一期节目来了一个军艺的舞蹈演员，军艺的舞蹈演员在舞蹈界被公认基本功特别好。所以她一进来，主持人就说，军艺出来的肯定基本功特别好，请你给大家秀一下。

于是这个女生就站到舞台中央，先把腿抬起来亮了个相，然后就伴着乐曲跳起舞来。整支舞编排得很好，她表演得也很到位，肢体的张力非常强。跳完之后，全场观众给予她长时间的掌声，然后其他三个评委可能都想要她了，使劲地夸她。接着轮到金星点评了，金星是这样说的："看完之后，如果要让我对你刚才跳的这段舞蹈做一个鸡蛋里挑骨头的点评，我会给你两个建议。第一点，你的肢体表现那么好，张力那么强，不知道你为什么还要有那么丰富的面部表情，以至于我不知道是看你的肢体传递的信息，还是看你的表情传递的信息。"

这时候导播也很给力，咔地回放了一张静止的画面，就是非常优美的动作配了一个很狰狞的面孔。然后现场所有人一下就明白了，刚才看着就觉得哪里有点让人不舒服，但又说不出来，金星一下给点出来了。

金星接着说："第二点，刚一开场的时候，你有一个动作叫阿拉C杠，如果是一般的舞者做成这样没问题，但你一个基本功这么好的舞者也做成这样就不够了。"然后这个女生现场又把这个动作做了一遍，太漂亮了，所有人都报以热烈的掌声。其实有的时候，越优秀的人越难改变自己，越难再进一步。所以作为老师，特别重要的一个任务就是给徒弟把那层窗户纸捅破，让徒弟看到，原来只要自己做一个小小的改变，专业水平就能获得极大的提高。

从这个案例透视企业中的管理场景，管理者就能明白，反馈不是简单地告诉员工工作结果好还是不好，而是你真的能够帮他捅破工作中的那层窗户纸，让他知道怎么做才能够做得更好。

最后总结一下BEM模型的第一层"说清楚"，"说清楚"包含了三个方面，叫输入清楚、输出清楚和反馈清楚。一个合格的管理者应该做到"能说清楚的一定说清楚"。

但是，现在有一类管理者的管理理念恰恰相反，即本来能说清楚的一定说得模糊，而且这类管理者还给了自己一个特别冠冕堂皇的理由："我就是想看看他们的悟性。"

作为管理者，你如果要的是工作结果，就得"说清楚"。管理者不能自己还没想清楚，就让员工开始折腾。这当然不是说管理者对所有的事儿都得想清楚。但是管理者必须明白，管理工作的第一步就是自己得想尽办法把这个事儿想清楚，并且能够向下属说清楚。

如何做到最大程度的想清楚和说清楚，接下来我们会给管理者一些具体建议。

注意数据输入的层次性

基于BEM模型的第一层，管理者在对某项工作的数据输入进行分析时，需要从各个维度思考，包括哪些数据输入会与执行者的知识技能有效结合，促使执行者做出管理者想要的动作或反应。这些数据输入可能来自企业外部，比如国家的相关政策会影响管理者的决策和行动；也可能来自企业内部，比如企业的产品策略会影响管理者对某个产品销售采取的行动。

因此，在进行数据输入的分析时，我们建议大家使用罗思韦尔环境分析的四个维度。罗思韦尔环境分析的4W模型如图6-1所示。

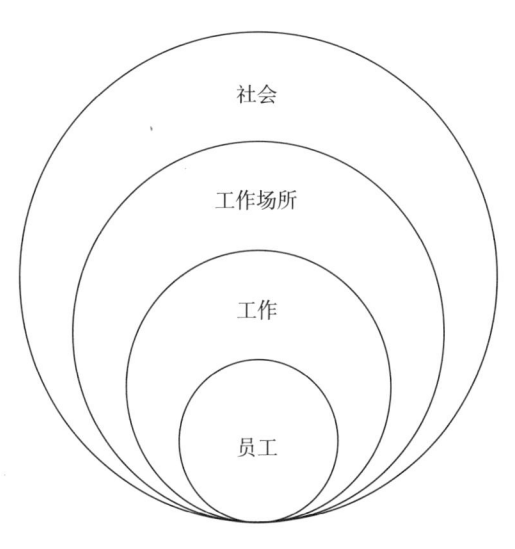

图6-1 罗思韦尔的4W模型

4W模型强调企业是一个开放系统，依托于外部环境来获得成功。正如前文所提到的系统论，企业这个开放系统通过内外部环境的输入，经过一定流程的加工，最终将加工结果再输出到外部环境之中。如果要提高员工的个人业绩，就必须充分考虑员工个人所处的组织环境。总体来说，管理者需要考虑四个层面：第一，社会层面，是指企业所处的所有外部环境；第二，工作场所层面，是指企业流程所处的内部环境；第三，工作层面，是指企业的内部流程或工序；第四，员工层面，是指执行工作任务的员工个人的特点。

也就是说，对于员工个人来说：数据输入可以是社会层面的，比如国家政策、社会文化特点、利益相关者的期望等；数据输入可以是工作场所层面的，比如企业的愿景、企业所拥有的资源等；数据输入可以是工作层面的，比如工作流程中存在的问题、工作流程中上一个环节的输出结果等；数据输入也可以是员工层面的，比如团队人员的能力特点。管理者应根据需要提升业绩的工作内容，审视所需要分析的数据输入的层级。

注意数据输入的有效性

在企业管理实践中，我们会发现，有些时候所需要的数据输入是有的，但存在错误，这会导致数据接收者做出错误的行动。管理者需要特别注意，数据输入本身的错误和数据加工过程中的无意识偏见，是不同的问题。

为了避免混淆这两类问题，管理者可以采用以下两个步骤：

第一步，确定数据的生产时间是否在有效期内。现实中，很多数据有时效限制，超过时效的数据不仅不能产生正面影响，甚至可能造成负面影响。比如，前文提到的"向客户介绍公司产品"这个环节，在产品不断迭代的情况下，介绍者就需要对"产品特点信息"进行同步更新，否则就会出现给客户介绍时使用原"产品特点信息"的情况。

第二步，判断给出的数据信息是否具有代表性。在实际工作中，管理者往往以样本数据来拟合总体数据，如果所选择的样本代表性不足，就会造成拟合错误。比如，在对客户需求进行分析时，管理者得到的数据一般都只是小样本数据。如果在对客户进行调研时，选择了身处四川的就餐人员，发现90%以上的人可以吃辣，我们就不能说90%以上的中国人都能够吃辣。管理者必须考虑所获得的样本数据的特点，以此判断这个数据是否有助于分析。

注意数据输入的可得性

企业拥有的数据信息的体量往往是非常大的,所以数据冗余、数据沉睡现象特别常见。管理者在对数据输入进行分析时,就要考虑数据的可得性,也就是在需要的时候,是否能够更便捷地获取相应数据。为了增加数据的可得性,管理者需要对数据的存储方式进行优化,使员工在必要时能进行更有效的检索。比如,银行的产品繁杂,客户经理很难记住所有的产品信息,因此银行就需要保证客户经理在需要某个产品信息时能够快速获取。很多银行做了数字化的产品信息库,并做了分类汇总。做得更好的银行,就形成了基于客户特点的推送系统,客户经理一打开客户信息,该系统就会弹出匹配度最高的产品信息。当然,这种推送系统不仅解决了数据输入问题,还解决了产品匹配问题(产品匹配过程的支持属于BEM模型第二层中的要素,在后面的章节中我们会进行详细说明)。

以上就是管理者在进行数据输入的分析时需要注意的三个维度:层次性、有效性、可得性。在实际应用过程中,管理者可以通过以下几个问题来逐项进行判断:

- 这项任务都需要哪些层面的数据输入?
- 每个层面都需要哪些具体的数据?
- 这些数据是否已经存在?
- 当前已经存在的数据对该项任务是否有效?

- 当前已经存在的数据是否有冗余信息？
- 这项任务的执行者是否能够便捷地获取相应数据？

管理者在进行分析时，一定要特别注意，所谓的数据输入并不仅仅指狭义上的数字，还包括对客观事件进行记录且可以鉴别的符号，是对客观事物的性质、状态以及相互关系等进行记载的物理符号或这些物理符号的组合。这些数据可以是未经加工的，也可以是已经经过加工而形成的信息。

注意岗位层面的工作要求

在日常管理中,企业对员工的要求包含不同层面的要求:

- 企业文化层面,基于企业价值观的行为准则。
- 组织结构层面,基于组织架构的部门职能。
- 具体岗位层面,基于组织流程的岗位职责。

需要注意的是,这里的组织流程区别于某个具体工作环节的操作流程或执行流程,具体的操作流程属于BEM模型第二层中的流程要素。体现在具体的管理动作中,管理者对员工的要求就会呈现出不同的形式,比如,可以是具体的管理制度,可以是岗位说明书,也可以是具体的考核指标,等等。

要梳理基于企业价值观的行为准则和基于组织架构的部门职能,企业就需要进行深入的内外部调研,并进一步对企业战略进行系统分析。这个过程一般都是由企业特定的部门来组织的,加上企业高层以及部门管理者的充分参与。必要时,企业也会引入外部咨询机构。因此,基于企业价值观的行为准则和基于组织架构的部门职能的详细设计,暂不在本书中进行具体说明。

企业中一般会有专业人员分别组织各条线的管理者来制定岗位职责,而且管理者往往对所负责团队人员的岗位职责具有重要的影响力,因此管理者需要对岗位职责梳理的关键点有所了解。

了解岗位职责梳理的步骤

岗位职责梳理在传统的人力资源管理中，属于"职位分析"中的内容。这里引用乔治·米尔科维奇、杰里·纽曼、巴里·格哈特合著的《薪酬管理》一书中的内容，对职位分析的步骤进行说明：第一步，开发预备性职位信息，也就是为深入制订方案做准备；第二步，对工作现场进行初次考察，通过实际观察的方式熟悉工作环境及流程；第三步，实施访谈，通过设定的访谈提纲对目标职位的上级主管及部分任职者进行访谈；第四步，对工作现场进行第二次考察，对访谈中获得的信息进行澄清和确认；第五步，整合职位信息，对所有收集到的信息进行整理、整合；第六步，核实职位说明，通过讨论等方式对初步形成的职位说明进行核实并优化。

以上提到的职位分析步骤，虽然是以第三方（包括外部第三方和内部第三方）专业人士的角度来进行描述的，但是管理者作为被访谈对象和最终审核人仍具有非常重要的作用。当然，除了以上的标准做法，我们也建议管理者使用由华商基业公司开发的"岗位全景图开发工作坊"来进行梳理。

当然，工作坊这种方式也存在利弊，企业需要根据自身特点来进行选择。其最大的好处便是效率高、成本低，原本需要大量时间和人力的工作，仅需2~3天便可集中产出。而其存在的主要不足是，更适用于已经较成熟的职位（该职位已经设置一段时间，并且已经配备人员）。

了解岗位职责梳理的注意事项

有些企业在进行职位分析后，总会出现各种应用问题。管理者应该注意以下事项：第一，注意岗位职责的及时性，也就是时刻保证岗位职责是最新的，并进行定期维护；第二，注意岗位职责的可接受性，不论是岗位职责的确认过程，还是岗位职责的内容本身，都要保证任职者和管理者可以接受；第三，注意岗位职责的实用性，也就是说岗位职责的内容要能够被充分使用；第四，注意岗位职责的边界性，在实际工作中，多个岗位之间往往会有工作内容的交叉，这时就要保证职责边界的清晰；第五，注意岗位职责的连续性，通常情况下岗位的职责多样，需要多岗位协同，这时就需要注意是否有职责的遗漏。

以上职位分析的注意事项也给管理者指明了BEM模型第一层中的"要求"这一要素的分析逻辑。在实际应用过程中，管理者可以通过以下几个问题来逐项进行判断：

- 当前是否有全面的岗位职责说明？
- 如果有，那么当前的岗位职责说明是否包含该项任务？
- 如果有，那么它是否给出了具体的任务结果目标？
- 如果有，那么本岗位员工是否知晓该项要求？
- 如果有，那么本岗位员工是否接受和认同相关要求？
- 该项任务是否需要多岗位协同？
- 如果需要多岗位协同，那么各岗位的职责边界是否清晰？

注意行为和结果的双向反馈

BEM模型的第一层包括数据、要求、反馈三个要素，前面我们已经对数据和要求分别进行了详细说明。而反馈是指在某项任务完成过程中，来自上级或系统的针对过程行为或阶段结果的反馈，这个反馈必须是清晰的、准确的、及时的。需要特别注意的是，该项任务已经完成并且产出结果之后，才获得的关于最终结果的反馈，并不是BEM模型第一层中所说的反馈。关于最终结果的反馈已经属于BEM模型第三层，可能仅仅是一种结果的呈现，也可能是某种激励或奖励的兑现。

作为管理者，在对执行者提供绩效辅助支持的过程中，对数据和要求的分析是首要的，也是必须的，而对反馈的分析是次要的。现实工作中往往是有反馈的，只是反馈的针对性、准确性、及时性不够，并未实现BEM模型第一层中所说的反馈的作用。比如，在外卖小哥接到订单，实现送达任务的过程中，系统就会按时间节点给出提醒，避免其最终未能按时送达，此时系统按时间节点给出的提醒就是一种有效的反馈。如果系统没有按时间节点进行过程提醒，而只是在外卖小哥送达后告知是否延时，这时候的系统提醒就只是BEM模型第三层中的"后果"的告知。

管理者需要针对管理目的来提前设定反馈的节点和形式。在这里，我们特别强调反馈的两种方向：正反馈、负反馈。正反馈就是表扬他并告诉他为什么被表扬，以及行为产生的结果或带来的好处。在员工完成一个文档任务时，管理者可以对过程成果进行实时确认，并且给出明确的赞赏，比如"你当前整理的内容很详细，里面还添加了目录与文件备注，让别人查阅信息很方便"。这样的反馈可以让员工了解自己正走在正确的路上，促进后期任务高效完成。负反馈有一个非常好用的BIC模型，B是具体的行为事实，I是行为造成的短期影响，C是行为形成的长期后果。对于某个员工的月度表现问题，管理者可以按周或者半月来进行反馈，并明确指出当前存在的问题，比如"这个月才过去一半，你就已经迟到了4次，这样很影响你的工作时间和效率，未来还会影响你的综合考评"。当有事实依据时，员工就比较容易接受反馈并做出改进，从而避免出现管理者不想看到的结果。

　　BEM模型第一层中的"反馈"要素不仅要针对工作任务的阶段性结果，还要对员工在任务完成过程中的行为对错进行反馈，同时向员工明确指出怎样做才是正确的行为，而不是进行简单的夸奖或者批评。

第7章

不能只做考勤机,而要做导航仪

BEM模型的第二层包括三个要素：资源、流程和工具。这三个要素可以归纳成一句话，叫"干简单"。

什么是"干简单"

资源要素

不增加资源并不意味着管理者要"空手套白狼"，而是企业对现有的资源配备是有要求的，这个要求就叫作资源的必备性。什么叫必备性呢？通俗地说就是管理者要求员工制作一张电子表格，但就是不给他配电脑，这就叫作没有必备资源。但是配电脑一定要配置规格最高的电脑吗？我们会发现绝大部分的时候是不需要的，功能够用就好。这就是管理者在资源的提供和管理上所要做到的必备性。

流程要素

所谓流程，通俗地说，就是第一步应该做什么，第二步应该做什么，第三步应该做什么。流程的优化与调整，对业绩指标的实现和结果的达成往往能起到关键性作用。我们来看一个关于流程的经典案例。

全球约有4 500万名盲人，其中有1 200万人集中在印度，而印度80%

的盲人的失明都是由白内障造成的。

众所周知，白内障手术实际上是一台非常简单的手术。但是由于这80%的盲人都集中在印度农村，而印度农村非常贫穷，他们连300美元的白内障手术费用都支付不起。这些人如果不进行手术，一旦失明，存活的时间将不超过2~3年。所以，如何降低白内障手术的费用，让这些穷人也能做得起白内障手术，就变成一个非常重要的问题。

很多医院和医学专家都参与研究这件事情，结果这个问题被印度亚拉文医院的医务工作者解决了。他们发现，在整台白内障手术中，实际上只有在病人眼球上"划一刀"这个动作具有技术含量，但也只有医术高明的大夫才能在手术时拿捏得特别精准。因此，这一刀划得好坏，将直接决定整台白内障手术的成败。

当发现了这样一个关键点之后，亚拉文医院对白内障手术方式进行了优化。过去是一台一台地做手术，现在是一排一排地做，像工厂流水线那样。手术团队站在一排手术台面前，第一个护士开始做准备，后边跟着其他护士和医生，大家一个动作一个动作地做过去。以前一个医生一天只能做4台白内障手术，经过这样的流程优化，现在一个医生一天能做几十台甚至上百台白内障手术。因此，原来300美元的手术费用就降低到了50美元。

由此可见，流程的改变将直接决定一项工作对人的能力的要求。要培养一名优秀医生，一般有两种方式：第一种是把一个新手从完全不会的状态，培养到所有的手术都操作得特别好；第二种是把一个新手从低阶一级一级地训练到高阶。哪种培养方式更容易呢？实际上是一级一级地教、一级一级地学，而且这个新人在学习成长过程中的成就感也会提高。

所以，管理者用流程去规划整个工作，除了可以降低这项工作对人的能力要求的依赖，把这项工作变得更加简单，还能打造一支优秀的团队，并且能够让优秀的人更好地在这个团队里面发挥更大的作用。这些都是流程优化带给管理者的好处。

工具要素

在本书中，除了我们理解的一般意义上的工具，工作方法也属于工具范畴。管理者尽可能不要让员工大海捞针，而要让他们在池塘里养鱼。

学过社会发展史的人都知道，人和动物最大的区别在于制造和使用工具。有一本书叫《人类简史》，里面就写道，影响人类发展的工具主要有两大类，一类是硬工具，一类是软工具。

说到硬工具，大家都会立即想到生活中的扳手、钳子、螺丝刀之类的器物。我举一个硬工具影响我们生活的例子：我女儿特别喜欢吃煎牛排，于是我就找来菜谱，开始研究怎么煎牛排，然后买来最好的牛排给她煎。但是每次我女儿都会说："妈妈，你煎的这个牛排就是没有餐厅里煎得好吃。"

听到女儿的反馈，我其实是挺懊恼的：我难道连一块牛排都煎不好吗？于是，我就开始琢磨、研究、请教。终于有一天，一位专家告诉我："易老师，你不是煎牛排的技术不好，你是缺一口专门用于煎牛排的锅，这种锅用的是很厚的铁材质，外形很小，但很沉，一只手往往都拎不起来。"

为什么需要这口锅呢？因为牛排刚从冰箱里拿出来，解冻完还是冰凉的，你只有把这口锅烧得热热的，然后把牛排放上去，立即煎熟牛排的表面，让里面的汁水不会流出来，煎的牛肉才会很嫩。相反，你如果用的是一般的锅，把冷牛肉一放上去，热锅一下子就凉了，等再把锅烧热，牛排就煎老了。其实原理就是这么简单。

自从我有了这口新锅，我女儿就说："妈妈，你煎的牛排太好吃了。"我心里想：哪里是我牛排煎得好吃，明明是我有了一口新锅。这就是硬工具带给我们的帮助。

但是不只有硬工具，还有软工具。所谓软工具，最常见的就是我们在业务场景中看到的话术和表单。

我们来看一下话术这个软工具给一家蛋糕店的业绩带来的影响。这是一家名为CAKE BOSS的蛋糕店，其原本的顾客进门欢迎词是："欢迎光临，请问有什么可以帮到您？"这句话就是给到一线店员的软工具，初听起来似乎没有问题。但大家想一想，顾客进店被问到的时候有什么反应呢？有些顾客会礼貌地微笑一下，说"随便看看"；但是更多的顾客其实会自动忽略这句话，然后自顾自地环视一下展示区。接下来店员又该怎么做呢？有些顾客还特别反感店员跟着，因为这会产生一种压迫感。咨询公司的专业顾问根据实际情况建议该蛋糕店做一些调整，把这句欢迎改成："欢迎光临，请问之前你有品尝过CAKE BOSS的蛋糕吗？"顾客会回答没有或者有。如果顾客回答没有，那么接下来店员就会说："那太好了，您是我们的新顾客，我们今天正好有一个针对新顾客的品尝和促销活动，您先尝一下。"如果顾客回答有，那么店员就会这么说："那太好了，您是我们的老顾客，我们今天正好有一个针对老顾客的新产品品尝和促销活动，您先尝一下。"在没有改变话术之前，店内其实也有这两个促销活动，只不过现在店员通过新的话术把这个促销信息有效地传递给了顾客。就通过这么一个小小的改动，该蛋糕店后面两周的营业额直接提升了16%。虽然我不敢说增加的这16%都是这句话带来的，但这句话术一定有直接促进作用。

通过以上两个小案例，我们就会发现，如果没有流程、工具和方法的改变，要想让业绩指标的增长发生质的变化，是非常困难的。

管理者不能只提要求却不给支持

我们说，优秀的管理者要能够通过有效的工作分析和梳理，让执行者的工作变得简单、高效。

BEM模型的第一层主要强调的是管理者应该如何有效地向员工提出工作要求，并且保证工作任务的输入清晰和过程反馈及时。但是，管理者对下属不能只提要求却不给支持。那么，管理者如何给予下属更加有效的辅助和支持呢？此时就需要BEM模型第二层的资源、流程、工具发挥作用。

根据BEM模型，第二层的资源、流程、工具与第五层的天赋、潜能是纵向对应的。通常员工的天赋、潜能是难以改变的，因此管理者就需要通过对组织能力层面的资源、流程、工具的优化来弥补个人能力层面的天赋、潜能的不足。用通俗的一句话来说，就是"管理者不能只做考勤机，而要做导航仪"，对下属不能只提要求，而是要给予有效的绩效辅助和支持。

对于管理者来说，所谓不增加资源，就是得不断地反问自己：我们有没有提供更好的流程、工具和方法，可以让执行者的工作变得更加简单、高效？要达到这个标准，管理者需要检查自己是否做到了以下三点。

配置的必备资源是否齐备

本书中的资源指的是做某件事情必备的人、财、物,强调的是必备性。谢瓦利埃在2002年的BEM模型更新版中提到的"满足身心需求的工作环境条件"以及"工作所需要的时间",都属于这里所说的"资源"。一方面,管理者需要特别注意资源和工具的区别。工具强调的是在工作中完成某项任务所使用的具体东西(可以是有形的,也可以是无形的),而资源强调的则是在工作中完成某项任务时所需要的投入(需要一定的成本,包含人、财、物)。另一方面,管理者需要特别注意资源和BEM模型第一层中的数据的区别。数据强调的是在工作中完成某项任务必须要有的基本数据和信息。数据是为了引发员工的某项行动或某个动作,也是完成这项行动或这个动作的基本输入;资源是指员工在完成任务过程中的投入,这些投入会对这项任务的完成情况产生直接影响。

正如前文所提到的罗思韦尔的4W模型对原因的分析需要从"社会""工作场所""工作""员工"四个角度展开,本章所提到的BEM模型第二层的资源也会涉及这四个层面。为了更好地理解资源,我们从拉姆勒的绩效分级视角来对传统意义上的资源进行分类,见表7-1。

拉姆勒的绩效矩阵将绩效分为三个层级,而每个层级都有对应的目标。不同层级的目标,需要不同层级的措施作为保障,对资源的要求也会不同。组织绩效层需要更高层次的资源支持,而工作绩效层需要的资源层级较低,也更加具体。但是不同层级所对应的资源有一定的包含关系。也就是说，在考虑资源配置的时候，组织绩效层的资源需要包含流程绩效层的资源，流程绩效层的资源需要包含工作绩效层的资源。在管理实践中，往往存在对较低绩效层级的资源进行分析之后，反哺上一层级资源的情况（也就是上一层级资源需要增加）。

表7-1 基于拉姆勒绩效矩阵的资源配置

层级	目标和评估	设计和实施	所需资源
组织绩效	组织目标和组织结果达成的评估	组织设计和实施	组织战略执行所需的资源
流程绩效	流程目标和流程结果达成的评估	流程设计和实施	流程效率提升所需的资源
工作绩效	工作目标和工作任务达成的评估	工作设计和实施	工作效率提升所需的资源

我在前文中也提到，管理者在使用BEM模型进行分析时，必须落到具体的工作任务中，管理者如果能将其对应到拉姆勒绩效矩阵中的工作绩效层，就能分析得更加透彻。因此，对于BEM模型第二层中的资源要素，管理者需要着重分析工作绩效层的资源支持。

管理者要想有效地进行资源分析，就要清楚资源的分类，从而建立分析框架。从企业的管理功能角度来看，工作绩效层的资源也可以按照人力、财力和物力三个角度来进行分析，围绕具体的工作内容从不同角度来提供资源支持，具体如图7-1所示。

图7-1所列出的人力、财力、物力资源都是基于工作绩效层的资源维度进行分析的，因而更加聚焦。这里的分析不同于组织绩效层和流程绩效层的分析，比如组织绩效层的人力资源分析会扩大到企业整体组织架构以及各部门人员配置，而流程绩效层的人力资源分析会扩大到流程节点设置及岗位架构设置，这些都包含工作绩效层的人力资源分析内容。又比如，组织绩效层的物力资源分析会包含公司注册所在城市甚至国家的选择，而流程绩效层的物力资源分析会包含关联部门的办公场地选择，办公场地也会包含影响工作绩效层的工位或操作区域的选择。

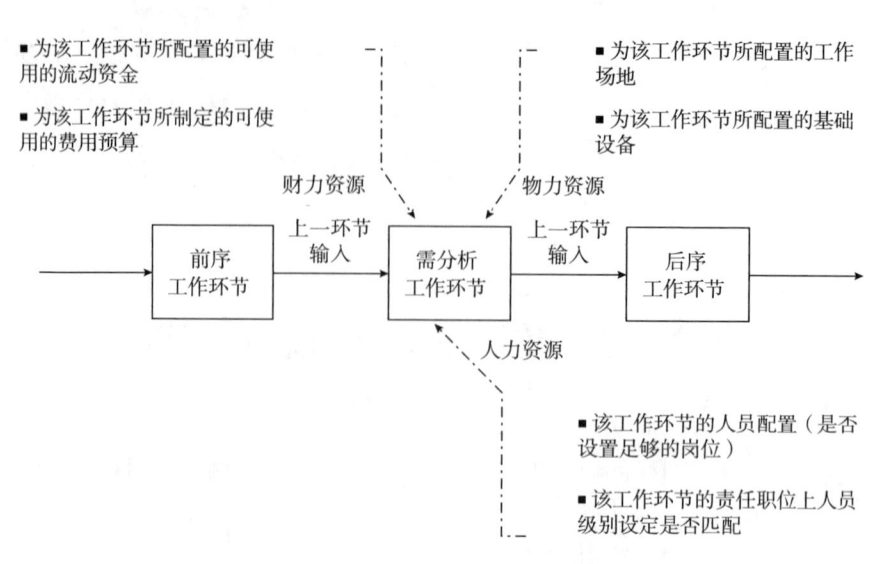

```
■ 为该工作环节所配置的可使           ■ 为该工作环节所配置的工作
  用的流动资金                         场地
■ 为该工作环节所制定的可使           ■ 为该工作环节所配置的基础
  用的费用预算                         设备
                    财力资源      物力资源
          ┌──────┐ 上一 ┌──────┐ 上一 ┌──────┐
      ───→│ 前序 │环节  │需分析│环节  │ 后序 │───→
          │工作环节│输入→│工作环节│输入→│工作环节│
          └──────┘      └──────┘      └──────┘
                         人力资源
                            ↑
                            ■ 该工作环节的人员配置（是否
                              设置足够的岗位）
                            ■ 该工作环节的责任职位上人员
                              级别设定是否匹配
```

图7-1 工作绩效层面的三种资源

前面所说的是从企业管理功能这一角度来看，可以将影响工作绩效层的资源分为人力、财力、物力资源。从获得方式来看，我们可以进一步将资源分为外部资源和内部资源。前面提到的人力、财力、物力资源都属于企业内部资源，而行业资源、产业资源、市场资源、外部环境资源等外部资源也会对绩效产生影响。

在外部资源中，行业资源是包括行业主管部门和行业中的服务组织（行业协会或商会等）在内的，以行业为核心的组织所拥有的和具备的各种物质资源和人力资源；产业资源是指产业运作所拥有的各种资源要素，包括有形资源和无形资源，一般来说，产业资源包括产业内所有企业的资源；市场资源是指企业所控制或拥有的、与市场密切相关的资源要素，主要包括各种经营许可权、企业已有的各种品牌、企业已有的销售渠道、企业客户群及其对企业产品或服务的忠诚度，以及其他各种能为企业带来竞争优势的社会关系等；外部环境资源是指企业所处区域的政策环境、社会环境、自然环境等能够被企业利用的外部条件。

在组织绩效层，杰弗里·菲佛、杰勒尔德·R.萨兰基克在《组织的外部控制对组织资源依赖的分析》一书中提到，企业的资源依赖程度可以从三个维度看：资源对企业的重要性，资源的稀缺程度，替代性资源的存在程度。管理者一般可以用这三个维度来综合分析企业对外部资源的依赖程度。为了提高组织绩效，企业可以通过兼并、并购、联盟等方式来解决企业的资源依赖问题。

在工作绩效层，管理者首先要分析的是人力、财力、物力这类内部资源，然后再考虑外部资源的补充。我在前文中已经分析了人力、财力、物力资源，那么如何识别是否有外部资源的缺失，以及如何获得这些资源，就是我们接下来要讨论的内容。

我认为，管理者在进行工作绩效层的外部资源的分析时，需要注意四个方面：资源的必备性、资源的替代性、资源的可得性、资源的经济性。资源的必备性指的是在不具备该资源时，本项工作就不可能完成或者难以完成。比如，管理者要求员工通过目标客户所在的行业协会来对接客户，但与行业协会建立关系不是该员工个人能够独立完成的，而是需要公司以内部资源为代价与该行业协会进行行业资源交换。资源的替代性指的是，这种资源可以被另一种资源要素替代。比如，针对某个工作环节的优化有多条技术路线，管理者可以选择从外部采购A技术，也可以采购B技术，当然还可以选择当前的操作方式C，这里的A、B、C就是可相互替代的。资源的可得性指的是，这种外部资源是否能够通过内外部资源的交换来获取。比如，管理者要提高某款饮品的口感，但是无法通过购买的方式来获得竞品的配方，因为企业往往以对待商业机密的方式来管理自己的配方。资源的经济性指的是，资源的获取需要一定的投入，管理者要考虑投入产出比是否合理。比如，管理者花费了几十万元将一个工作环节纳入管理系统，但是这个工作环节一年才开展一两次，那么这个成效代价比就不一定合理，而且面临着工作环节调整后系统需要再次调整升级的可能性。

管理者在分析某项工作所需的资源时，具体选择过程可以参考表7-2。

表7-2 资源判断分析表

资源维度		可能需要的资源清单	必备性	可替代性	可获得性	经济性排序	选择
内部	人力	（如果有，逐行填写）	√	（替代资源描述）	√	1	√
	财力	（如果有，逐行填写）					
	物力	（如果有，逐行填写）	√	（替代资源描述）	√	3	
外部	行业	（如果有，逐行填写）	√	（替代资源描述）	√	2	√
	产业	（如果有，逐行填写）					
	市场	（如果有，逐行填写）	√	（替代资源描述）			
	外部环境	（如果有，逐行填写）					

管理者使用资源判断分析表，可分以下六个步骤进行：

第一步，对可能需要的资源进行罗列。在罗列时，优先罗列内部资源，然后是外部资源。

第二步，依据必备性对各种资源进行勾选。管理者要考虑该种资源的必备性，只有在必备的情况下，才考虑予以配置。

第三步，对各种资源的替代资源进行描述。针对必备资源，分别进行替代资源的分析，对可能存在的替代资源进行描述。

第四步，对必备资源的可获得性进行分析。针对必备资源进行可获得性分析时，只要所列资源本身或者其替代资源具有可获得性即可。

第五步，根据成效代价比对可获得的必备资源排序。对所有可获得的必备资源进行成效代价比分析并进行排序，将成效代价比更高的必备资源排在前列。

第六步，基于成效代价比排序结果进行资源选择。依据成效代价比排序结果，从前向后逐项进行选择，判断本次是否使用该种资源。

设定的工作流程是否清晰

流程指的是完成这件事情、按照一定顺序的步骤和行为组合，包括这件事在企业中处于什么环节以及这件事本身的执行流程。流水线就是对流程最好的诠释，它能够帮管理者把工作任务标准化。在生活、工作、学习中，到处都有流程起作用的地方。

如何在管理实践中充分发挥流程的作用呢？我在这里不得不先提到绩效改进领域一位著名的学者吉尔里·A.拉姆勒，他对流程的管理进行了深入的研究和实践。如前文中的表7-1所说，首先，他将一个组织的绩效分为组织层、流程层、行为层三个层面，它们分别对应三个层级的目标，即组织目标、流程目标、行为目标。其次，他对每个层级的分析方法进行了说明，其中最关键的是流程层面的分析。

吉尔里·A.拉姆勒提出的流程层是指"跨职能的流程"，它对企业绩效的影响非常大。同时，我们也不难发现，具体岗位上其实也存在"岗位的操作流程"。虽然这两种流程（"跨职能的流程"和"岗位的操作流程"）都会影响到BEM模型第二层中的流程，但值得注意的是，"跨职能的流程"首先影响的是BEM模型第一层中的要求，即工作任务和工作标准。

为了把企业内部的流程梳理清楚，我建议管理者针对具体的任务，先分析相关的"跨职能的流程"，然后再分析"岗位的操作流程"。如果管理者想要进一步了解组织的流程框架，eTOM商务流程框架就是一个经典的流程管理工具。通过eTOM商务流程框架，管理者不仅能够看到流程的详细分级,还可以看到各类流程间的关系。

eTOM商务流程框架分为三个层次:Level 1、Level 2、Level 3。eTOM商务流程框架把战略和生命周期流程从运营流程中分离出来,形成两大流程群组,左边为战略、基础设施和产品功能流程组,右边为运营功能流程组。左边的功能流程群组不直接支持客户,与运营功能流程组有着本质差别,并且运作于不同的业务周期。它们保障、支持和指导运营流程区域的工作。eTOM商务流程框架Level 1视图如图7-2所示。

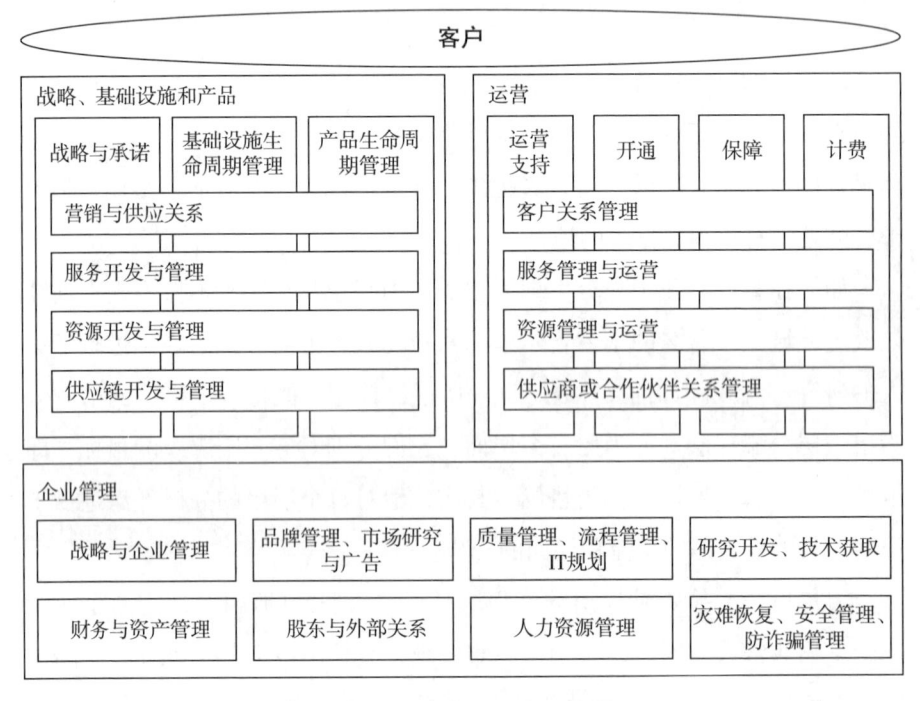

客户							
战略、基础设施和产品			运营				
战略与承诺	基础设施生命周期管理	产品生命周期管理	运营支持	开通	保障	计费	
营销与供应关系			客户关系管理				
服务开发与管理			服务管理与运营				
资源开发与管理			资源管理与运营				
供应链开发与管理			供应商或合作伙伴关系管理				

企业管理			
战略与企业管理	品牌管理、市场研究与广告	质量管理、流程管理、IT规划	研究开发、技术获取
财务与资产管理	股东与外部关系	人力资源管理	灾难恢复、安全管理、防诈骗管理

图7-2 eTOM商务流程框架

接下来,我来详细说明"岗位的操作流程"的梳理和优化。管理者在管理实践中进行流程梳理和优化时,需要注意以下七个方面:

- 注意岗位的操作流程是以某个具体岗位为主线进行梳理的。

- 明确该流程针对的任务，以及最终想要达成的结果。
- 在梳理流程环节时，明确该岗位每个环节的具体动作及动作类型。
- 注意操作过程中与其他岗位存在的衔接，从而注意该岗位的可控性。
- 梳理各个环节涉及的流转文件，尽可能确保其简单高效。
- 结合实际情况，注意是否会有多条路径，避免遗留。
- 在进行流程优化时，充分考虑每个环节的必要性和资源匹配性。

我们以酒店清扫员岗位为例，来看一看酒店客房清扫工作的操作流程（见表7-3）。

表7-3 酒店客房清扫工作的操作流程

操作阶段	操作步骤	执行标准	执行工具
清扫安排	向领班领取清扫任务	衔接：客房服务领班每日安排清洁人员上岗工作，确保客房清扫工作准确无误	
清扫安排	初步确定清扫顺序及特殊要求	清洁人员了解客房清扫顺序及相关规定，按照标准及时做好清扫工作	
清扫安排	确定清扫顺序	情况1：掌握客人离开时间，在客人离开房间后第一时间为客人打扫房间 情况2：客人临时要求清扫，应在第一时间进行	
进入客房	进入房间前的确认	情况1：按规范敲门，确认房内无人后进入 情况2：房内有客人时，获得允许后进入房间	
进入客房	按照规范进入房间	情况1：在房内无人的情况下，进入房间前在门把手上挂"正在清洁"牌 情况2：在房内有人的情况下，确认是否方便打扫或需要打扫的区域	"正在清洁"牌和沟通话术

（续表）

操作阶段	操作步骤	执行标准	执行工具
清扫客房	拉开窗帘，打开窗户	拉开窗帘，打开窗户，引进新鲜空气或开空调	
	检查小酒吧	打开小酒吧，了解客人的消费情况，如有缺货，及时通知相关人员补货	
	撤换水杯	撤换水杯等用具	
	清理房内垃圾	清理房内垃圾	
	清理床位	认真清理床位	
	全面除尘	做好除尘工作	
	卫生间清洁	按顺序做好卫生间清洁工作：（1）清理垃圾，撤换脏毛巾、脏杯子；（2）刷洗浴缸；（3）刷洗淋浴间；（4）刷洗马桶；（5）擦洗墙面、玻璃门、镜子等；（6）刷洗脸盆；（7）补充卫生间各类用品；（8）认真擦洗卫生间地面	
	吸尘	用吸尘器吸尘	吸尘器
检查	检查后离开	检查房间清理情况并退出房间	

这个操作流程的岗位人员是酒店清扫员，流程的梳理也就是以这个岗位为主线来进行动作环节的描述。这项任务的目标是为房客创造一个舒适、满意的住房环境。在对环节做描述时，该酒店基本上把具体的动作和动作类型写出来了，比如确认、检查、撤换、清理、刷洗等具体动作。这样看起来，这个操作流程的呈现还是非常不错的。

以上的酒店客房清扫工作的操作流程已经非常清晰，其是否还有优化的空间呢？我们需要聚焦最后想要实现的目标——为房客创造一个舒适、满意的住房环境，来进行更深入的分析。基于这个最终目标，该岗位还存在多个维度的工作要求：对客户满意度的要求；对打扫过程中效率的要求；对过程中物料消耗的控制。基于最终目标和工作要求，我们再来审视一下流程环节及其顺序，就会发现清扫阶段各个环节的先后顺序非常讲究。比如，"拉开窗帘，打开窗户"放在第一步，能够更好地保证清洁过程中房间气味的快速改善；"清理房内垃圾"是放在当前环节更好，还是放在"全面除尘"之后更好，需要根据经验来确定；"卫生间清洁"环节需要进行的操作非常多，并不需要全都在操作流程中展开描述，有待优化；在房内有房客和没有房客这两种情况下，操作流程会存在差异，需要建立两条分支。

也就是说，在操作流程目标明确的情况下，管理者要重点考虑：流程环节的动作描述是否清晰？流程环节的先后顺序是否合理？流程环节是否有遗漏的关键动作？是否存在不同情况下的不同流程？当然，在操作流程的呈现上，管理者还可以使用流程图、泳道图等多种形式，可以根据具体使用的方式来做选择。无论哪一种呈现方式，都需要保证执行者能够更容易地理解和对照使用。当然，最好的情况是，管理者对其中容易出错或者对结果影响较大的环节进行了特别说明。

另外，操作流程中所列出的执行工具往往具有很大的优化空间，但对它们的优化属于BEM模型第二层中工具要素的内容，我将在后面进行说明。

提供的工具是否有效

在管理实践中，管理者要时时考虑到提供给执行者的工具是否有效。流程中往往就包含着工具，比如"跨职能的流程"及"岗位的操作流程"中都包含很多具体的工具，有些工具是针对某个特定的环节，有些工具将在多个环节中使用。工具往往非常多样，某个环节的工具也可以有很多种。比如，前面提到的酒店客房清扫工作的操作流程中的"卫生间清洁"环节就有很多种清洁工具可供选择，而至于哪一种工具更合适，就需要管理者凭经验做出判断。

再比如，曾经有一段时间，我们在很多公共场所需要出示健康码。为了避免人们对健康码进行截图使用，确保健康码的及时性以及检查工作的便捷性，各地对健康码进行了持续迭代，有些地区设置了快速变动的背景图案，有些地区对健康码进行实时显示，机场往往使用一个触摸笔来波动确认。这就是工具在具体使用场景下不断迭代和优化的结果。

如何进行工具的迭代和优化？无论是管理者还是一线岗位员工，都应该思考这个问题。在进行思考之前，管理者需要先搞清楚工具的分类。这里要特别注意的是，我们所说的工具是广义的工具，就是除环境外的、所有可被用来帮助人类做事的事物、知识或技能。我们首先可以将工具分为两大类：硬工具、软工具。比如，在教学活动中，硬工具是教科书、钢笔、橡皮、信息平台、计算机终端、教师开发的教学用具等，软工具则是用来优化学校管理、提升师生自我教育水平、培养教师专业素养与学生核心素养的思维方法和流程、手段等。软工具的开发，需要大量基于实践的研究和创造，硬工具的开发则需要考虑人、机器、工具、环境之间的关系。

随着科技水平的不断提升，硬工具的多样性得到了非常大的提升。我们可以从不同的维度对硬工具进行进一步分类。比如，按照自动化水平，硬工具可以分为手动工具、全自动工具、半自动工具。工具的自动化程度越高，其对人的要求就越低，但是开发或购买的成本越高，所以在实际工作中，管理者需要综合评估采用哪种工具的成效代价比最高。又比如，在中文中与工具有关的词语有好几个，但设备、机械、机器等都代表着不同类型或规格的工具。

从机械设计学的角度来看，设备是可供人们在生产中长期使用，并在反复使用中保持原有实物形态和功能的生产资料与物质资料的总称。设备一般是大型的工具，需要非常大的资源投入才能获得。所以设备类工具不仅仅涉及BEM模型第二层的工具要素，还涉及第二层的资源要素。

机械是机器与机构的总称，是能帮人们降低工作难度或省力的工具装置。机械有三个特征：首先是一种人为的实物构件的组合；机械各部分之间具有确定的相对运动；能转换机械能或完成有用的机械功。像筷子、扫帚以及镊子一类的物品都可以被称为机械，它们是简单机械。而复杂机械是由两种或两种以上的简单机械构成的。

机器是由各种金属和非金属部件组装成的装置，可以运转、做功，用来代替人的劳动，进行能量变换、信息处理以及产生有用功，一般由动力部分、传动部分、执行部分和控制部分组成。

总之，对管理者来说，更多的是要知道在工作中可能会用到什么样的工具？可以在哪里找到这样的工具？与此同时，管理者在针对某项任务来确定具体工具的时候，也要综合评估成效代价比，一方面是企业获得该工具的成效代价比，另一方面是个人使用该工具的成效代价比。

在企业管理实践中，管理者面对大多数场景所用到的一般都是软工具。软工具是一种基于实践的知识、技能的沉淀，有些时候以经验分享的方式口口相传，有些时候以实物作为载体。管理者经常做的事情就是把原本口口相传的经验以实物作为载体呈现出来，这更有利于快速传播和复制。经验萃取就是常用的软工具。软工具因载体不同，会呈现为不同类型的工具，在管理实践中较为常见的有工作表单、规章制度、工作手册、沟通话术、文件模板、学习课程等。管理者在进行不同软工具的编制及优化时，需要提出针对性的要求。

（1）工作表单。工作表单往往与"跨职能的流程"和"岗位的操作流程"相匹配，用于某个环节的流转或记录。工作表单也可以有多种分类：按照流转形式，可以分为电子表单和书面表单；按照管理职能，可以分为财务类表单、销售类表单、客户类表单、生产类表单、人事类表单等；按照传递范围，可以分为流转表单和非流转表单；按照使用目的，可以分为审批表、记录表、看板报表等。

管理者在制定或优化一个工作表单时，可以按照以下步骤进行：

第一步，明确该表单的使用目的和使用对象，确定该表单需包含的基本内容。

第二步，按照执行者阅读的便利性和流程环节的匹配性来设计表单的结构。

第三步，按照表单的保密性要求，考虑表单的传递形式及范围。

第四步，按照表单使用的便利性和准确性来设置表单各模块的填写功能（比如，Excel中的筛选功能、输入的信息限制、关联表格的自动计算等功能）。

第五步，考虑表单使用者的可理解性，明确表单的填写说明。

（2）规章制度。规章制度一般规范的是BEM模型第一层的要求要素，在管理实践中主要是以某种呈现方式让执行者可以看到且能拿来使用。严格来说，规章制度的制定过程是需要在要求层面去考虑的。如果要把规章制度作为工具来使用，首要前提就是内容已经得到确认，并且没有问题。

虽然规章制度的编写并不属于工具本身的问题，但是作为工具的内容，它也会影响该工具的使用效果。所以我在这里需要强调一下编写规章制度的注意事项：

第一，明确制定该制度的目的，以及想要实现的结果。

第二，充分结合组织自身的实际情况。

第三，注意规章制度的系统性（组织一般会对规章制度进行分级管理，各级制度之间具有一定的关联性）。

第四，注意编写工作安排的先后性。

第五，平衡规章制度的稳定性和开放性。

第六，注意相关人员之间的内部公平性。

第七，明确制度中的指导性和约束性条款。

在规章制度内容完善的前提下，管理者想要把规章制度包装成工具来使用，就需要依据使用对象、使用场景、使用权限来确定包装的形式和传递的方式。比如，考虑到便利性，可以通过OA系统传递；考虑到保密性，需要设定查询权限。

（3）工作手册。工作手册往往是多项内容的汇总，在这一点上不同于工作表单和规章制度。一本工作手册可以包含记录表单、流程说明、工作标准、沟通话术、工作方法，也可以包含规章制度等。工作手册也可以从不同的维度来进行分类：按照手册内容的组织形式，可分为数据性手册、条目性手册、图标性手册、综合性手册等；按照手册内容的针对对象，常见的有员工手册、学习手册、营销手册、研发手册、质量手册、用户手册等；按照手册内容的呈现形式，常见的有电子手册、装订成册的手册、活页式手册、卡片式手册等。

这里需要强调的是，与规章制度类似，虽然工作手册经常被当成工具使用，但是其中的内容有可能涵盖BEM模型的多个层级，比如产品信息属于第一层的数据，工作职责和工作标准属于第一层的要求，工作流程属于第二层的流程，沟通话术属于第二层的工具。

管理者在编制工作手册时，可以按照以下的步骤展开：

第一步，明确该手册的使用目的和使用对象，确定手册的基本框架。

第二步，结合相关要求和素材，填充手册的具体内容。

第三步，从使用者的便利性出发，优化内容的索引和呈现形式。

第四步，从使用者的可读性出发，提升内容的逻辑性和语言的简练程度。

第五步，从内部规章制度和国家法律法规出发，确保内容的合规性和合法性。

第六步，从使用者的使用场景出发，确定发布的形式。

第七步，从内部的保密性要求出发，增加保密条款，并确定传递规则。

（4）沟通话术。语言是人类进行沟通交流的载体，是人类交际的工具。语言是在特定的环境中，出于生产、生活的需要而产生的，所以特定的环境必然会给语言打上特定的烙印。依据不同的表达方式，语言可以分为对话语言、独白语言、书面语言、内部语言。话术就是说话做人的艺术，是针对特定场景、特定对象、特定目的而提炼出的一种经验。在日常工作中，管理者会遇到各种需要掌握说话艺术的场合，比如向上级汇报工作、与同事进行沟通、指导下属工作、公开演讲、客户服务、客户销售等。

为了让自己在工作中交流起来更加顺畅，甚至给自己加分，管理者就需要学习和总结适当的话术规则。在日常工作中，大家说的最多的是销售话术，实际上话术的应用场景远不止于此。比如，管理者要公开讲话的时候，是否有写讲稿？管理者在准备讲稿的时候又遵循了什么样的原则？关于演讲的话术，华商基业有一门叫作"荣耀时刻"的版权课程，非常适合管理者阅读学习。又比如，市面上有很多讲授沟通技巧的课程，也都是在培训向上沟通和向下沟通，这其实都是在教授管理者不同场景下的话术规则和注意事项。

在这里，我不得不特别说一下销售话术。说到销售话术，最经典的就是FABE，其中F（Feature）是指产品功能特点，A（Advantage）是指产品优势，B（Benefit）是指产品好处，E（Evidence）是指证据。FABE模型是一个很好的销售话术，管理者可以先按照F—A—B—E这样的顺序去梳理产品，然后再把梳理的内容转换成B—F—A—E这样的语言逻辑，这样结构化的销售话术就形成了。

话术的类型非常多，不同类型的话术在设计时也会有非常大的差异。不过，无论哪一类话术，管理者在进行设计的时候，都一定要注意以下七个方面：

第一，明确沟通的场景。

第二，明确沟通的对象有哪些明显的特点。

第三，考虑交流过程中可能存在的多条路径。

第四，注意双方的交互，而不仅仅是自己的表达。

第五，考虑使用者的风格特点，建议采用"基础话术＋个性表达"的方式，也就是说要标出话术的关键词。

第六，注意话术与其他交流方式的配合，比如面对面的话术可以增加实物的展示。

第七，注意不同语言表达形式的差异性，比如书面语言和口头语言就非常不同。由于信息接收的途径相对单一，书面语言更容易出现误会，所以需要表达得更加简练、准确。

（5）文件模板。随着科技的发展，我们的办公方式从电子化到数字化，也在不断地变化，而文件模板在其中发挥了非常大的作用，能有效地帮助管理者简化工作、提升效率。管理者在应用文件模板的时候，需要注意以下事项：

第一，注意文件模板的时效性，这是很多企业面临的问题。比如，虽然企业已经迭代了好几版合同模板，但某位同事提报的合同仍然是旧模板的内容。

第二，在制定文件模板时给出说明，尤其是容易出错的地方，更应该提醒说明。

第三，尽可能地让模板"傻瓜化"，一方面方便使用者，另一方面避免使用和填写错误。

（6）学习课程。学习课程到底属于BEM模型的第几层呢？这取决于学习课程的类型。如果是需要听别人讲授的课程，那么其针对的就是BEM模型第四层的知识、技能。而在实际中，企业会有很多课程需要员工自学，比如微课等。像这样的自学课程，如果特别方便员工获取和查找，那么它就发挥了BEM模型第二层中工具的作用。

总结一下，在企业经营和管理实践中，管理者不能只做考勤机，而要成为一部导航仪。所谓导航仪，就是指管理者要能够给予执行者足够的资源、流程、工具的支持。

第 8 章

激励不仅仅只有金钱一种方式

BEM模型的第三层包括三个要素：后果、激励和奖励。这三个要素可以归纳为"奖到位"。

什么是"奖到位"

"奖到位"一般包括两层含义。

第一层含义是，奖励要和BEM模型中的前两层内容相匹配，也就是说奖励并不是越多越好。很多时候，管理者因为奖励设置不当，反而把员工带歪了，结果适得其反。

关于奖励和行为，有这样一个经典的故事。有一群孩子在一位老人的家门口踢球，吵闹声非常大，这位老人不胜其烦、难以忍受，于是就想了一个招。他发给每个孩子25美分，然后告诉他们："你们在这里玩耍非常热闹，让我觉得自己都年轻了不少，这点钱表达我的谢意，你们一定要收下！"孩子们拿了钱特别开心。

第二天，孩子们又兴高采烈地来了，老人又出来跟孩子们说："虽然你们让我很开心，但是我已经退休了，退休金很少，所以今天我只能给你们15美分。"孩子们看到15美分，觉得还可以，于是高兴地拿了钱走了。

第三天，孩子们又来了，老人说："真不好意思，我的退休金已经快花完了，今天我只能给你们5美分。"孩子们特别生气，说："我们在这里辛辛苦苦踢一天，才挣5美分。"于是孩子们扬长而去。

大家发现，老人仅花了几美元，就把一个让自己不胜其烦的事情彻底解决了。

这虽然是网上的一个段子，但带给管理者的思考是，重赏和行为之间到底有一个什么样的关系。对于管理者而言，奖励员工不能只奖励结果，更要奖励员工的行为，这种行为特指和工作结果有关联的关键行为。

说到BEM模型的第三层，就不得不提一个人，这个人叫维克多·维鲁姆，他提出了一个非常重要的激励循环。这个激励循环由四个要素构成。首先是行为，行为就是一个人做一件事情所需要完成的动作。其次是后果，一个人做任何事情都会带来一个后果。

这个后果一般又可以分为两种情况，一种是在完全不受外界影响的情况下，由当事人自己判断这件事情的结果是好还是不好，于是当事人的体内就会产生一个正向或负向的激励因素。接下来这个激励因素又会影响当事人下一个行为的产生，从而进入第二轮激励循环。其实这是一个相对理想的状况，大多数情况下，在这个过程中，会有外部奖励、激励介入。就像在上述那个故事中，老人用现金奖励孩子们，就属于一个从外部介入的奖励。另一种情况是当事人感觉到了外部激励，并考虑由外界带来的奖惩对当事人造成的影响。

就像上述那个故事中的孩子们，原来没有现金奖励的时候，他们玩得也很开心，这是一个正向激励。但是当外部奖励介入的时候，孩子们发现自己踢球的目的发生了变化，从纯粹的自娱自乐变成了为了挣钱而踢球。

所以当靠踢球挣的钱越来越少的时候，孩子们果断选择不踢了。这确实是一个很有意思的激励现象。所以在企业的管理实践中，管理者要想明白到底奖励和激励员工什么，以及在这个过程中要让员工获得什么样的感受。这也就意味着管理者不能为了激励而激励。

"奖到位"的第二层含义是，管理者要在奖励员工之前把员工的工作变简单。企业中经常有这种情况：员工认为是因为管理者把指标定高了，所以自己拿不到奖金，于是就会找管理者讨论能不能降低指标。

其实根据BEM模型，管理者首先要关注的是BEM模型的第一层和第二层要素，思考如何把员工的工作变简单，以支持员工更好地达成指标，而不是一上来就先设定指标和配套的奖励。

有一个经典的期望理论公式可以解释清楚"奖到位"的第二层含义，这个公式是M=V*E。

M是指员工的动机和态度。

V是指达成目标的效价，即员工一旦达成某个目标，可以获得的物质报酬。

E是指期望值，即根据过去的经验，员工对自己达成这个目标的可能性大小的估计。

这个公式意味着员工的动机和态度等于管理者提供的奖励乘以员工认为的达成可能性。

从这个公式中可以发现，很多企业在设计激励机制时，实际增加的是效价（V），并以为增加了效价（V），动机（M）就会变得更强烈。但是这种做法实际上忽略了期望值（E）。而BEM模型的第一层和第二层恰恰聚焦在期望值（E）上。以前大家常说的"重赏之下，必有勇夫"是有前提条件的，根据这个公式，当员工觉得期望值（E）很低的时候，就算企业把效价（V）提得再高，员工也不会产生很强的意愿和行为。也就是说，"重赏之下不一定有勇夫"。

我们来看一个应用了期望公式的案例。有一年我到成都给一家企业做绩效改进辅导。在项目启动会上，该企业的首席执行官说："就在上个星期，我们刚刚召开了'大战100天，完成2022年全年任务'的誓师动员大会。在这场大会上，我代表公司向所有员工郑重承诺，如果大家可以在接下来的100天中，通过努力完成2022年的工作目标，那么公司年底发给大家的奖金将是年初定的标准的两倍。所有高管都认为这个消息一宣布，现场所有人都会欣喜若狂，回去之后就撸起袖子加油干。但是令我没有想到的是，会议结束后，80%的事业部总监都过来找我诉苦，希望能把目标降一点儿。"

讲到这里，大家套用期望公式后就会发现，虽然效价（V）提高了，也就是公司给的奖励提高了,但是期望值(E)没变,也就是最终完成这个任务的可能性并没有发生改变。所以这家企业没有得到预期的激励效果,这就是"重赏之下不一定有勇夫","胡萝卜加大棒"也有失效的时候。

所谓"重赏",就是不断追加资源,如果重赏之下还没有勇夫,管理者就得反问自己,有没有更好的激励方式,在不增加资源的前提下大幅提升员工的态度和动机。这里有四种非金钱的激励方式供管理者参考。

用目标引导行为

用目标引导行为是指管理者要通过对员工个人目标的引导，激发员工努力工作的激情。现代管理学之父彼得·德鲁克在《管理的实践》一书中首次提出了目标管理（MBO）。所谓目标管理就是让企业管理者和员工共同参与工作目标的制定，在工作中"实现自我控制"，并努力完成目标的一种管理方法。

在目标管理中，管理者如何进行组织战略目标的梳理，是一个很重要的话题。经典的GOST模型就体现了管理者从组织战略到具体行动计划的梳理过程。"GOST"中的四个字母分别代表目的（Goals）、目标（Objectives）、战略（Strategies）和战术（Tactics）的英文缩写，GOST模型要求管理者从企业整体目的和目标开始，向下依次进行梳理，比如具体的部门战术，以及最终形成的具体行动计划。GOST模型虽然不直接针对员工个体，但这样的梳理过程是员工个人目标与组织目标相匹配的基础。我在这里也向大家介绍一下琳达·帕克·盖茨基于GOST模型整理的战略梳理框架（见图8-1）。

那么管理者如何更好地将组织目标和个人目标进行有效匹配呢？当前很多企业都采用制订个人发展计划（IDP）的方式来促成个人目标和组织目标相一致，从而促进员工个人努力程度的提升。个人发展计划是指结合员工岗位需要以及个人发展意向，员工与管理者双方经过沟通达成的促使员工自身素质、技能提高的发展计划，内容包括参加培训、特别指导、指派特别项目、岗位轮换等。个人发展计划是一个相对综合的激励措施，除了可以引导员工的行为，还包含培养员工个人能力等内容，所以有越来越多的企业采用这种方式。

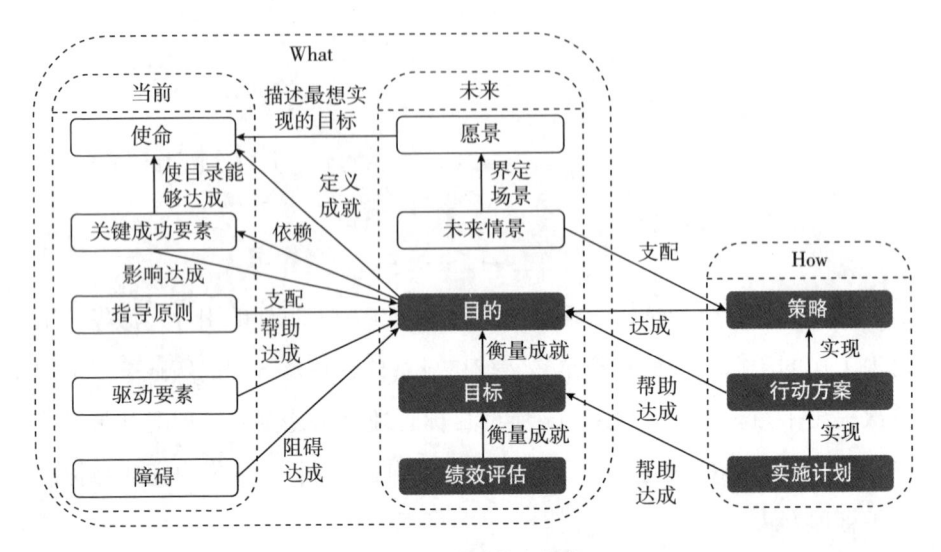

图8-1　战略梳理框架

另外，近些年来，"目标与关键结果"（OKR）也得到了企业的广泛关注。OKR是英特尔在MBO的基础上进行改进的成果，后来被谷歌、领英等公司使用，近年来又传到了国内。O表示目标（Objectives），KR表示关键结果（Key Results）。目标就是你想做什么事情（比如上线一款游戏），关键结果就是如何确认你做到了这件事（比如一天2.5万次的下载量或一天5万美元的收入）。OKR按照年度或季度设置，但一定要与企业的愿景、使命相关联。有挑战性的目标能激发团队的斗志，明确的关键结果又会让员工觉得这不是空谈。有关OKR的具体内容，管理者可以参阅克里斯蒂娜·沃特克的《OKR工作法》一书。不过需要特别注意的是，严格来说，OKR是一种目标管理法，而不是绩效考核方法，管理者在实施OKR时，不宜将目标和员工的绩效考核强行绑定。因为OKR的本意是希望员工敢于挑战更高的目标，而不是被与高目标绑定的绩效考核吓到或束缚住。

工作设计

工作设计（Job Design）是指为了有效地达到组织目标与个人目标而进行的关于工作内容、工作职能和工作关系的设计。工作设计对各种要素的组合方式会提高或降低员工的努力程度，进而影响员工的工作绩效。这里要特别注意的是，管理者在进行工作设计时，要结合组织和个人维度进行考虑。在企业管理实践中，很多管理者只从管理的角度进行工作设计，很少考虑员工个人的需要。那么如何做好工作设计，从而让其对员工个人的工作绩效产生正向影响呢？这就需要管理者首先搞清楚工作是由哪些维度的要素构成的。

J.理查德·哈克曼和格雷格·奥尔德姆提出了工作特征模型（JCM），认为工作都可以用技能多样性（Skill Variety）、任务完整性（Task Identity）、任务重要性（Task Significance）、工作自主性（Autonomy）、反馈（Feedback）这五个维度来描述（见图8-2）。

在该模型中，技能多样性、任务完整性、任务重要性组合在一起，产生了有意义的工作；如果拥有工作自主性，那么员工会感到自己对结果负有责任；如果及时对员工的工作提供反馈，员工就会了解到自己的工作效果如何。从激励的角度看，该理论模型表明，当员工（通过对结果的了解）认识到自己能很好地从事（体验到责任）自己所重视的工作（体验到意义）时，他们会获得内在奖励（是指工作本身的奖励，以及在工作过程中获得的满足感）。员工在一项工作中所体验到的这三种心理状态越好，员工的积极性、工作绩效、满意度就越高，员工缺勤和离职的可能性也就越低。

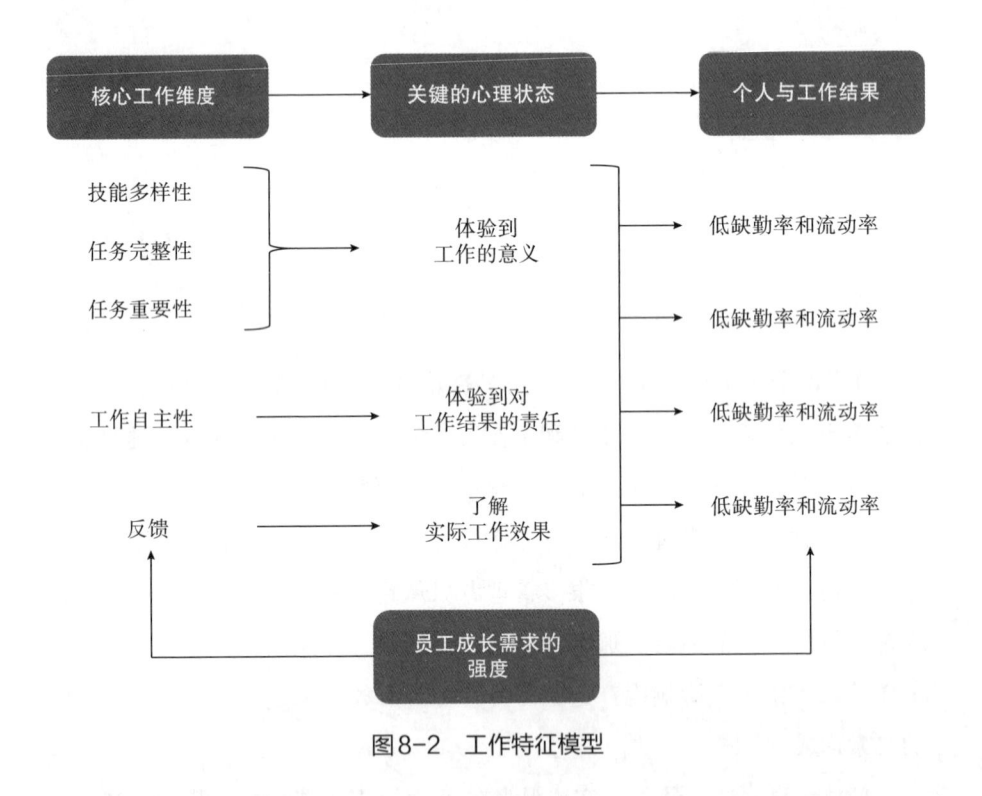

```
核心工作维度            关键的心理状态            个人与工作结果

技能多样性  ┐
任务完整性  ├──→   体验到工作的意义   ──→   低缺勤率和流动率
任务重要性  ┘
                                       ──→   低缺勤率和流动率
工作自主性   ──→   体验到对工作结果的责任  ──→   低缺勤率和流动率

反馈        ──→   了解实际工作效果    ──→   低缺勤率和流动率

              员工成长需求的强度
```

图8-2　工作特征模型

同时，管理者需要特别注意的是，该模型中提到的"员工成长需求的强度"会影响员工对工作丰富化做出反应。当工作较丰富时，拥有高成长需求的员工比拥有低成长需求的员工更有可能体验到关键的心理状态，并且对这些状态做出更积极的回应。除了员工成长需求的强度，员工的知识技能水平和员工对情景因素的满意感也会影响员工对工作丰富化做出的反应。情景因素包括企业的管理制度、文化、团队规范、技术监督、薪水和福利计划、人际关系、假期的需求和工作条件（比如照明、温度、安全性）等。与那些对自己的上级、薪水和安全措施感到满意的员工相比，对这些条件感到极端不满的员工，可能很少对内容丰富化的工作产生良好反应。

在企业管理中，工作设计的多样性和对员工有影响的情景因素，首先跟企业的组织设计有关。也就是说，在进行组织设计时，企业不仅要从组织战略角度思考，还要特别注意未来对人力资源的影响。不同的组织结构具有不同的特征，对员工的影响也是多样的。在高度正规化、结构化的机械组织中，规章制度和程序的公平程度是影响员工满意度的重要因素；在更加个性化、更具个人特色的有机组织中，员工更看重人际关系。有些人在任务标准化程度高、不确定性非常小的结构（也就是机械结构）中工作最有效，也最满意。因此，在讨论组织设计对员工行为的影响这一问题时，管理者必须考虑员工之间的个体差异。工作专门化会带来更高的员工生产率，但这是以降低工作满意度为代价的，因为工作专门化减少了工作的多样性。集权程度较低的企业中存在更高的工作自主性，这正好与工作满意度呈正相关。当要进行组织结构变革时，企业需要特别关注当前员工的个性化特点，因为不同的组织架构适用于有不同个性的员工。当然，也有一些企业首先设计了具有自己特点的组织结构形式，然后不断结合员工意愿进行优化，最终形成了一个高绩效的组织。比如，日本著名企业家稻盛和夫在管理实践中，创造了"阿米巴"这种独特的组织形式，并且取得了非常大的成功。这种组织形式也逐渐被国内企业所采用，海尔的"人单合一"就是非常突出的、对这种组织形式的本地化应用。

本节为管理者提供了五种常见的工作设计方法，具体如图8-3所示。

纵坐标上的影响维度是指工作设计方法与直接工作之外的因素的关联程度，这些因素包括奖惩体系、绩效评价方法、管理者的领导实践、消费者的需求、组织结构、物理环境以及团队的组成和规范。横坐标上的复杂性维度是指一种工作设计方法所需要的条件的多少，这些条件包括：各种因素的变化；不同能力的个体在各种组织水平上的卷入程度；企业的执行力和决策能力。其中，工作轮换是指员工在不同的工作岗位之间的调动。工作再造主要关注的是所要完成的任务、使用的方法、员工之间的工作流程、工作场所的布局、绩效标准以及人机之间的相互依存关系，从而找出效率更高的工作模式。工作扩大化是指一个工作岗位上的一名员工的不同工作任务的数量有所增加。工作丰富化是指企业授权员工，让其对自己的工作计划、执行、控制和评价等环节承担更多的责任和义务。社会技术系统主要关注的是对那些具有各种不同的能力（社会系统），会使用各种工具、机器和技术（技术系统）为消费者和其他利益相关者创造产品和服务的人进行合理安排。

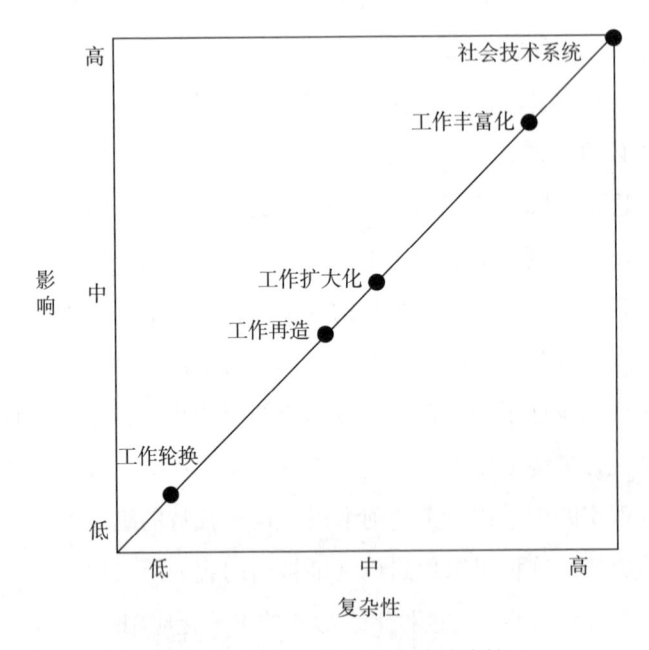

```
影响
 高┤                              ● 社会技术系统
   │                         ● 工作丰富化
 中┤                ● 工作扩大化
   │         ● 工作再造
   │
 低┤  ● 工作轮换
   └────────────────────────────
      低          中          高
              复杂性
```

图8-3　五种工作设计方法的比较

这五种方法的影响范围和复杂性各不相同，企业使用最多的就是工作轮换、工作再造、工作扩大化，也有些企业会采用工作丰富化的方式。除此之外，管理者还可以考虑弹性时间制、工作分担（由小组共同完成某项任务）、远程办公等方式。科技的发展（比如数字化），也会对工作设计产生新的影响。

这里需要特别注意的是：工作设计除了会对在职员工产生影响外，还会对企业的潜在员工产生影响。我建议管理者在招聘环节也要进行"实际工作预览"。招聘及入职是一个双向选择的过程，如果求职者提前对实际工作情况有准确的认识，那么入职后的工作本身给该员工带来的激励才能有效发挥作用。现实中，经常有些招聘人员害怕招不到人，因此对实际情况进行隐瞒，甚至是欺骗求职者，这最终会给双方都造成损失。比如，当求职者入职后发现实际工作跟自己原本设想的差得太大，这时候工作设计中的不利因素就有可能对该员工产生非常大的负面激励，从而造成低满意度和高离职率，最终给企业造成不小的损失。

发展和晋升

发展机会和晋升机会是员工激励中最重要的内容，因为这不仅是物质激励，还是一种精神激励。给予员工发展和晋升机会，是企业建设人才梯队的一个重要方式。

在发展和晋升机会方面，不同发展阶段的企业往往有自己的特点。规模较小的企业往往没有规范的职业发展通道，但是随着企业的快速发展，企业内部会出现很多新增职位和晋升机会。当然这种情况对员工来说，存在较大的不确定性和风险。已经有一定规模的企业一般都会形成相对清晰的职业发展通道，当然不同企业的实际情况存在较大差异。

对于员工来说，一方面存在自己规划的职业发展路径，另一方面面临企业内部给予的职业发展通道。如果这两者的匹配度较高，那么对于企业和员工来说，这会形成非常有利的双赢局面。为了能够更好地留住员工，企业在内部职业发展通道的设计上会尽可能地设计多条通道，有些企业还会有正式的个人职业发展计划。

总的来说，好的职业发展通道设计，可以帮助企业留住最好的员工，给员工带来目标感，同时吸引优秀人才，提高员工的能力、经验和多样性，创建以员工为中心的文化。

近20年来，国内企业对员工职业发展通道的实践也越来越丰富，积累了大量的经验。当前国内企业所应用的职业通道模式主要分为三类：单通道模式、双通道模式、多通道模式。按职业性质又可分为管理性、技术性、技能性职业通道。在企业管理实践中，职业通道与职位体系、薪酬体系、任职资格体系都有一定的关联性。

单通道模式

单通道模式也称作纵向单通道模式，依据初始岗位类型可以分为两种情况：I型单一发展通道（见图8-4）和h型单一人才发展通道（见图8-5）。

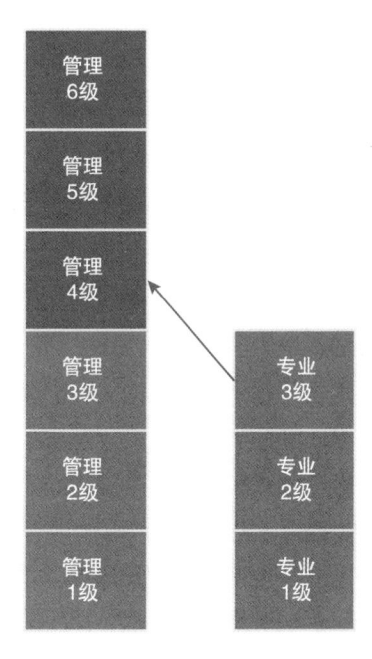

图8-4　I型单一发展通道　　图8-5　h型单一人才发展通道

在I型单一发展通道上，员工只有往管理岗位发展，才能获得更高的职级，发展通道较窄。在这种情况下，企业管理成本较低，但是对管理者的要求更高（不仅要具备管理能力，还要具备更强的专业能力）；对专业水平较高的员工激励不足，员工往往缺少发展机会。大量初创公司或小型企业采用这样的方式，其中有些企业甚至没有明确的职级晋升标准，员工能否晋升都由高层的个人偏好决定。

h型单一人才发展通道具有与I型单一发展通道同样的问题：专业人才发展受限。在企业管理实践中，h型单一人才发展通道的应用相对较少，代表企业有顺丰。新员工在入职初期就有管理线与专业线两个不同发展方向，并且随着自身进步，可以选择从专业线转向管理线。但是专业线的定位高度一般低于管理线，员工必须通过在管理岗位任职才能晋升到较高职级，专业人才的上升空间有限。

在企业规模较小，不得不采用单通道模式的情况下，管理者可以考虑更灵活的轮岗方式，通过横向调动来增加员工的工作多样性。通过横向调动，员工虽然没有加薪或晋升，但是可以获得更高的价值感，摆脱原来的重复性工作，这也有利于员工在调动中找到个人目标和组织目标的一致性。但是要特别注意的是，并不是所有员工都适合这样的方式，在进行横向调动时，企业需要评估前后工作的相关性以及该员工的个性，双方需要达成共识。

双通道模式

双通道模式也称双重职业发展通道模式，即专业通道和管理通道分列的双通道模式。这里依据管理者的任职条件，可以分为两种情况。Y型：专业通道和管理通道分列的双通道模式（见图8-6）；Ⅱ型：基于专业职级体系的双通道模式（见图8-7）。

在Y型双通道模式中，专业通道覆盖全部职级，管理通道仅覆盖中高职级。两种通道之间无直接的对应关系，代表不同方向的人才培养，管理能力和专业能力在高职级岗位存在一定程度的分离，员工在管理通道的晋升主要表现为管理职责的扩大和管理能力的提升。目前高科技企业普遍采用这种模式，代表企业有中国移动、华为、阿里等高科技企业。在该模式中，新员工在入职初期不严格区分发展方向，当积累了一定的专业技能和工作经验后，再根据企业的发展需要和员工的能力、意愿，区分不同发展方向。

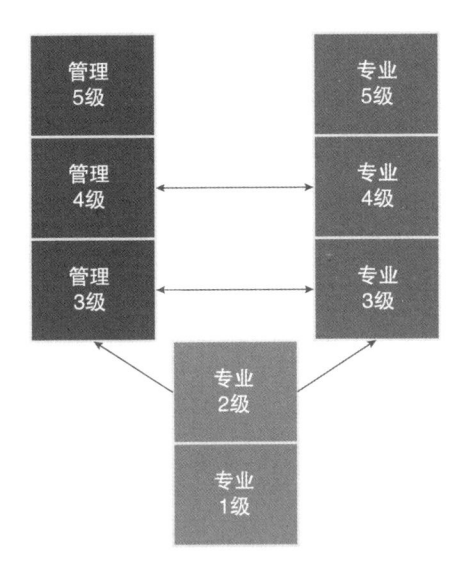

图8-6　Y型：专业通道和管理通道分列的双通道模式

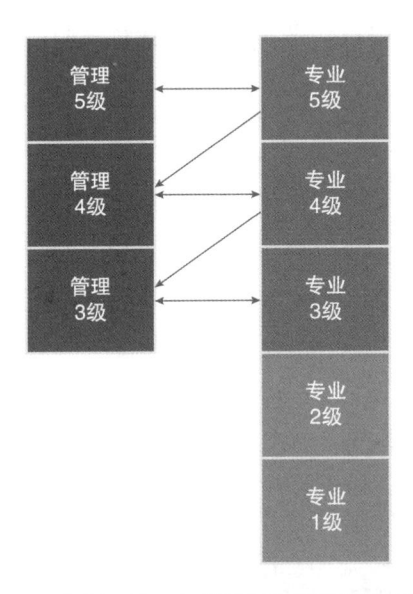

图8-7　Ⅱ型：基于专业职级体系的双通道模式

在Y型双通道模式中，员工可以自由选择在专业通道上或在管理通道上得到发展，两个通道上同一等级的管理人员和技术人员在地位上是平等的。因此，组织既可以聘请到掌握高技能的管理者，又可以雇用掌握高技能的专业技术人员。它适合那些拥有较多的专业技术人才和管理人才的企业。这里要特别注意的是，在专业线确定后，员工往往不再向管理线转换。另外，专业线的定位高度取决于企业的战略要求。

Ⅱ型双通道模式中，专业通道是员工的主要发展通道，体现了公司对发展专业能力的硬性要求，只有具备相当水平专业能力的人员才可以聘任管理岗位，管理人员同时具备较强的专业能力和管理能力。

可以认为，基于专业职级体系的双通道模式是Y型双通道模式的一个变型，对管理者的任职要求更高。这种企业要么属于尖端科技企业，对专业性要求极高，要么是战略要求或高层偏好下的产物。

多通道模式

多通道模式也称多重职业通道或者H型多渠道人才发展模式（见图8-8）。

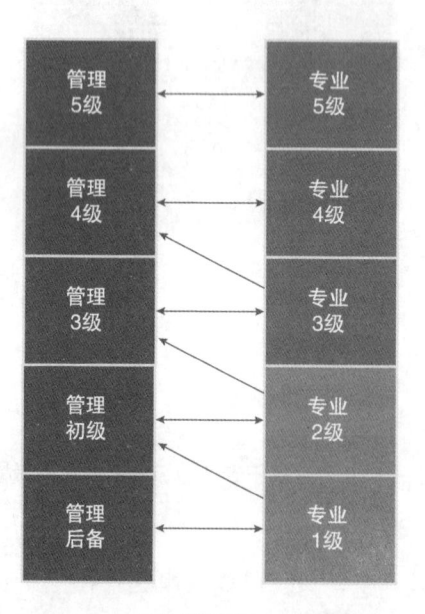

图8-8 H型多渠道人才发展模式

在这种模式下，管理型人才的发展通道与专业型人才的发展通道并存。员工在进入企业时就区分专业线与管理线，根据不同的发展路径晋升。当积累了一定的专业技能和工作经验后，员工可以根据企业的发展需要和自身的专业技能、能力、意愿等进行发展方向的二次选择。这为管理型人才和专业型人才均提供了培养和发展通道。采用这种模式的代表公司有腾讯。

在这种模式下，企业鼓励员工轮岗，为员工提供了更多的职业发展机会，也便于员工找到与自己兴趣相符、真正适合自己的工作，实现自己的职业目标。这为专业人才的职业发展提供了更大的空间，更有利于激励员工，当然这种方式对企业来说成本也相对较高。

以上就是不同职业发展模式的区别以及各自的特点。那么对于管理者来说，如何进行职业发展通道的设计呢？

首先，管理者在进行职业发展通道设计时，需要注意三个原则。

- 公平公开原则：向全员公开职业发展通道的相关信息，晋升标准的制定要尽可能做到内部公平。
- 内部统一原则：在制定或优化职业发展通道时，要充分考虑相关管理制度，并使其与各项制度保持统一。
- 互利共赢原则：基于职业发展通道中的人员培养和发展计划，企业将付出一定的成本，因此需要处理好个人发展和企业发展之间的关系。

其次，在设计内部职业发展通道时，管理者可以按照以下步骤来进行。

- 更新企业当前的组织架构，确保组织架构与企业当前的战略保持一致。
- 进行职位梳理，明确各个职位的序列及关键职责。
- 明确技能路径图，为每个部门、团队或岗位创建技能路线图或专业路径，也就是各个级别人员的岗位要求。
- 确定培训需求，明确如何帮助员工实现职业路径的发展。
- 依据技能路径图和培训需求，制订培训计划和发展计划。
- 明确职业发展规范，对前文所说的内容进行规范化呈现，并明确各个参与者的职责，比如导师的职责。
- 为每位员工制订职业发展规划，这里可以借用个人发展计划。

近20年来，在国内企业中广泛应用的任职资格体系，在我国劳动和社会保障部的支持下，由华为公司于1995年引入试点，并进一步发扬光大。任职资格体系很好地包含了以上内容：职位体系的梳理、职业发展通道的设计、相匹配的人才培养计划的制订，以及晋升评级管理。当然，中小型企业在不具备引入完整的任职资格体系的情况下，可以根据自身特点设计内部职业发展通道。

组织奖励与强化

基于罗宾斯提出的当代激励理论,管理者需要特别注意个人绩效、组织奖励、个人目标之间的关系。在设定奖励机制时,管理者要综合考虑多个因素。

第一,科学地设计薪酬体系,注意薪酬结构中的基本薪酬、绩效薪酬、福利、奖励之间的关系。薪酬结构的设计会影响组织奖励的效果,管理者需要将日常薪酬与组织奖励进行明确划分。薪酬体系设计的相关研究非常多,前文提到的工作设计、绩效管理等也都与薪酬体系直接相关。管理者在进行薪酬设计时,需要特别注意内部一致性、外部竞争性、员工贡献、管理规则。薪酬设计的这四个方面都会影响薪酬激励的有效性。

第二,基于绩效结果的奖励,要注意绩效结果的有效性、可接受性、公平性。

第三,注意发放金额的内部公平性问题。这里需要特别注意企业内部各项奖励的一致性。

第四,注意奖励方式的多样性,不只有金钱奖励。正如前文所说,除了物质奖励,管理者也需要善于使用相关性回报。正如前文所说,高成就需要者不是由于企业给他进行绩效评估或奖励而得到激励的。对于那些高成就需要者来说,从努力到个人目标的飞跃就是最好的奖励。因此企业还需要其他非成本付出的荣誉奖励,比如上级的肯定和赞扬、公开表彰、人文关怀等。

第五，注意奖励能否带来企业想要的结果，能否达到强化行为的目的。正如前文的老人和孩子们的故事，管理者也需要注意，奖励会削弱一个人的内在驱动力。故事中的孩子们本来的动机是由内部驱动的，而当老人给了钱后，变成了外部驱动。慢慢地，孩子的内部动机就削弱了，最后老人也顺利达到了自己的目的。另外，为了增加强化效果，管理者还需要注意三个方面：

- 奖励的针对性：奖励的发放应该明确具体对象，不能只奖励结果，还需要对与结果有关的关键行为进行奖励。
- 奖励的及时性：只有及时的奖励才能让奖励对象的个人绩效与奖励建立有效的联系，从而起到强化作用。
- 激励水平的恰当性：激励水平的高低取决于一个人得到的奖励能够在多大程度上满足他的需求，过高的激励会造成企业成本的增加，而过低的激励又无法起到强化作用，甚至会产生负面效果。

第六，注意规避超限效应。超限效应是指刺激过多、过强或时间过久，从而使员工极不耐烦或产生逆反情绪的现象。奖励过于频繁也会让奖励效果减弱。

态度、动机不是筐，不能什么都往里装

在日常的企业管理实践中，一说到企业存在的问题，很多管理者就会提到员工的态度、动机；一说要激发员工的态度、动机，管理者就会想到绩效考核。态度、动机对业绩指标的达成确实非常重要，但是态度、动机背后有什么要素呢？管理者是否做过深入分析？

在BEM模型的六个层次中，第三层"后果、激励、奖励"可以提高第六层的"态度、动机"。经常被管理者挂在嘴边的"员工态度、动机有问题"，有些时候只是表象。员工所需的信息不够，要求不明确，流程复杂，工具不够有效，都可能表现为"员工的态度、动机出了问题"。有些时候，组织内部环境也会造成"态度、动机不高"的表象，比如：行为心理学中所说的"旁观者效应"就是指对于某项工作来说，如果员工个人被要求单独完成任务，其责任感就会很强，会做出积极反应；但如果要求一群人共同完成任务，群体中每个个体的责任感就会减弱，面对困难或遇到应承担的责任时，往往会退缩。又比如，在东西方不同的文化环境里，团队协作的特点就会不同，东方人更容易保留个人意见，从而确保与大家的一致性，这就不能简单地当成"态度、动机"问题来对待。

另外，正如福格行为模型中说的那样，想让特定行为按照自己的预期发生，需要从三个角度考虑，具体如图8-9所示。

也就是说，当动机、能力和提示同时出现的时候，行为就会发生。动机是做出某个行为的欲望，能力是做出某个行为的执行能力，而提示则是

提醒你做出某个行为的信号。按照福格行为模型，在能力水平一般时，大幅提高动机也可以使员工达到行动线以上。

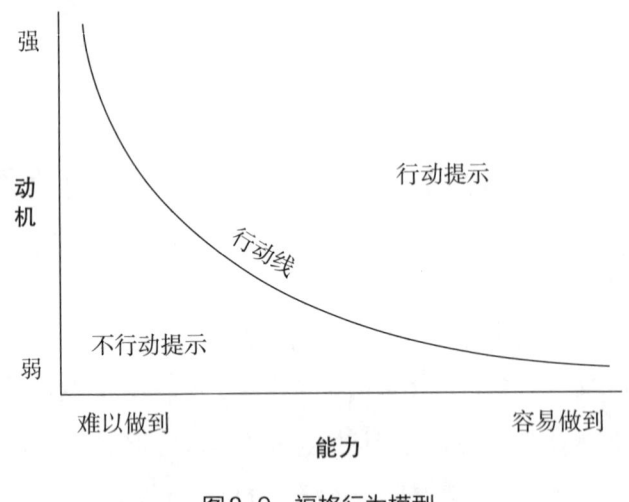

图8-9　福格行为模型

我们把外部环境因素、组织内部环境、个人能力放在一起看，就会发现，想要让员工在工作中表现出某个特定行为，影响因素非常多，不仅仅是他的个人态度、动机。但是在现实中，管理者习惯于把员工不发生某个行为的情况统统认为是这个人的态度、动机有问题。因此，管理者往往很难真正解决问题。

总结一下，当管理者遇到"员工的态度消极、动机不高"这一表象问题时，不能直接就进入"后果、激励、奖励"模式，而是应该先看一看其背后都有哪些原因。管理者在考虑"后果、激励、奖励"时，首先要保证BEM模型第一层的"数据、要求、反馈"，以及第二层的"资源、流程、工具"对员工来说得到了有效解决。管理者还要进一步考虑BEM模型中的第四层的"知识、技能"和第五层的"天赋、潜能"是否有欠缺，是否能够通过优化BEM模型的第一层和第二层进行弥补。一名合格的管理者不能把态度、动机当作筐，什么问题都往里装；同时要时刻牢记：激励不仅仅只有金钱一种方式。

第 9 章

说得好，更要做得漂亮

很多提供公共服务的场所会有下面这样的标语牌：

- 微笑多一点，嘴巴甜一点。
- 动作轻一点，脑子活一点。
- 做事多一点，行动快一点。
- 效率高一点，借口少一点。
- 耐心多一点，心胸宽一点。

尽管现场所有提供服务的人员都熟记这些标语，但是真正能够在实际工作中做到的人却少之又少，因为说得好不一定能做得漂亮。

有这样一个故事：四个和尚一起参加禅宗的"不说话修炼"。其中有三个和尚的道行较高，另一个和尚的道行较浅，由于修炼时必须点灯，所以点灯工作就由那个道行较浅的和尚负责。修炼开始后，四个和尚围着灯盘腿打坐。几个小时过去了，油灯中的油越燃越少，眼看就要枯竭了，突然一阵风吹来，灯被吹灭了。道行较浅的和尚忍不住大叫一声："糟糕！灯熄了！"其他三个和尚原本都是闭目打坐，听到他的叫喊声，都睁开了眼睛。一个和尚立刻斥责他，说："你喊什么！我们在进行'不说话修炼'，你怎么能开口呢！"另一个和尚闻声大怒，他冲着刚才说话的和尚说："你自己不也说话了吗？太不像话了！"一直没有说话的和尚这时傲视着另外三个，说："只有我没有说话了。"

无论道行的深浅，这个故事中的和尚，最后都没有做到"不说话"，他们更多地关注了别人的行为，却没有注意自己的问题。

关于如何影响指标的变化，很多时候管理者都认为只要找对了方法，实施不过是顺其自然、水到渠成的事情，所以往往忽视了实施过程中的策略。

如何将好的方法在工作场景中顺利实施？本书给管理者提出了四条建议。

先完成再完美

在企业经营管理实践中，好的方法并不一定就能带来好的结果。管理者要先保证完成，再不断追求完美。

如何做到先完成再完美？管理者只要能做到以下"三度"，就成功了。

效度：选对比做对更重要

第一个"度"是效度。我们先来看这个"效"字，其第一层含义是"效果"和"效率"一样重要，第二层含义是选对比做对更重要。

管理者在提升业绩的过程中，会受到这两个维度的影响，一个维度叫"选"，一个维度叫"做"，两个维度一交叉就能得出一个矩阵，我称之为"效率—效果"矩阵（见图9-1）。

在这个矩阵中，"选"的维度有选对和选错，"做"的维度有做对和做错，所以一交叉，就形成了四个象限。管理者最喜欢哪个象限呢？当然是右上角的那个象限——既选对又做对。那么管理者最不愿意接受哪个象限呢？每次课上，我都会把这个矩阵拿出来，问现场的学员最不愿意接受哪个象限，我发现剩余的三个象限都有人选，现在我们来逐一分析一下。

首先是既选错又做错。有句话叫"负负得正"，所以既选错又做错未必是坏事。拿炒股举例子，我今天看中一只股票，事实证明选错了，之后该股票就持续大跌。但是后来，我发现自己因为操作失误而没买成这只股票。我幸亏没买上，从而避免了一次较大的投资损失。这就是为什么既选错又做错未必是坏事。

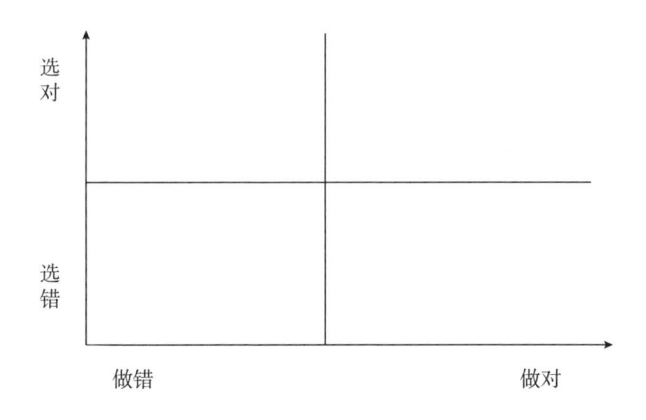

```
        选
        对
         |
  -------+-------
         |
        选
        错
    做错      做对
```

图9-1 "效率—效果"矩阵

对于管理者来说，哪个象限最可怕？是既选错又做对。还以炒股为例，股票选错了，但是我今天不仅选了，还满仓购买了，结果当然就是最差的。所以既选错又做对这个象限特别值得管理者深思。因为处于这个象限里的人会一直认为自己是对的，这才是最可怕的一件事情。这不仅造成资源的大量消耗，还会让企业在错误的道路上越走越远。

企业要想不增加资源就实现业绩提升，精准还原业务逻辑、锁定前置性指标至关重要。但对于关键前置性指标，如何选对呢？

去年，我在一所国际幼儿园做了一个名为"提升招生数量"的咨询项目。之前，为了提升招生数量，这家幼儿园的管理者把着力点放在了"家长转介绍"这个指标上，因为家长转介绍的成功率很高。

但是操作了一段时间后管理者发现，通过家长介绍，招生数量持续增长很困难，虽然成功率高，但是流量不足，招生过程非常被动，缺少主动抓手，而且成本很高。根据管理者反映的这些困难，项目组马上判断出管理者没有"找对"关键前置性指标。于是项目组重新梳理了招生工作的业务逻辑，调整了关键价值链，找到了真正的业务痛点：工作日邀约的成功率太低。

项目组通过数据分析发现，家长只来校园一次就决定入园的概率特别低，这是因为家长对孩子入园的事情都很谨慎，通常要经过多方面了解，甚至多次来园沟通才有可能决定入园。所以工作日的邀约成功率非常关键，家长在工作日来幼儿园，可以看到孩子在幼儿园的实际学习、生活是怎样的，老师是怎么教的。这样一来，关键前置性指标就找对了，一旦找对关键前置性指标，招生成本不会增加，同时招生数量大幅提升，还不用像之前那样搞全员营销，把老师们折腾得那么累。

速度：胶带纸思维开启快赢

如何做到先完成再完美？首先要选对，但并不是说做对就不重要。在具体工作中，管理者不但要选对、做对，而且要做到快赢。所以在国际幼儿园这个案例中，当项目组发现工作日邀约成功率是关键前置性指标后，招生人员就立刻开始行动，首先梳理了各自手中的家长名单，把联系过并且在周末参加过活动，但还没有做决定的家长列出来，逐一打电话，通过专门话术邀请他们在工作日到园内参观体验，没想到两周下来，招生成交量明显增长了几倍。这个变化给了业务团队极大的鼓舞，"快赢"带动了整个招生工作的改变。

这里的"快赢"就是经典的"胶带纸思维"的应用，强调以快制胜。一旦找到关键前置性指标，马上采取行动，哪怕方法笨拙（比如再次电话邀约），也比坐在办公室里反复讨论强。

"快赢"强调先完成再完美。其实，即使是像乔布斯那样以追求完美著称的人，在第一代苹果手机的产品发布会上，他也是靠用胶带纸思维脱离险境的。当时，直到发布会前夜，用来演示的手机还是总出问题，要么断网，要么打不通电话，甚至无故关机。后来工程师想了一个办法，那就是要求乔布斯按照一个固定的操作顺序来演示，比如先发邮件，再上网，要是顺序反了，手机就会死机。还有一个麻烦是网络信号不稳定，于是团队在现场放了一个移动信号器，以保证乔布斯演示的那台手机有足够的信号来接打电话。不光这样，为了安全起见，工程师把所有演示手机屏幕上的信号强度条全部"写死"，不管信号强度是多少，手机都是5格信号。

这些都是因为完成比完美更重要。

很多管理者总是将大部分注意力用在对当下很难解决的问题的焦虑上，因为这样看起来，自己好像已经尽力在解决困难了，并得到一些心理安慰："反正做了也没用，我已经很努力了，关键问题还是解决不了。"如何打破这样的僵局呢？"胶带纸思维"可以起到作用。

"胶带纸思维"的关键词有三个：一是简单，简单实施和操作；二是有效，采取的行为对解决问题是有效的；三是勇气，别管是否起作用，先勇于尝试。这是管理者在推进指标达成的过程中一定要坚持的。

在前文的国际幼儿园这个案例中，管理者最后采用的办法很简单，就是用大家最熟悉的打电话的方法，针对适龄儿童的家长这个特定的人群，两周内坚持天天给家长打电话。

当然，管理者一定要特别注意，胶带不是乱贴的，只有掌握了正确的业务逻辑，才可以配上胶带，"承重墙"是不能用胶带的，如果没有坚实的业务逻辑基础，那么管理者只是崇尚胶带是没用的。所以，使用胶带是有前提条件的，那就是选对。

精度：把正确的事做正确

当然，贴胶带只是短期措施，作用是先把整个业绩提升流程打通，让企业建立信心。如果措施可行，企业就进一步快速改进和迭代。这时候，管理者就不能再依赖胶带了，而是要把胶带撕掉，把精力放在整个流程的进一步完善和升级上面，找到更有效的方法，把正确的事做正确，提高效能。这就是第三个"度"——精度。

还是以前文的国际幼儿园为例，对于给家长打电话这个动作，项目组同步进行分析：电话邀约怎么做才能进一步激发家长的兴趣，让更多家长愿意来学校参观？这里有两个维度。

第一个维度是，管理者要做到将邀约对象和话术精准匹配。不同的家长，需求不同，只用一个方法会遭到大部分家长的拒绝。该学校只有分类后再有针对性地做邀请动作才能降低代价。一般来说，家长可以分为四类，分别是理想型、盲目型、焦虑型、佛系型。要想打动不同类型的家长，业务人员需要分别采取相应的话术。同时，管理者还要从多种维度对家长进行分类。不仅如此，管理者在完成家长类型分析后，还必须尽快教会业务人员如何识别家长类型，以及如何使用有针对性的话术。

第二个维度是，提高业务人员邀约家长的触达密度。过去，业务人员只用电话、微信进行邀约，触达频次低，信息密度非常有限。在这次咨询项目中，项目组和业务人员一起尝试了更多触达方式，比如推送个性化咨询名片、活动花絮视频、带活动入口的电子海报等。这极大地提升了触达密度，使主动咨询到访的家长比例快速提升。之后，项目组开始思考家长在工作日被邀约到园后，业务人员要怎么做才能进一步提高入园成交率。

之前举办开放日活动前，业务团队都会很认真地召开碰头会，将流程梳理得非常标准，什么时间谁该做什么，卡片放在什么位置，人站在哪里，这些都做得非常好。但是最大的问题是，业务人员不知道这么做的目的是什么，在每一个环节上，业务人员不知道到底要让家长感受到什么。

而现在，每次做开放日活动之前，业务团队都要做预演，团队中的每个人都必须互相提问题，比如"我们要让家长获得的感受是什么，这能通过什么措施来实现"，"如果出现家长来的少的情况怎么办，人来多了又怎么办"，"孩子在现场哭闹怎么办"，"家长想提前走怎么办"，"家长参观完想让孩子马上参加面试怎么办"。现在，这些场景都要提前预演，重要的是流程中的每个节点都要针对性地满足家长的需求。这样一场活动办下来，该学校才能牢牢地吸引家长。

如果业务团队能够把这么一套完整的功课做下来，那么之前做"快赢"时粘的胶带，就可以完美地撕下了。

在结束复盘时，所有人都能看到的结果是：不但招生指标超额完成，而且整个业务团队在这个项目中也得到了历练，有了脱胎换骨般的变化。

总结一下，掌握好"精度"的关键是，思考升维、行动降维。管理者只有进行系统分析，增加维度，落地实施的效能才会大幅提高，行动的成效代价比才会更高。

从蛇尾到豹尾

在落地实施提升业绩、超越指标的措施时，可能存在这样的问题：管理者不知道从何处入手，或者做着做着发现漏了某些环节，最终导致落地过程虎头蛇尾，效果不佳。

这通常是因为管理者在实施前漏了一件事——理性规划实施步骤。管理者必须想清楚第一步该做什么，第二步、第三步该做什么，先规划再实施。

有效规划不遗漏

提升业绩、超越指标的实施过程通常是由一系列复杂的行为前后关联而成的。

例如，最近某银行网点 VIP 客户的投诉率有点高，投诉问题主要是停车难。为了解决这个问题，银行管理者设计了 VIP 停车预约制度。凡自驾来银行办理业务的 VIP 客户，如果需要停车服务，那么需要提前向本人的客户经理预约。

这本来是一个很好的解决措施，但在实施过程中却出现了很多意外情况。比如，有的客户在预约了停车后，客户经理忘记通知保安为该客户预留车位，从而引发了新的投诉。

同时，停车预约制度出台一段时间后，仍然有客户不知道这项新的服务规定，依然不预约就直接开车来办理业务，到了现场才被告知停车需要预约，于是又引发新的投诉。

为什么会出现这种有好的方法却拿不到好的结果，甚至适得其反的情况呢？管理者需要重新梳理制定预约制度和设计预约流程的各个环节，思考由谁负责执行这个制度和流程，新的制度和流程是否涉及人员岗位的调整，以及如何让不同部门的相关人员知道并落实此制度。如果事先没有做具体规划，就会出现银行管理者刚才面临的这些问题。磨刀不误砍柴工，管理者应做好规划再行动。这里给管理者推荐一个好用的工具，叫"六大类干预措施"，它可以轻松搞定落地实施前的步骤规划。

常用的干预措施可以分为六大类，管理者在制定完干预措施后，可以分别对照这六大类，找出与干预措施相关的行动，并确定先后步骤。

第一类，关注信息就是给目标、任务、标准等信息下定义，并且告知员工，让员工正确理解，同时记录并收集监控数据。

第二类，关注结果就是对员工的奖惩进行评估和实施。

第三类，关注设计，包括人员关系的设计、工作的设计和物理设计。

第四类，关注能力就是落实与员工工作能力相关的干预措施。

第五类，关注行动包括倡导和服务，倡导就是烟盒上写的"吸烟有害健康"，服务就是企业主动给员工提供的帮助。

第六类，关注一致性，这类干预措施能确保组织的实践结果和资源是一致的。

这六大类中有两对是比较容易混淆的。

第一对是关注信息和关注能力。知道了就能做，是关注信息；知道了还不够，得学会之后才能做，这是关注能力。比如，慢走属于你只要知道了就能做的，是关注信息，而瑜伽则需要专业学习才能掌握，属于关注能力。

第二对是关注结果和关注行动。组织中一定有一些行为是必须发生的，同时一定有一些行为是希望发生的。比如，安全操作规程就是关注结果，而微笑服务就是关注行动。

逐一对照不遗漏

这里要提醒大家的是,对照很简单,但是经常会有遗漏,所以建议大家一定要按照表9-1逐一对照,确保相关动作都被选择并使用到。

表9-1 六大类干预措施

类别	干预措施(标签)
关注信息	1. 定义:为了更好地完成工作,人们需要知道什么。 2. 告知:用什么样的方式和途径来实现信息传播,传达目的、目标、期望、结果、矛盾等。 3. 记录:整理信息的活动,人们在需要这些信息时,能够有效查找
关注结果	4. 奖惩:引导并维持期望行为,消除不合理行为,奖励合乎期望结果的活动和项目。 5. 评估:为员工提供评价标准和基准,以便检测和评估绩效的活动和系统。 6. 实施:考察人们的工作和成效,将行为、过程和后果相联系,并减少、改善员工不规范或不良行为的活动
关注设计	7. 组织:改变组织、业务单元的结构,改变工作角色、职责、任务和岗位关系的活动,目的是消除冗余和浪费、缩减时间、提高效率等。 8. 标准化:使工作过程系统化或者自动化,将程序、任务、工具、设备、材料、部件或工作动作标准化的活动。 9. (再)设计:改变物理工作环境、工作场所、设备和工具,以提升安全性、易用性,形成符合人体工学设计的环境、工作场所、设备和工具的活动
关注能力	10. 重构:创造新的心智模型或者使用新范式,使员工拥有新的视角,挑战既定的假设,找到创造性解决方案的活动。 11. 建议:提供建议和指南以帮助人们处理工作、个人、家庭或财务等方面的事情,让人们能花更多的时间来完成工作任务,减少精力分散。 12. 发展:向人们提供培训,使得他们获得并维持用来完成工作所需要的技能和知识
关注行动	13. 倡导:旨在提高意识、激发行动的活动(个人的、组织的、社会的、政治的)。 14. 服务:主动提供帮助的行为
关注一致	15. 一致:确保一个组织的目标、实践、结果和资源都服务于相同的愿景和任务,而不出现冲突,使组织形成合力

在前文提到的银行VIP客户预约停车的案例中，如果管理者想让VIP客户停车预约制度实施到位，那么在实施过程中有哪些环节必须规划清楚呢？首先是关注设计。比如思考设计流程、开发工具，以及是否涉及岗位调整、职责变化。其次是关注信息和关注一致。如何让相关人员知晓，同时跨部门保持一致，协同执行到位。然后是关注能力和关注行动，因为让客户经理等相关工作人员都了解并按新制度和流程执行这件事并不难，所以可以省去关注能力和关注行动这个步骤。最后是关注结果。这个制度和流程的实施必须有人负责监督执行情况，并保证同步进行奖惩。

最后总结一下，针对银行VIP客户预约停车这个干预措施，对照六大类干预措施步骤，管理者要先关注设计，再关注信息，之后关注结果。而且掌握了这个工具，管理者今后就再也不怕好的干预措施不落地了，也不用担心项目在落地过程中不了了之。

从措施到系统

管理者要想顺利实施某项措施并取得理想的结果，必须系统思考并配套建立多元化的保障机制。

"四位合一"

管理者要想有好的结果，光有措施不行，还要建系统。系统怎么建？国际绩效改进协会前主席朱迪·赫尔女士提出了"建立组织""跟踪测量""获得关注"和"约束自我"这四个维度的系统化保障机制（见图9-2）。朱迪认为，只要管理者关注这四个维度，企业不仅能提升业绩、优化超越指标措施的落地过程，还能提高利益相关者的拥有感和接纳度，使其自觉支持和配合实施进程。

建立组织

所谓组织，是指按照计划对企业的活动及其生产要素进行分派和组合。组织职能对于发挥集体力量、合理配置资源、提高劳动生产率具有重要的作用。

本书所说的组织就是通常所说的项目组、工作小组。所谓建立组织，是指管理者需要组建一个像项目组这样的领导机构和工作机构，引导执行者了解现状、目标和差距，帮助执行者了解自己未来的角色和责任，同时为企业创造良好的环境。

图9-2 "四位合一"的实施模型

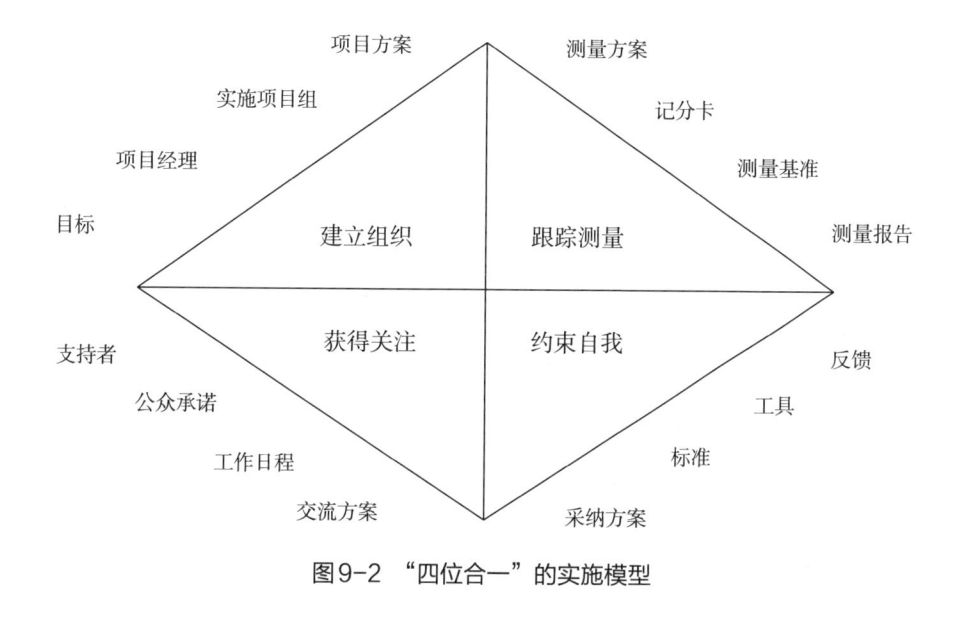

组织行为学认为，组织职能一方面是指为了实施计划而建立起来的一种结构，该结构在很大程度上决定着计划能否完成；另一方面是指为了实现企业目标所进行的组织过程。这里之所以将"建立组织"放在系统化保障机制的第一位，是因为有些管理者常常将注意力集中在研讨和计划上，而忽视了实施过程，这导致最终出现"枪声一响，计划作废"的现象。

跟踪测量

跟踪测量是指管理者要实时跟踪执行者的工作行为，并将关键指标数据定期反馈给执行者本人以及利益相关者。

管理者对执行者工作行为的测量和跟踪需要持续足够长的时间，以确保新的行为得到强化。测量结果可以同时帮助管理者了解干预措施是否达到了组织期望的结果。

获得关注

管理者在较长的一段时间内都应该让自己的上级，特别是高层知晓并关注干预措施的实施状态和期望目标。

无论是哪一家企业，领导的意志都很重要，提升业绩、超越指标的相关措施在落地过程中也是这样的。因为领导的更替或者其注意力的转移，都可能影响实施过程中的原有承诺，这会导致员工消极应对或干脆放弃，从而最终影响业绩效果。

为了防止这样的情况发生，管理者获得关键人物或领导的长期关注与支持是必须的。获得关注的方法有很多，例如关键节点的邮件沟通、实施过程中的新闻报道和推文、阶段性的总结报告等。与此同时，管理者还可以邀请高层出席各种形式的会议，比如启动大会、评审汇报会。

约束自我

约束自我一般指的是自制、自控、自律。在本书中，约束自我是指为了提升业绩、超越指标，管理者要为执行者创造工具和标准，使执行者知道工作目标和要求，以及如何对工具的应用情况进行监督。

工具和标准使得执行者可以更好地判断自己的工作行为是否恰当，也可以增加执行者对实施过程的拥有感和接纳度。这些工具和标准可以降低执行者和管理者之间的对立感。

与获得关注一样，帮助执行者约束自我的方法有很多，竞赛、评比排名、颁发流动红旗、树立标杆等都是常用方法，还有为执行者提供自评积分卡、关键行为成长卡、自我检查表等工具。

总之，在提升业绩、超越指标的过程中，管理者需要运用"四位合一"的实施模型，为干预措施的落地组建指导小组，并及时、定期汇报阶段性成果，确保高层关注干预措施的实施，并通过为执行者提供支持工具和标准，帮助执行者监督自己的行为效果，最终实现对指标的影响，获得预期的结果。

转移拥有感

为了获得预期的结果,管理者不仅要系统思考,建立配套的系统化保障机制,还要在落地实施过程中不断扩大自己在组织中的影响力,其中最核心的武器是"转移拥有感"。

什么是转移拥有感?

第一,把选择权交给对方

管理者在拿出实施方案时,不应立即告诉执行者"我打算这么做,你要同意我的做法",而是要把方案拿给执行者,让他来做出决定和选择。这个时候,执行者就拥有了管理者给予的自主权,获得了满满的拥有感。

管理者不仅要向上级决策者转移拥有感,还要向跨部门协作伙伴、下级执行者转移拥有感。这里给管理者提供一个转移拥有感的万能话术。管理者把想要做的事情介绍完之后,可以接着说:"你肯定比我更了解情况,更了解业务,你觉得哪个方案或哪种做法更合适?"

当让对方获得的拥有感越大时,管理者得到的工作认可、支持和配合力度就越大。你不要认为自己的措施有效,别人就会无条件支持你,每个人都会支持自认为对的或根据自己的偏好选择的事情。

第二,让决策者参与讨论

在措施落地的过程中,管理者一定要让决策者参与全过程讨论,让决策者了解项目全景。因为有一些问题决策者很清楚,但是管理者未必知道,管理者可能只看到了一些表面现象。所以要让决策者参与讨论,他可能会给予更好的建议。有些建议可能是管理者已经想到的,这说明管理者已经和决策者同频共振了;而有些建议可能是管理者之前没有想到的,这就给了管理者优化实施方案的机会。总之,这也属于转移拥有感的一种方法。

最后,管理者一定要记住这句话:人们不抵制变化,他们只是抵制自己被改变;人们只支持他们参与创建的东西。

从解决到干预

提升业绩、超越指标的各种措施通常会被管理者看作一系列解决方案，而方案的落地过程会被看作问题被逐一解决的过程。其实不然，本书所说的提升业绩、超越指标的措施，特别强调采用强干预策略，是指干预方案的实施，而不仅仅是指一个解决方案。

干预方案和解决方案是有区别的。

干预方案和解决方案的区别

经常有管理者问："什么是干预方案？它和我们以前一直说的解决方案有什么不同？"

干预方案是一套用于减少或消除期望目标与实际绩效之间差距的计划和方法，它基于前期的业务现状分析和原因分析，通过一系列方法解决造成差距的根因问题，最终达到提升业绩、超越指标的效果。组成干预方案的每一种方法，称为"干预措施"。

而解决方案是针对问题、不足等提出的解决问题的答案。

通过上述定义我们不难看出，解决方案是先给出答案，再被动等待结果；干预方案强调的则是针对结果所采取的行动，是一个主动参与、共创未来的过程。

另外，干预方案还有三个有别于解决方案的特征。

第一，干预方案不求马上解决问题。问题不会自动消失，你不解决，它就永远存在。干预方案也是要解决问题的，但是和解决方案一词给人的感觉有所不同，干预方案一般不能马上解决问题，而是一点一点改变现状，最终达成目标。怎么理解呢？冰冻三尺，非一日之寒。问题不是在一天之内产生的，解决一个问题，达成一个目标，并不是马上就能实现的。这个时候用解决方案一词就不太恰当了，因为也许问题并不能被解决，只是形势有所好转而已。

第二，干预方案强调的不是一次性解决所有问题。管理者都希望尽可能简单、快速地解决问题，但是往往事与愿违，这是因为影响业绩的原因可能不止一个，并且这些原因之间常常存在着错综复杂的关系。这就意味着管理者很难通过一个方案解决所有问题，而是需要运用不同种类、不同层次的多种措施分别进行干预。例如，销售业绩下滑可能是由多个原因造成的，比如店面陈列不佳、销售话术不灵、竞争对手变化、市场整体疲软等，所以管理者需要让多项干预措施同时发挥作用，才有可能改变销售业绩下滑的现状。

第三，干预方案的作用不仅仅是解决问题。企业提升业绩的方法大体分为两种：一种是解决问题；另一种是抓住机会。所以与解决方案不同，干预方案还有一项重要的作用——帮助组织抓住机遇。假设一个人的身体本身并没有什么问题，服用保健品有助于他把身体保养得更好，更不容易生病，这时候我们不能把服用保健品称为解决方案，因为这并没有解决目前身体上的什么问题，却可以称它为干预方案。

干预措施是选出来的，不是想出来的

干预措施是干预方案的重要组成部分

干预措施是指有目的、有计划的行动方法，是干预方案的组成部分，是削弱或消除业绩差距的具体应对办法，其目的在于影响执行者的行为，进而改变经营结果。

通常来说，管理者需要针对具体原因选择一种综合且全面的干预措施，这样才能解决多种问题或把握多个方面的机会。更多时候，管理者也需要将各种选择加以组合，形成复合型干预方案。

针对造成业绩差距的不同原因，与之匹配的干预措施也不一样。

按照影响范围划分，干预措施一般可分为小型和大型两大类。小型干预措施通常聚焦员工个人以及规模较为有限的工作组，大型干预措施被认为是企业范围的"行动"或"项目"。

用以提升员工个人工作业绩的干预措施包括：

- 重新设计工作机制，以适应物理条件方面的限制。
- 允许弹性工作时间。
- 允许工作资源共享。
- 提供个人财务或家庭方面的咨询。
- 安装某项电子绩效支持系统。

用以重塑或改进工作组与团队业绩的干预措施包括：

- 采取高效率的工作流程。
- 建立自我学习和指导的工作团队。
- 开展多样化的培训。
- 抑制内部竞争。
- 通过部门标语或制服来增强身份认同感。

用以改进整个部门业绩的干预措施包括：

- 安装内网和电子邮件系统。
- 使用统一的标准。
- 将部门业绩与薪酬挂钩。

- 建立各部门盈利与损失的问责制度。
- 确定部门愿景和任务,并进行描述。

用以提升整个公司业绩的干预措施包括:

- 并购或兼并另一个部门或公司。
- 廉价处理一条产品线、工厂或部门。
- 对职能机构进行中心化或去中心化。
- 进行部门整合。
- 重构主要的跨部门流程。
- 使用新的标志、组织名称或品牌形象。

以终为始地思考

为了将各种干预措施有机组合,形成干预方案,管理者不仅需要明确这些措施针对的是组织中的哪些层次,更应当思考这些干预措施要实现什么结果。

按照作用或目的划分,干预措施通常可分为五大类、十三小项。

(1) **与信息相关**

此类干预措施的目的在于促进一致性、澄清意义,当员工需要信息时,管理者能够以便捷的形式提供给他们。

①定义:明确目的、意图以及期望的结果,澄清角色、关系和责任,以确保员工对目标达成共识。

②告知:传播实际信息,使员工知道自己被寄予了何种期望,以及适当的目标是怎样的。

③记录:将信息记录在表格中,当员工需要这些信息时,以便捷的形式进行信息检索。

(2) **与结果相关**

此类干预措施的目的是鼓励和奖励企业期望的员工行为和结果,同时阻止不理想的行为和结果的出现。

④测量：制定并告知员工相关标准、期望。

⑤奖励：公开表扬、奖励那些做出期望行为和得到理想成果的员工。

⑥强制执行：考察员工的工作成效，并将考察结果与那些行为和成效不如意的员工相关联。

（3）与工作及其他事务的结构和设计相关

此类干预措施的目的是提升组织结构以及工作场所、设备、工具与系统的效能。

⑦优化或重构组织：优化组织结构中的角色、工作、职责、任务，以消除冗余和浪费，缩短循环时间，提高员工的责任感，提高企业的效率。

⑧实现标准化或自动化：共享流程、程序、任务、设备、工具、材料、部件和操作方法，以消除浪费，利用规模经济提升效率、降低成本。

⑨设计与重新设计：改变物理工作环境（工作场所、设备和工具），以提升工作的安全性，促进工具的易用性。

（4）与提升员工的能力相关

此类干预措施的目的是更好地帮助员工完成工作。

⑩重塑：通过创造一个不一样的心智模型来重新定义当前的情形或问题，使员工看到新的可能，挑战既定的假设并提出可行的办法。

⑪咨询：提供建议和指南以帮助员工处理个人、家庭等方面的事情，让员工有更多的时间来完成工作任务。

⑫教学：提供培训，使员工获得并维持完成工作所需的技能和知识。

（5）与协调政策、结果、实践及奖励相关

此类干预措施的目的是确保企业上下保持一致。

⑬协调：努力使员工的工作目标、实践以及行为保持一致，使企业形成协同合力。

筛选干预措施

因为造成业绩指标出现差距的原因有多种，所以几种干预措施结合在一起使用常常会取得更好的效果。在了解了干预措施的种类及作用后，管理者需要对这些干预措施进行成本效益分析，选择最合适的干预措施并进行整合。

在对干预措施进行筛选时，管理者通常需要考虑以下五个标准。

- 必要性：该措施所针对的问题或机会是必须被解决的。
- 适当性：该措施能够解决现在的问题或助力企业实现期望的目标。
- 可行性：现有的时间、金钱、人力等资源满足该措施的实施条件。
- 经济性：该措施实施所带来的价值大于需要付出的代价。
- 接受性：该措施能够被现有员工接受。

综合上述标准，管理者需要对潜在的干预措施逐一进行评分，将分数高且最有效的干预措施保留，再综合其他实际因素，开发出一套完整的、可以提升业绩、超越指标的干预方案。

从实施到变革

"不识庐山真面目,只缘身在此山中。"企业的经营和管理变革离管理者的日常工作并不遥远,每一项措施的落地,其实都是一场变革。所以对于管理者来说,做好实施的过程,其实就是做好变革管理的过程。

实施就是做好变革管理

所谓变革,是指企业根据外部环境和内部经营的变化,及时改变自己的经营活动和管理体系等,以适应挑战。彼得·德鲁克曾经说过:"我们无法左右变革,我们只能走在变革的前面。"变革是无法避免的事情,但是变革的成功率却特别低,这常常使管理者产生一种"变革是死,不变也是死"的恐惧。但是面对市场竞争、技术更新和自身成长的需要,企业实际面临的是"变革可能失败,但不变肯定失败",因此作为企业的管理者,懂得如何变革显得尤为重要。

在管理学中,变革管理是一个涉及改变的系统过程。变革管理至少包括三个方面的内容:适应变革、控制变革和影响变革。对一个企业来说,变革管理意味着重新定义制度和流程,在商业环境的变化中寻找机会并获利。

世界流程改进领域的泰斗詹姆斯·哈林顿认为:变革管理是将行为科学原理应用在决策、规划、执行和评估四个阶段,重点在于对不必要的混乱进行管理，同时考虑变革中人的因素，以提高项目成功实施的可能性。

在各类干预措施落地的过程中，管理者可以直接把落地工作看作一场正在企业内部进行的变革管理，这是因为两者之间有些相似之处：

- 背景相同：两者所面临的背景都是不断变化的内外部环境，两者的起因都是企业存在一定的问题或对现状不满。
- 目标相同：两者都是为了适应企业内外部的变化，并且想让企业变得更好，或是为了解决企业的问题。
- 对象相似：两者都主要针对企业中的"人"，有所不同的是，干预措施的落地通常是由上至下的，而变革则有可能是从基层自下而上推动的。
- 过程相似：在哈林顿的定义中，变革管理的过程大致分为决策、规划、执行和评估四个阶段，而干预措施的实施过程可以概括为：探索发现、选择设计、实施巩固、评估改善这四个阶段，虽然表述不太一样，但其本质非常相似。

做好变革管理的三个策略

做好变革管理并非易事，因为变革一定会对现有的利益格局或者人员产生影响，这种影响对一部分人来说可能是积极的，但对另一部分人来说可能是消极的。受到消极影响的这部分人势必会对变革管理进行一定的抵制。所以为了做好变革管理，管理者需要让受到积极影响的这部分人把事情做得更好，并且减小那些受到消极影响的人可能产生的阻力。

管理好关键群体

所谓关键群体，是指在变革中占大多数比例的一群人。

由于变革涉及对企业现状和未来的改变，加之每个企业成员的角色、位置、思想不同，所以不同的人会有不同的想法和反应，这些想法和反应或许对变革有积极的影响，或许会阻碍变革。然而，群体对成员是有影响力的。当成员的思想或行为与群体意见或规范发生冲突时，成员倾向于做出被群体接受或认可的反应。所以管理者需要在变革管理的过程中把握好绝大多数人这个关键群体。

那么如何识别关键群体呢？这里为管理者介绍一个配套工具：关键群体指南。下面的方法将帮助管理者识别出变革过程中潜在的支持者和抵制者，以及哪个群体更容易或更难以参与变革。

第一步，先制作一个表格，列举出哪些人的行为需要发生改变，并按以下分类标准将其分成若干小组：

- 组织架构图。
- 地区。
- 工作角色。

第二步，预估每个小组有多少人。

第三步，计算每个小组需要完成多少工作（用百分比表示），或者每个小组代表着多大的机会（用百分比表示），包括：

- 销售额。
- 市场大小。
- 所服务的客户的数量。
- 开展工作的复杂度。
- 完成工作所需的技能。

第四步，识别出每个小组中谁的影响力最大。

第五步，依据下面的原则把第四步中的人分成两类：

- 抵制变革的人。

- 支持变革的人。

第六步，通过第二步、第三步和第五步来确定关键群体。

- 第二步中的51%。
- 第三步中的51%。
- 第五步中支持变革部分的51%。

当然，仅仅识别出关键群体是远远不够的，对于不同倾向的关键群体，管理者还应该采取不同的动作。例如，如果有51%的人抵制变革，管理者就要搞清楚他们为什么抵制，并思考如何说服他们支持变革。如果他们对于变革的态度是支持的，管理者就要巩固他们的支持态度。同时追踪支持变革的这51%的员工多久就完成了变革目标，以便用于宣传，进一步说服其他人。

树立角色模范

模范本指制造器物时所用的模型，引申为值得人们学习的榜样。在变革管理中，模范的作用是相当大的。

有人说："预测一个少年的未来，有一个非常简单的方法，就是看他最喜欢的人是谁。"这句话不是没有道理的。人们喜欢谁、崇拜谁，就会不自觉地对他进行模仿。同样，在变革管理中，管理者也可以树立角色模范，利用好榜样的力量。

（1）角色模范具有价值导向功能

角色模范在很大程度上代表着一种进步，有了典型，企业就有了前进的目标，从而引导其他员工向着既定的目标努力。角色模范的价值导向作用，具有"春风化雨，润物无声"的特点。

我们时常看到道德模范评选、表彰活动，也会被每位道德模范的事迹所感动，为他们获得的荣誉而自豪。进行道德模范评选、表彰活动的意义远不止让人们听到、看到他们的道德行为，而是通过这项活动在全社会形成崇德向善、见贤思齐、德行天下的氛围。

在变革的大背景下，原有的价值和文化可能被颠覆或改变，管理者通过树立先进人物和典型事迹，可以引导广大员工认识到什么是正确的价值和文化，并做出正确的价值评价，从而减少非主流价值和错误价值所带来的心理冲突。

（2）角色模范具有行为暗示功能

角色模范通常会卓越地体现企业价值观和企业精神的各个方面，并和企业的理想追求保持一致。对角色模范的宣传，可以增强员工对角色模范的认同，引起员工在思想情感上的共鸣，使员工进行思考、模仿和学习，并在日常工作中通过模仿来提升自己，自觉调整自身的工作行为。

（3）角色模范具有情感激励功能

角色模范应来自员工群体，其所做所为不能离常人太遥远，这样普普通通的人也能完成。这样的角色模范更具有示范性、说服力和感召力。一个好的角色模范就是工作场所中的一面旗帜，感召和带动着员工，激励着员工的自尊心和进取心，进而产生模仿模范、向模范学习的自觉行为。

进行多维监控

一位伟人曾经说："历史喜欢作弄人，喜欢同人们开玩笑。一个人本来要进入这个房间，结果却进了另一个房间。"

变革管理在实施过程中同样面临着这样的挑战，多维环境因素和人为因素的影响，往往使得变革在执行中变形、走样，达不到预期的效果。如何对变革过程进行多维监控，从而防止各类偏差的出现？这里为管理者提供了一个配套工具，叫变革量规。

变革量规简单来说就是一个结构化的多维量表，对变革管理从设计到实施，再到完成的全过程进行监控。类似于PDCA循环（一种质量管理工具）中的C环节。

变革量规有八个基准，分别是：

- 项目目标。
- 领导层支持。
- 利益相关者。
- 组织的结构和流程。
- 资源的可用性和工作量。
- 创新。
- 组织的可持续性。
- 实施的风险和准备状态。

每个维度都对应一个总的评价标准,并分为高、中、低三档。以第一个维度"项目目标"为例,每档都有一个评价标准:

- 高(H):待揭示的机会是合理的、定义清晰的。
- 中(M):待揭示的机会中有主观描述。
- 低(L):待揭示的机会是不合理的,描述是含糊不清的,或者根本就没有任何形式的描述。

在这八个维度中,每个维度又细分为若干个评价指标,每个指标的评价结果也分为三档,分别为"是"(Y)、"否"(N)和"不确定"(DK)。我们仍然以第一个维度"项目目标"为例,它由四个细分指标构成:

- 领导层已经描述了项目的目的以及项目如何向愿景看齐。
- 关于项目的收益,已经很清楚地表达过或已形成文件。
- 所提出的项目结果符合企业的战略方向。
- 市场机会已经显露,而且已被大家理解。

管理者在使用时可以一项一项地将这些评价维度和细分指标与实际工作对照,并逐项打分。

打分规则是，首先对某一评价维度中的每个指标打分。如果细分指标全部为"是"（Y），那么这个维度的分数为"高"（H）。如果细分指标中有一个"不确定"（DK），那么该维度的分数为"中"（M）。如果细分指标中出现了"否"（N），那么该维度的分数为"低"（L）。

变革量规就像医院病房中的一整套健康监控仪器，它通过八个维度的细分指标，对干预措施的设计、实施全过程进行监控，对于异常指标，这个工具能够及时发现并对其进行调整和优化。

第 10 章

从业务逻辑出发驱动数字化转型

"十四五"规划描绘了中国数字化转型的宏伟蓝图,"数字化"一词在文件中出现了25次,其他相关词,比如数字社会、数字孪生、数字技术等,出现了60多次。这张宏伟蓝图里既有数字产业化,也有产业数字化。不仅传统行业会得到互联网的赋能,互联网也会借助传统行业进入一个新的发展阶段。

数字化是中国弯道超车的重大机遇,是中国政府进一步提高社会治理能力的工具,是所有企业增效降本的必由之路。今天,很多企业已经意识到,数字化不是选择而是生死,它们已经走在了数字化转型的路上,买设备、上系统、组建数字化团队、找咨询公司……但是一些企业的数字化转型成果并不显著:该连的数据都连了,该上网的都上网了,该建的系统也建了,它们却没感受到数字化转型带来的成果,没有看到绩效的大幅提升。千行百业都可以用数字化重做一遍,但数字化不是直接把线下业务搬到线上,更不是简单地用机器替代人。数字化真正的核心是业务逻辑。

前两年有一段时间,我因为经常出差,做核酸检测就成了家常便饭。有一次因为着急做核酸检测,常去的医院和检测点又都满员了,我只好找了一个有检测名额的医院。从预约到拿报告的过程是这样的(见图10-1):

- 网上预约(单纯预约不缴费)。
- 到医院扫码、测体温(还要排很长时间的队)。
- 在自助挂号缴费机上用预约码扫码、取挂号票、缴挂号费。
- 排队把挂号票换成核酸检测缴费票。
- 回到自助挂号缴费机上缴费80元,拿到核酸检测条形码。

- 再到检测处排队做核酸检测。
- 查看报告可以在线操作，但要想打印纸质报告，还要去一趟医院。

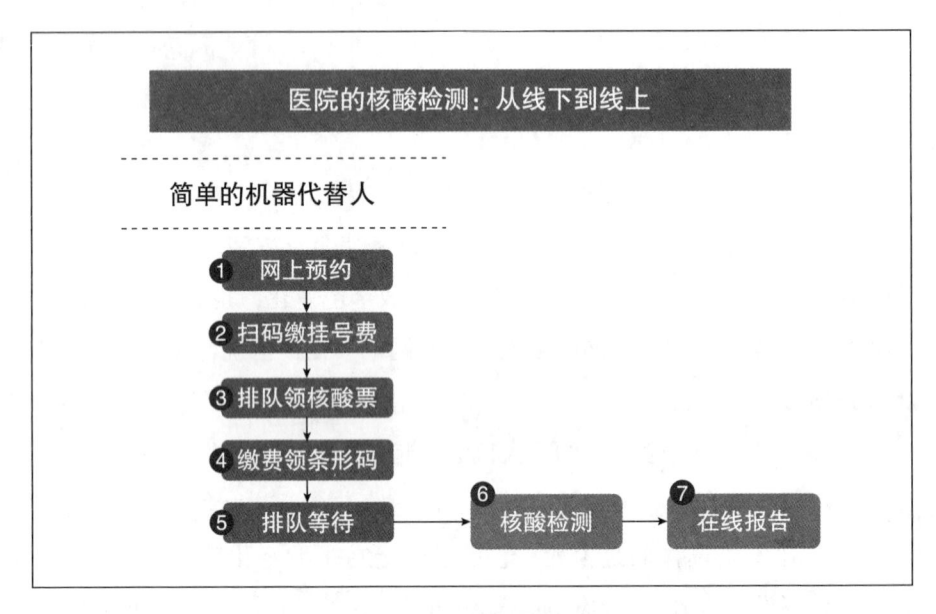

医院的核酸检测：从线下到线上

简单的机器代替人

1. 网上预约
2. 扫码缴挂号费
3. 排队领核酸票
4. 缴费领条形码
5. 排队等待 → 6. 核酸检测 → 7. 在线报告

图 10-1　某医院核酸检测流程

这个过程有多长时间呢？检测 1 分钟，排队 2 小时。但核酸检测的有效动作其实就四个：缴费、领条形码、检测和出报告。

同样是预约核酸检测，图 10-1 中的这家医院的业务虽然在线化了，但所有的流程、动作都跟线下的逻辑一模一样。而图 10-2 中的流程才是真正基于数字化业务逻辑设计的。

在数字化转型中，企业可以对技术奉行拿来主义，关键是把自己的业务场景、业务需求放到数字技术所创造的时空中，利用技术手段重构解决方案、产品和服务。这几年，与数字化相关的培训工作坊和咨询项目越来越多，我发现企业无论是希望通过数字化扬长避短，还是希望利用数字化解决业务痛点或行业难题，都必须从"业务逻辑"出发。

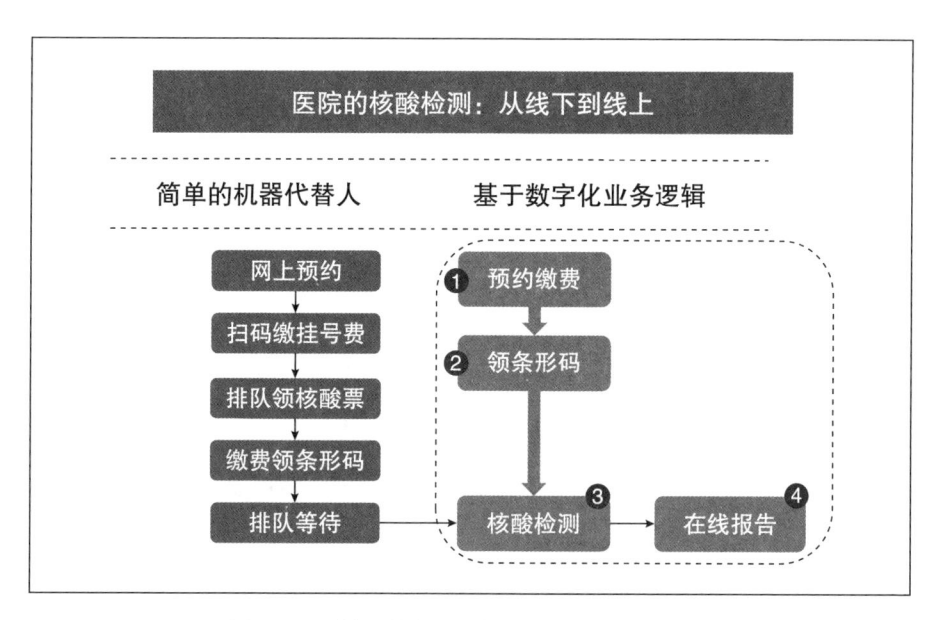

图 10-2　基于数字化业务逻辑的核酸检测流程

实践1：定义真正的问题

在数字化转型中，企业遇到的问题越来越复杂，业务方与技术方常常被表象困扰，从而导致付出努力后问题依然无法解决。定义真正的问题能帮助企业打破专业视角的障碍，厘清什么才是企业真正想要的结果，从而使各方达成共识，并基于共识寻求有效的解决方案。

有一家生产智能产品的互联网企业，其业务部门每天产生的数据类别有几百种，产生的数据量更是高达千万条。于是，业务部门经常质疑数据部门：投入了大量成本，上线了这么多系统，而大部分数据都没被利用，没有反映业务价值。因此，该企业决定提升数据应用效率，还专门成立了项目组，立项的课题就叫"应用网联产品大数据，将数据应用率提高30%"。乍一看，这个目标很清晰、很量化、很务实。但是仔细想一想，什么是数据应用率？怎么计算？统计口径是什么？什么是真正有业务价值的应用率？该企业对于这些问题都还没有想清楚。

数据应用不是为应用而应用。项目组经过分析发现，可以通过这些数据创造价值的核心领域是售后，但是在售后领域应用这些数据能给企业带来哪些具体的业务价值，如何衡量这些价值？当把应用场景聚焦到售后这个具体业务时，项目组才发现真正要解决的问题是：如何应用网联产品大数据来有效降低售后服务时长。

这家企业的售后维修工作一共有四个环节（见图10-3）。其中耗时最长的环节是"分析问题"。过去售后服务人员采用的方式是打电话，但经常出现电话打不通、客户不配合、客服话术不标准等问题。而且一旦不能通过电话确认问题，售后服务人员就必须去现场，不仅人员调配耗时长，而且在维修环节会因备件不足或者前期维修方案不准确造成时间浪费。实际上，从技术角度看，这家企业的物联网技术已经能探测到部分潜在问题，只是过去没有想到变被动响应维修为主动提醒维修，即把数据及时反馈给客户，提醒客户到店维修检测。同时这些数据可以同步传递给维修车间，以便完成预约、排班、备件准备和跟踪记录。而企业主动提醒维修，客户一般都会表示感谢并积极配合。而以前被动接受客户报修，企业面对的都是客户的埋怨。这种对数据的连接和利用，不仅提高了服务效率，还提高了客户满意度。

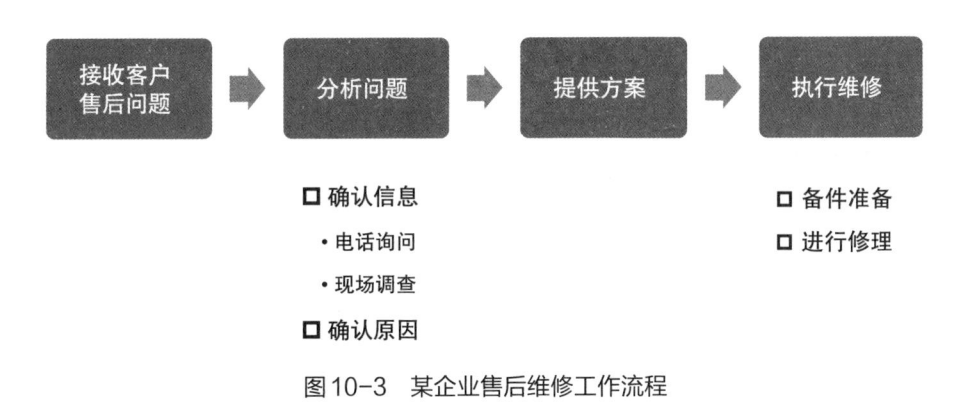

接收客户售后问题 → 分析问题 → 提供方案 → 执行维修

- ☐ 确认信息
  - 电话询问
  - 现场调查
- ☐ 确认原因

- ☐ 备件准备
- ☐ 进行修理

图10-3　某企业售后维修工作流程

总结一下，管理者只有从目标出发，关注结果，定义真正的问题，拨开表象的迷雾，还原真实的业务逻辑，才能绕开"为数字化而数字化"的误区。

实践2：将业务逻辑数字化表达

清晰还原业务逻辑，并以数字化的方式展现出来，同时在这个还原过程中进一步发现数据与技术需求，会让数字化项目产生更多业务价值。进行数字化转型的企业如果不能以数字化的方式显性表达业务逻辑，就无法得到软件可以承载的业务知识与工作原理，也就无法按照业务场景和流程的需要对数据进行采集和分析。

在华商基业公司的数字化工作坊上，我每次询问"哪些因素对业务有影响"，大家都能说出很多，可一旦询问"能用数字思维表达吗"，大家就开始挠头了。本书第三章讲述的关键价值链就是一种帮助管理者将业务逻辑数字化表达的实用工具。用关键价值链还原业务逻辑，可以使管理者深度分析业务并且对其进行显性化表达，同时可以使管理者精准锁定关键业务痛点，识别出真正对业务有价值的数字化需求。

有一家国内知名大型制造企业，其技术部门希望通过数字化为工厂赋能。这家企业在前些年就开始了数字化转型工作，也在调研后上线了不少数字化系统，但是系统开发出来以后，技术部门发现工厂使用系统的频率并不高。

为什么进行了需求调研才上线的系统仍然会出现落地使用效果不佳的问题呢？工厂员工反馈说，其实他们也不知道到底需要什么样的数字化系统，技术部门来调研时，他们只能说一说大概需求是什么，但不太能想象出技术部门能做出哪些功能或可以解决哪些业务问题，以及系统可以应用在哪些业务场景里。所以工厂员工在接受调研时想到哪儿说到哪儿，系统上线后就变成了现在这样。

如何让数字化系统更好地助力业务发展呢？技术部门、工厂、人力资源部门的员工一起进行头脑风暴，大家想到了一些解决方案。比如，开展一堂"跨部门沟通"培训课程，让业务方与技术方同频沟通，达成需求共识；请外部咨询机构对工厂做一次绩效诊断与需求访谈；请外部技术机构介绍当下最新的平台与设备使用案例……经过多轮沟通和比较，该企业决定组织一次沟通会，让技术部门和工厂共同参加，并在项目组的指导下找到工厂提质增效的关键差距点，产出"数字化需求规划与需求描述"，包含数据连接、智能决策等，让数字化需求在工厂与技术部门之间达成共识。

其中有一个关于"降低产品不良率"的需求，项目组先聚焦质量提升这个主线，罗列出与改善制造过程质量相关的重要指标，之后用关键价值链对这些重要指标进行现状分析，区分产生缺陷与发现缺陷的环节，并将不同类型的缺陷按环节进行统计，最终绘制出"关键业务逻辑分析表"（见表10-1），这也是关键价值链的一种表现形式。项目组发现，表里需要的很多数据当前都没有。因为分析表中增加了细分环节，很多原先属于双标签的数据就缺失了，而表里的这些数据恰恰可以清晰地帮助工厂管理者分析缺陷在哪里产生，哪里是应该检测出缺陷却被遗漏的节点。

管理者只要采集到这些数据，就能准确找到"降低产品不良率"的关键点，并列出数据需求清单，具体如表10-2所示。清单中不仅有需要提供数据的环节，还有数据的定义和口径。同时这个数据需求清单还有对数据需求的具体描述，比如实时对不同类型的缺陷进行统计并及时反馈给产生缺陷的环节或作业人员。基于这个数据需求清单，工厂的管理者很容易就能找到"降低产品不良率"所需要监控和分析的数据。

表10–1 某企业关键业务逻辑分析表（示例）

序号	可检测出缺陷的环节	产生缺陷的环节	外观缺陷（划伤、脏污、折角、不平等问题）							性能缺陷			合计
			部件				主体		其他		……	……	
			……	……	……	……	……	……	……	……			
1	出库贴条码	贴铭牌											
2		焊接											
3		上铰链接线											
4		固定电脑板											
5													
6		高频焊											
7	性能测试												
8	检漏												
9		登录											
10		设备检修											
11	原材料入厂检验	供应商周转/拣配											
12													
问题数量													
改善目标													

表10-2 某企业"降低产品不良率"数据需求清单

需要提供数据的环节	数据指标	数据的定义和口径	目前有无数据	数据采集与使用现状	具体描述
制造过程中不同工序或环节造成的缺陷数量	各工序或环节的缺陷类型及数量	各工序或环节分别造成划伤、掉漆、出边等缺陷的数量	1.有:到检验位置检查缺陷分类及数量; 2.无:统计各个环节分别有哪些不良数据	1.目前只有按缺陷类型分类的数据,没有细化到各工序或环节的数据; 2.目前通过电子表格记录,容易出错,数据统计口径不标准,数据取值有误差	1.部件入厂检验增加自动识别设备; 2.线上环节增加不良统计装置; 3.可以实时对不同类型的缺陷进行统计并及时反馈给产生缺陷的环节或作业人员
……	……	……	……	……	……

再举一个案例,某金融机构有一款面向某类行业客户的系列产品,其单价低、利润空间小、销售提成低,但这款产品在销售转化过程中的服务咨询量却与高价位产品的差不多。所以这款产品的市场竞争并不激烈,但企业只有做大规模才有利润。业务部门希望技术部门提供一个解决方案,用极少的人、极低的成本,进行批量传播并触达目标人群,从而促进产品成交,通过规模效应在这个细分市场获取利润。双方沟通完需求后,技术部门给出的解决方案是"设计智能化批量操作运营模型,以减少人工服务量",同时要求业务部门梳理出标准化的销售流程,清晰描述拟开展的智能化批量处理措施,之后技术部门再评估技术的可实现性。

于是业务部门开始用关键价值链分析业务逻辑,还原了销售过程的四个环节——获取商机、教育转化、方案接受、转化成交(见表10-3)。

借助关键价值链还原出业务逻辑后,项目组发现,单纯降低人工服务工作量存在风险。当减少人工服务业务动作时,这很有可能导致原来由人工服务产生的订单减少。所以,项目组把业务需求调整为:设计出智能化批量操作运营模型,以减少人工服务量,同时不能一味追求人工服务量的减少，不能忽略人工服务对于成交率的贡献。

表10–3 人工服务量分析

销售环节	业务结果		人工服务业务动作及工作量		
获取商机	商机数		海报制作	活动策划	用户管理
	数据	**%	**	**	**
教育转化	教育转化率		信息记录	风险教育	服务沟通
	数据	**%	**	**	**
方案接受	方案接受率		方案制作	异议处理	
	数据	**%	**	**	
转化成交	成交率		下单支持		
	数据	**%	**		

根据调整后的业务需求，项目组把"平均人工服务量＝总人工服务量/总订单量"作为衡量指标，它的改善有两个方向：一是减少总人工服务量，二是提高总订单量。项目组先对销售过程中的指标数据和服务量数据进行分析，从中找到对成交影响小、人工服务量大、容易实现标准化的环节，向技术部门提出设计智能化批量操作运营模型的具体需求，同时提炼出成交率贡献较大的环节的关键动作，并将其添加到人工服务操作规范中。

项目组还发现，人工服务的具体业务动作数据因之前没有定义数据标签而无法采集，某些与平台对接的数据目前还没有接口，因此这些数据无法直接导入内部系统。业务部门将这些数据需求也提交给技术部门，由技术人员完成埋码打标工作后开始采集数据。同时项目组提醒技术部门关注平台接口的开放动向，从外部寻找更优、更新的技术解决方案。

实践3：赋能离客户和产品最近的人

企业进行数字化转型主要赋能谁？是管理者还是员工？正确答案是赋能离客户和产品最近的一线基层员工和基层管理者。越接近一线的人，越能让数字化系统产生价值。

数字化系统在建设时必须具备赋能导向，技术部门要站在让工作简单且高效的视角来设计，而不是仅仅站在管理者的视角来设计。数字化系统能不能顺利落地，只用看它是使用者的"考勤机"还是"导航仪"。某公司上线了客户关系管理系统，并发现商机转化成功率是100%，这明显是不真实的数据。原来，所有销售和服务团队在遇到商机的时候，并不将信息在第一时间填进来，因为填数据这个过程大家都不喜欢，能不填就尽量不填，那员工什么时候才会填写呢？已经把这个客户搞定，客户明确表达了合作意向，最后双方要签合同了，员工才会在客户关系管理系统里录入数据，所以商机转化成功率是100%。管理者拿到这样的数据，没有办法做任何销售漏斗转化分析，因为管理者并不知道什么样的客户转化不了，什么样的客户能转化，也没有办法帮助销售人员提升业绩。出现上述现象的根本原因是，数字化系统没有"导航"功能，这样的系统只会给员工增加很多无效工作。

某房地产企业数字化转型的第一个阶段是业务流程线上化，该企业几乎把所有线下业务原封不动地搬到了线上，但是效率却没有太大的变化。后来在项目组的指导下，该企业通过关键价值链把整个业务逻辑全部梳理出来，并且做了标准化。经过项目组的优化，总经理坐在办公室就可以通过科技感很强的指挥大屏，清晰地看到每一个楼盘的去库存情况、每一个团队的销售业绩、每一家合作的开发商的佣金结算、不同购房客户的画像等。这就是总经理之前期望实现的业务管理可视化。但这时的系统还只是一个管理系统，并不是赋能系统。如果大屏中的数据包含虚假数据，系统就不能真实反映企业的业务状况了。而且要等到财务数据出来后再验证大屏数据的真假，这至少是30天以后的事情了。因此项目组认为，只有把赋能逻辑放进系统，才有可能解决这个问题。

以赋能为导向的数字化系统将"导航仪"做到了什么程度呢？如图10-4所示，某企业的客户管理部门有一个关于客户分级维护的需求，目的是对正确的客户按正确的频率进行正确的信息传递。当销售人员手上有很多客户时，如何保证每个人都能向自己管理的所有客户按照正确频率进行正确的信息传递呢？该企业在系统中开发了一个智能功能——工单自动推送功能（见图10-5），系统每天向销售人员推送其个人客户池里当天需要跟进的客户工单，告诉销售人员当天应该跟进哪些客户。如果销售人员没有按工单跟进，或没有在规定时间内录入跟进记录，系统就会连续派发跟进提醒，并且将其反馈给销售人员的主管，直到员工完成工作或因超期严重这个客户被系统强制转入公客池。

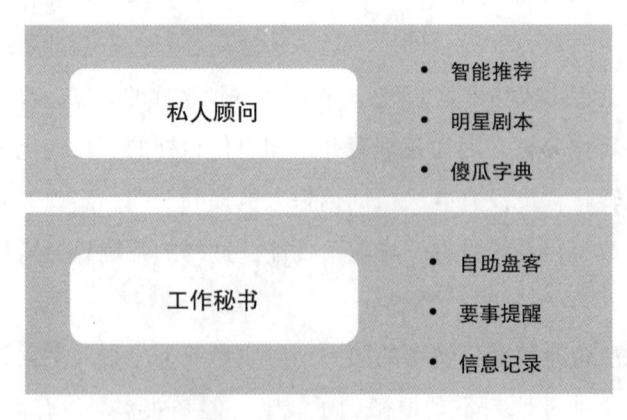

私人顾问	智能推荐
	明星剧本
	傻瓜字典

工作秘书	自助盘客
	要事提醒
	信息记录

图10-4 员工想要的"导航仪"

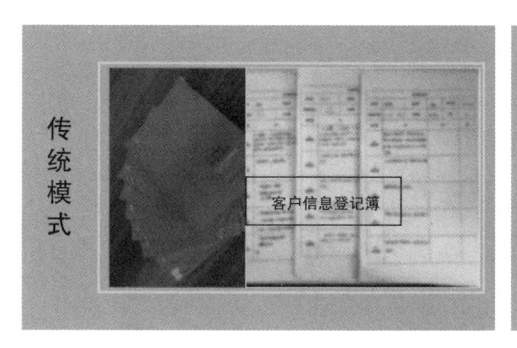

图10-5 客户分级维护系统

当然，这个功能的背后需要业务逻辑的支撑，包括客户是如何分级的，不同等级的客户的跟进频率如何设置。该系统从购房需求、销售异议、资金到位、购买时间四个维度对客户进行评估分级（见图10-6）。这个分级逻辑来自明星员工和销售总监们的多年经验。为了保证这个底层逻辑是适用于现实业务场景的，在业务规则提炼出来后，项目组还进行了测试：随机挑选十几位销售人员，每人对自己负责的10名客户进行信息填写，并按自己的经验对客户进行评级，系统开发团队将销售人员的评级与系统评级进行对比，分析偏差情况，若出现不合理偏差，就重新调整评级规则，校正算法的信度与效度。

图10-6 客户评级

第10章 从业务逻辑出发驱动数字化转型

在有这个功能之前，经常出现同一位客户，张三和李四给出的等级完全不同的情况。现在依靠技控思维，只要员工填写的客户信息相同，客户的等级就是相同的。同时针对不同等级的客户，销售人员的跟进周期是不同的，比如，A级客户5天内必须跟进一次，B级客户则是10天。有了这个工单自动推送功能，销售人员再也不会因为客户评级不准确，或者因为管理的客户数量过大、信息量过大、记录不完整而错过了商机。

再比如，如果销售人员成功邀约客户看房，系统就会在现有楼盘里匹配出最适合这个客户的三套房型，并将房屋的整体信息推送过来，包括看房路线、房屋的卖点介绍等，从而让销售人员事先做好准备。在带领客户现场看房的过程中，客户一定会有抗性（销售过程中的异议），针对每一个问题，销售人员都可以在系统里找到明星员工的应对策略和话术。

其实数字化本身不神奇，也不神秘，关键是要围绕业务需求，用科技为业务插上翅膀。大数据、云计算、人工智能……这些都不是为了数字化而数字化的工具，而是要服务于业务本身，从真实的业务逻辑出发，驱动业务增长。虽然千行百业中不同工作的业务逻辑千差万别，但是洞察业务逻辑的方法是相通的，业务思维和数据思维可以帮助企业敏锐洞察业务逻辑，把企业的数字化转型从蓝图变成通途。

第 11 章

战略营销：
精准挖掘业务价值机会

美国市场营销协会将营销定义为由一系列组织职能和流程产生的，为顾客、客户、合作伙伴、利益相关者和社会创造、传递和交付价值的活动。长期以来，营销一直被视为推动组织成功的基本职能之一。事实上，营销是企业提升业绩的关键驱动力之一。对于营销人员来说，营销战略是企业的长期行动方针，旨在以行动履行使命和实现业绩目标。营销战略的制定和实施过程对项目的成功至关重要。

精准挖掘业务价值机会的六个步骤

据统计，美国公司每年在各种营销项目上总计花费数千亿美元。然而研究表明，超过一半的营销项目未能实现预期的结果。这些失败的代价高昂，浪费了企业宝贵的资源。管理者可以通过精准挖掘业务价值机会，提高营销项目的成功率。

步骤1：确定需求和机会

管理者需要对业务需求进行分析，找出实际产出结果与期望业务指标之间的差距，以及被忽略的决定业务增长的关键机会点。在市场营销中，管理者通过关键价值链分析和BEM模型分析，可以达到这一目的。

步骤2：确定原因

管理者需要对实际产出结果与期望业务指标之间的差距进行原因分析，在制订解决方案之前寻找根本原因。对于执行者来说，差距可能是由管理者对BEM模型前三层的若干要素处理不到位造成的。

步骤3：设计方案

确定了业绩差距和原因之后，管理者和营销人员需要共同设计或选择干预方案，以解决问题、缩小差距。对于营销人员来说，干预方案通常是将营销专业的方法论与对前置性指标的管理相结合的整合方案。

步骤4：确保方案的一致性和可行性

管理者需要监督干预措施的设计和选择，并确保它们是可行的、可操作的和符合要求的。管理者有时会通过试点研究或营销测试来达到这个目的，并根据研究或测试结果进行必要的调整。

步骤5：实施干预方案

管理者需要制定策略、获取资源并积极协调各方，以支持干预方案的实施。在实施阶段，为了确保营销项目的成功，企业要提供必备的资源，包括财力和人力资源。

步骤6：评估结果和影响

对营销人员来说，干预方案的实施要对业务结果有积极影响，比如提高销售收入、市场份额和客户满意度。有时候，营销人员会计算投资回报率，并评估营销项目的无形收益，比如扩大品牌影响力或强化与大客户的关系。

应用案例：聚焦策略客户，应对存量市场挑战

确定需求与机会：市场后进入者的挑战

灵北（北京）医药信息咨询有限公司（以下简称"灵北中国"）是一家专注于发现和开发脑部疾病创新治疗方案的制药公司，以"成为脑部健康领域的第一品牌"为企业发展目标。该公司的A产品自2018年在国内上市以来，市场份额持续提升，目前已成为抗帕金森病市场第四大原研药品牌。但近两年医药市场外部环境急剧变化，随着国产仿制药的质量和疗效持续改善，以及国谈降价等政策的推动，各类新药加速入局，几种仿制药相继通过一致性评价并不断冲击着原研药市场，A产品在未来一年内将面临VBP（药品带量采购）风险。在产品生命周期的上升阶段，通过精准的品牌定位以及品牌差异化优势来快速提升客户的产品观念，是今年A产品团队的重要战略。

该公司通过数据分析发现，要想推动客户提升产品观念，关键是让产品应用在合适的患者身上，但该公司实际面临的痛点是：

- 医药代表清楚整体市场策略，但在拜访客户时不能有效落地具体策略。
- 公司对区域市场进行了分析，但对市场的洞察不够深入。
- 公司有客户关系管理系统，但针对不同区域或策略医院的患者和医生，需要对其进行分类追踪，需要更细致的分析和跟进工具。

- 管理层对策略医院医药代表的能力提升和未来发展有更高的要求。

这既是该公司的痛点，也是该公司突破业务增长的机会点。

为此，灵北中国在2022年初启动了"A+训练营"项目，组建了跨部门项目组，希望通过该项目助力A产品市场份额的提升和业绩的持续增长。

确定原因：找准关键

要想提升业绩、超越指标，传统做法一般是从对医药代表的培训和考核切入，提升医药代表的业务能力和工作意愿。但灵北中国另辟蹊径，采取了新的思路，即通过确定原因找到关键点，改善医药代表的数据分析和处理条件，降低客户拜访难度，最终提升客户的产品观念。

"A+训练营"项目对业务进行分析的理论基础和工具是关键价值链和BEM模型。项目组对A产品的内外部业务数据进行了切分，通过梳理关键价值链，发现该公司如果希望快速提升客户的产品观念，就必须关注策略医院及策略医药代表，找到关键要素并对关键医药代表进行赋能。相应的干预措施主要包括：

- 改善内部环境因素。
- 对策略医院提供绩效支持。
- 对关键人员进行培训。

BEM模型揭示了工作环境中缺乏绩效支持是阻碍员工产生杰出表现的最大原因。在BEM模型六大层面要素的指导下，企业应重点改善员工的工作环境而非员工本身，让员工业绩更好的方法不仅仅是培训或改变人（人控），而且是先从组织能力因素（技控）入手，赋能人。

BEM模型中的前三个层面代表了影响绩效的组织能力因素。当这些因素被改善后，员工就能表现得非常出色，否则，员工即使接受过专业培训,其表现也难以达到预期的水准。因此,企业首先需要从组织能力因素入手。

数据、要求和反馈层面

(1) 数据方面

该公司现有体系中的业务团队可以获得与业务有关的内外部数据,包括结果数据和过程数据。但是这些数据分别储存在三个系统中,员工不能统一查看,而且数据的呈现形式仅为电子表格,员工需要花费大量的数据处理时间,需要拥有较高的数据处理技巧,因而这不便于业务团队进行业务分析。针对这个问题,项目组与数据运营团队协调配合,打通了数据流动卡点,将业务团队所需的各种数据按照内部、外部维度分别整理至两个系统,并且以"仪表盘"的形式更直观地让业务团队看到市场趋势及机会点,从而简化了数据提取和分析的难度。

同时,医药代表及地区经理可以直接利用系统提供的图表,85%的汇报内容可以直接从系统导出,从而节省了时间,同时缩小了不同业务人员之间的业务分析能力差距。

(2) 要求和反馈方面

针对医药代表对市场策略拿不准的问题,项目组以策略医院为单位,每季度组织产品经理、医学经理、大区经理、地区经理和医药代表对具体业务进行分析,推动跨职能团队互相给予反馈。策略医院的医药代表通过直接与产品经理、医学经理及大区经理进行沟通,更深入地理解了公司的市场策略和团队目标。

针对客户群体不清晰的问题,项目组联合市场部确定了目标客户画像,萃取了同一类区域中市场份额最高的医药代表的优秀经验,梳理出医药代表在拜访客户的过程中最有效的四类动作,同时对客户反馈的关键词进行总结。

资源、流程和工具层面

在该层面，项目组打造了"医药代表业务规划模板"。为了真正满足业务需求，该业务规划模板的打造历经15轮沟通，覆盖三大部门、四大层级，包括与SFE部门（销售力提升部）就公司数据情况、参考因素、数据呈现形式进行研讨，与产品组就品牌策略和产品特性进行沟通，与业务总监就公司战略分解情况进行分析，与大区经理及地区经理就模板落地性及可操作性达成共识。同时，项目组针对新兴竞争产品，快速调整了医药代表的拜访话术，并提供了新的销售工具。

后果、激励和奖励层面

项目组充分考虑了利益相关人员可能产生的对工作内容、组织要求的顾虑和担忧，在好奇心激发、视觉化呈现、尝试和使用阶段给予不同的支持，包括前期召开两次宣传启动会，充分告知员工公司目标及其变化原因。同时项目组邀请业务管理层协助进行宣传，局部试点打造标杆，并从分析、演练、实战等方面跟进，及时给予员工反馈。

方案设计与实施"四部曲"

集结

（1）锁定目标医院

集结期的工作主要包括对公司业务价值点进行分析，访谈业务管理层，组建项目组，内化业务规划课程，以及对策略医院医药代表进行360度评估和业务规划培训。针对公司业务价值点，培训团队联合数据运营团队、大区经理、产品经理，从内外部数据出发对A产品进行深入分析，找出了重点医院，同时结合区域业务实践，与大区经理达成共识。

（2）组建攻坚团队

培训团队从医药代表的能力出发，将具有提升空间的十家策略医院的医药代表作为攻坚对象。同时该公司组建了以产品经理、医学经理、大区经理、培训经理为主的区域项目组，充分借助业务负责人的力量，对医药代表的业务规划能力给予有力指导。

（3）提供绩效支持

项目组就业务规划的八大方面对策略医院的医药代表进行了360度调研，最终锁定关键的内外部数据，找到增长点并提升了医药代表的拜访能力。同时，产品经理针对策略医院开展外部数据调研，帮助医药代表分析共性市场情况，而培训经理为医药代表开展业务规划培训。

锤炼

项目组成员进入各策略医院所在的区域，推广"一院一策"。医药代表及地区经理汇报策略医院现状，培训经理引导以产品经理为首的区域项目组梳理策略医院的关键价值链，找到增长点，明确目标客户及提升客户产品观念的推进方向，同时确定行动计划。

有了行动计划，培训经理组织医药代表针对新增长点进行客户拜访演练，由区域项目组成员对演练结果进行点评和打分。区域工作结束后，产品经理和培训经理将开展实地调研，协助医药代表落实行动方案，并在季度末针对策略医院的推进情况，给予进一步的指导。

攻坚

培训经理引导并支持区域项目组对季度实施情况进行复盘，提炼成功经验，并组织医药代表进行经验分享，推动共性增长点的形成。大区经理在复盘会结束后制定新的目标并再次进行业务分析，最终生成行动计划。

蜕变

最后，项目组对各季度业务结果进行复盘，并组织各策略医院对A产品的推广路径进行梳理整合。产品经理跟进梳理结果，并完成A产品推广路径图，同时组织策略医院举办拜访大赛，总结拜访话术，形成话术集。

评估结果和影响

回顾"A+训练营"项目的整个实施过程,项目组从原因分析入手,不仅聚焦核心策略医院客户的产品观念提升,精准挖掘业务价值机会,还关注员工能力提升,践行公司以人为本的文化理念。

在项目执行过程中,项目组有效整合了市场部门、培训部门、医学部门、业务部门的资源,这不仅满足了业务部门的具体需求,还对一线业务团队起到了极大的激励作用,同时清晰地梳理了策略医院和策略客户的情况,助力医药代表深入理解了市场策略在区域细分市场的指导价值,并精准定位了客户产品观念的提升点,从而助力团队对未来业务的达成更有信心。

结果显示:截至2022年底,"A+训练营"项目中十家策略医院的学术会议目标客户覆盖准确率达90%,专项学术会议及拜访匹配率达85%;客户对于A产品的认知观念,100%达到尝试使用阶段,50%达到常规使用阶段;策略医院的业务贡献占比从年初的23%提升到30%,市场份额反超平均水平并引领区域市场增长。

医药代表说:"从数据分析到客户分类,再到推广活动的优化,我们清晰地梳理了策略医院和策略客户的情况,深入理解了市场策略在区域细分市场的指导价值。"

大区经理说:"这个项目对区域业务很有指导意义,整个模式可以复制到其他团队,相信未来整个区域的业务会有更好的表现。"

第 12 章

人才发展：
培养有结果的领导力

在新的经济背景下，技术、商业模式以及产品和服务的创新，给顾客带来了新的体验，支撑这一切的是管理价值的创新和管理模式的转变。管理模式从"控制、命令式"到"指导式"，再到"激活、赋能式"的转变，意味着企业对管理者的要求发生了非常大的变化。管理者需要具有什么样的领导力才能支撑企业实现可持续发展和创新？

《结果导向的领导力》一书的作者之一戴维·尤里奇提出，领导力有效性有一个非常简单的公式：领导力有效性＝领导的特质×领导结果。管理者不仅要具备领导的特质，更要把这些特质与企业想实现的结果联系起来。

用历练见证成长

管理者的领导力是在历练中得到成长的。正如彼得·德鲁克在谈及"什么是管理"的时候说："管理是一种实践，其本质不在于'知'，而在于'行'；其验证不在于'逻辑'，而在于'结果'。其唯一的权威就是成就。"

管理者领导能力的提升，需要持续的刻意练习，但只有日常学习还不够，管理者需要适时完成关键跨越，在复杂的、充满不确定性的环境中接受考验，从而快速提升学习、适应、分析、判断等方面的能力。这不仅能帮助管理者加速成长，还能让他们及早做好担任更高领导岗位的准备。

然而在常规培养中，由于挑战性任务的自然发生率较低以及历练机会较少，人才成长速度缓慢。而领导力培养项目可以为管理者针对性地设计挑战性任务，增加历练机会，再加上个性化辅导，管理者可以产出看得见的"结果"，也可以在完成挑战性任务的实战中举一反三，实现能力内化。

培养有结果的领导力

企业在培养有结果的领导力时会遇到哪些挑战呢？通过对企业的访谈和调研，我发现了以下几个高频问题：

- 领导力提升无法与结果挂钩。
- 领导力培养无法与实战紧密结合。
- 培养成果无法在组织中持续应用。
- 项目无法获得业务部门和相关领导的认同。

大量企业领导力项目显示，结果导向的领导力项目具有"真业务、强逻辑、高融合、可持续"四个特点（见图12-1）。

- 真业务是指受训学员在实战中成长。
- 强逻辑是指受训学员的"能力、行为、结果"具有强关联性，"学、练、评"三者密切结合。
- 高融合是指学员、人力资源专家、讲师、运营人员充分参与，学员彼此之间建立信任关系。
- 可持续是指总结模型，将成果在企业中固化并持续推广。

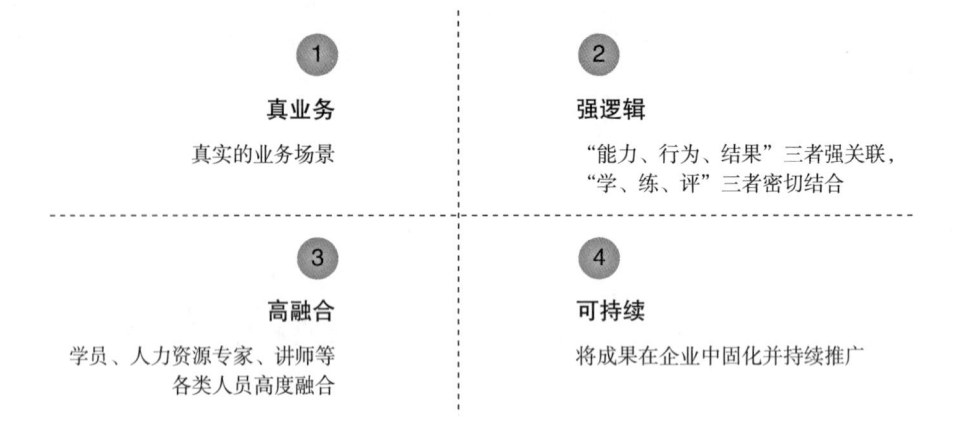

```
┌─────────────────────────┬─────────────────────────┐
│          ①              │          ②              │
│        真业务            │        强逻辑            │
│     真实的业务场景        │  "能力、行为、结果"三者强关联，│
│                         │  "学、练、评"三者密切结合  │
├─────────────────────────┼─────────────────────────┤
│          ③              │          ④              │
│        高融合            │        可持续            │
│  学员、人力资源专家、讲师等 │ 将成果在企业中固化并持续推广│
│     各类人员高度融合      │                         │
└─────────────────────────┴─────────────────────────┘
```

图 12-1　结果导向的领导力项目的四大特点

　　这样的领导力项目通常需要双线并进。一条线是学习线，与传统领导力项目一样，按照拉姆·查兰的领导力培养模型来设计培训项目，包括角色转换、目标设定、反馈辅导、激励授权等课程；另一条线是行动线，以超越指标为导向进行实践，要符合真业务、真挑战的要求，在实践中，"学"的内容包括关注结果、系统思考、增加价值、注重伙伴关系这四个部分。

　　关注结果。以超越指标为导向的实践非常关注组织指标，保持组织指标与流程指标和行为指标的一致性，可以帮助管理者站在企业战略的高度进行思考。这样的实践也强调行为和结果的一致性，即确保员工的行为能增加价值，而不是为了工作而工作。

　　系统思考。以超越指标为导向的实践将系统分析贯穿全程，包括系统分析现状、系统分析原因、系统制定措施等。以某银行的领导力项目为例，在各小组的结业汇报中，一位学员说："我一直觉得我们公司的数据挺全的，但经过这次学习，我发现很多数据和结果之间没有联系，对结果有重要影响的数据反而是缺失的。以前我们总是在已有框架里徘徊、重复，很难通过数据分析找到真正的业务机会，所以业绩很难实现突破。"行长在总结点评时说："我们都说管理者要带领团队成员共同超越指标，但不是超过了指标就叫超越指标。管理者要进行系统分析，提前计算出在哪儿超、超多少和怎么超。即便最后由于种种状况没能超越指标，管理者也要知道是哪里出了状况，原因是什么，以及该怎么调整。系统思考对建立结果与行为、结果与能力之间的强逻辑关系非常重要。"

增加价值。在领导力项目实施的过程中，学员们始终带着"成效代价比"进行思考，用成效代价比最大的方式开展实践。增加价值就是要把短期结果变成长期结果、把隐性知识变成显性知识、把感性思考变成理性思考。这也是业务部门非常认可这种以提升业绩为最终结果的领导力项目的原因之一。在有结果的领导力项目中，除了通过实践大幅提高业绩，还有很多新流程、新方法，以及看板、话术等新工具。这些都可以在更大范围内进行复制和推广，从而为企业创造更显著、更长期的价值。

注重伙伴关系。管理者需要准确识别出利益相关者，识别出项目所需的外部专家和其他合作者，并与他们建立良好的合作关系，成为利益共同体。

以上四部分内容就是企业对管理者提出的新要求，也是各大企业非常认同的管理者需要具备的人才特质。

能力提高并不一定能带来业绩提升，但反过来，业绩提升的背后需要行为的改变和能力的提高。因此，以超越指标为导向，并将其作为行动主线贯穿领导力培养的全过程，已经成为很多企业领导力项目的选择。

应用案例:"选育合一"快速打造人才供应链

传音是一家面向海外新兴市场,以手机为核心产品,以移动互联服务为主营业务的民营上市企业。2022年,其营业收入为465.96亿元,员工人数1.6万人,手机出货1.56亿部。IDC(一个国际数据研究机构)的数据显示,传音在全球手机市场的占有率为10.6%,在非洲手机市场的占有率超过50%,被外界誉为"非洲手机之王"。

2014年至2018年,由于业务快速发展,传音的组织规模扩张得很快,公司内部的人才培养已经跟不上业务发展需要了。2019年初,传音学院成立。在这之前,该公司人力资源中心内部也设有培训模块,每年都会根据业务需要安排一些业务和管理方面的培训。但这些培训缺乏长期规划,更多是为了应对短期需求,公司人才培养的系统化程度不够,难以满足业务发展对人才的需求。所以,传音学院的核心任务是,从满足业务培训需求,转向满足内部人才供应需求。

找到痛点

第一步先看需求,即未来哪些岗位主要由内部培养,哪些岗位可以直接外招。关于这个方向性问题,传音学院和公司决策层达成共识:与公司核心业务相关的岗位,必须由内部培养,这样才能进一步强化公司核心能力;另外,管理队伍涉及文化传承,也主要由内部培养。

怎样才能快速、有效地培养干部呢？过去大部分企业的做法是请外部导师来做管理培训，偶尔也送管理者出去上课。

但是这种做法存在一些问题：首先，外部管理培训的成本相对较高，且覆盖面有限；其次，即使学员在课堂上听明白了，这也不代表他回到工作岗位就会这样做，用一句网络上流行的话来说，就是"懂得很多道理，依然过不好这一生"。这种人才培养方式的效率太低，通用管理类和领导力方面的培训很容易流于形式。

在这样的背景下，传音学院开始深入思考和实践如何培养管理人才。

系统分析

领导力有两个层面：一个是心法层面，即你是一个什么样的人，你是怎么认识自己和这个世界并与之相处的；另一个是手法层面，也就是具体的管理技能，包括招人、用人，以及管理团队、设定目标、分配任务等。

心法层面的关键是觉察和反思，而自我反思往往是痛苦的，至少是令人不愉快的。特别是在一开始，反思者往往面临痛苦的挣扎："我怎么可能是……"然而一旦接受了现实，反思者通常会开始思考："我怎样才能做得更好。"这一豁然开朗的时刻，才是一个人领导力发展的最重要的时刻。而培训团队要做的，就是创造这样的时刻。只是这种时刻不能强求，培训团队只能尽量激发学员的学习动力，以对抗可能的痛苦和阻碍，同时营造支持反思的、安全开放的场域。

手法层面的关键是遵循"721原则"，把重点放在知识输入、实践和反馈上，并将三者有效结合。当一个人在某个方面有了"我怎样才能做得更好"的动力时，他自然会寻求各种学习资源。在信息时代，这方面的资源触手可及。而实践和反馈则不然，这需要通过有效的设计和组织才能真正发挥作用。过去领导力培训之所以效果不佳，一个主要原因是课堂的主要功能只是输入知识，而实践成了未被认真对待的"课后作业"，反馈更是可有可无。所以，企业需要转变思路，把有限的课堂时间放在学员的实践和反馈上。

还有很关键的一点，领导力发展必须和任用结合起来，训练和任用是领导力发展的两根支柱，要互相促进。管理者只有身临其境，经历各种领导力挑战，才会有真正的体悟。

方案设计与实施

传音学院首先开展了一个重点项目，对高管后备梯队这个群体进行领导力培养，项目名字叫"传音未来领军人才训练营"。开展这个项目的原因是公司重视，同时，高管的高度参与有利于人才培养模式的推广和复制。

在项目正式开始前，项目组做了两件事。

一是厘清项目的动力系统。学员为什么愿意在高强度工作之余，进入这个训练营努力学习？相比单纯地通过学习获得成长这一目的，被公司核心领导层看见自己的潜力以及未来有更好的职业发展机会是激发学员学习的真正动力。那领导为什么愿意来训练营？除了为公司培养人才这个宏大的理由，他们更直接的需求是，在训练营可以更加全面地观察学员、发现人才，从而在业务快速发展时有人可用，且用得放心。

二是和公司决策层进行深度沟通，确认公司的需求和期待，并得到高管深度参与的承诺。

在项目的设计和实施过程中，项目组抓住了三个重点。

首先是学员选拔。通过推荐提名、测评、述职答辩等手段，层层筛选出28名学员进入第一期训练营，确保学员是符合企业长期发展需要的，这样企业才能获得更高的回报。

其次是高管深度参与。项目组组建了一个包括CEO（首席执行官）在内的9人高管导师团，他们除了在学员选拔阶段以及每半年一次的人才盘点会上给出意见，也在集训过程中对学员的输出做出反馈，还给学员当教练，在集训间隙，每个月与结成对子的学员进行一次深度交流。由于高管深度参与，训练和任用之间的通道被打通，学员的学习动力被大大激发，这也使设计更大强度和压力的课程成为可能。

最后是遵循"721原则"进行课程设计。各个模块的知识输入部分尽可能前置，同时上传线上视频课和补充阅读材料，让学员对这一模块的内容有大致的了解，课堂则以实战和沙盘演练为主。高管可以到课堂上观察学员的表现，并给予反馈。同时，项目组请老师给高管上教练课，安排高管定期与学员开展教练对话，定期组织高管进行教练对话的复盘。在这个过程中，高管和学员都获得了进步。

"传音未来领军人才训练营"开设了半年左右的时间，训练成果就很不错了，项目组基本摸索并验证了一套"选育合一"的领导力发展模式：先是选拔人才入营，继而把训练场当作实践场；接下来根据具体业务需要，把这个方式推广到各个业务线、各个层级和关键岗位上。项目组在这个过程中也会考虑业务特点，结合一些与之匹配的方法论进行项目设计，比如在供应链后备干部培养项目中引进绩效改进工具，通过多个真实的绩效改进案例来培养和选拔后备干部。

评估结果和影响

两年多以来，各个主要业务线都按照这套"选育合一"的领导力发展模式开展了人才培养项目，反馈都还不错。总体来说，有以下三个效果。

第一，发现和培养了一批人才。由于"721原则"得到了有效贯彻，培训项目与业务结合得很紧密，学员的投入度也很高，训练效率得到了提高，许多学员取得了肉眼可见的进步。同时，领导们参与其中，项目组在流程上又设计了"中期及结营人才盘点会"，这些领导基本也得到了提升。

第二，领导层对人才培养的投入度和热情更高了。由于领导层大多深度参与了人才培养项目，亲身感知了所辖部门的人才状况，对团队里的高潜后备人才有了更深入的了解，因此他们可以对未来业务和人才规划做出更全面、更具前瞻性的布局。有了这些积极的体验，他们对人才培养的投入度和热情自然就更高了。

第三，大大降低了高潜人才的流失率。对学员来说，被选入训练营本身就是一种认可，同时训练营给他们带来了成长和美好的体验。尤其值得一提的是，训练营高强度的任务在很大程度上加深了学员之间的情感联系，这种同窗情谊一方面有助于弱化部门墙效应，另一方面有助于强化他们对公司的归属感。两年多以来，被选入各个训练营的高潜人才的年平均流失率不超过2%。

总结一下，"选育合一"的领导力发展模式的功效不仅仅在于提高内部人才的培养效率，更重要的是如果应用得当，它能改善企业人才培养的土壤。它通过"选"和"育"这两种不同的功能，将领导、老师和学员这三种不同的角色整合在一个场域里并发生了化学反应，这种化学反应带来了正向的飞轮效应。如前文所述，领导和学员的参与是项目取得成功的关键，而项目成功带来了好的口碑，这又能进一步促进各方积极参与训练营。随着时间的推移，之前种下的几棵树苗会长成一片森林。

第 13 章

绩效管理：
把员工行为转换为企业想要的结果

绩效管理在现代企业管理体系中是不可缺少的一部分，有效的绩效管理能够确保员工的工作活动和工作产出与企业的目标保持一致。简单来说，绩效管理的目的就是让员工的行为真正转换为企业想要的结果。

绩效管理的难点是确定考核指标和考核标准。

每一个岗位都有很多指标，但究竟哪些指标能称为关键绩效指标？这个问题一直困扰着人力资源部门和业务管理者。另外，考核标准要具备可操作性，要让团队和员工踮起脚来就能够得着。

绩效管理的关键是绩效考核的闭环管理。

绩效考核要用系统方法去设计和落地，最终形成闭环，但大部分企业很难做到这一点。绩效管理要符合"PDCA"循环，少了任何一个环节，企业都无法达到预期效果。绩效计划的制订和传递（P）是基础环节，绩效计划中的绩效辅导（D）是重要环节，绩效考核和评价（C）是核心环节，绩效反馈和改进（A）是关键环节。

从管理的本质看，虽然泰勒、法约尔、西蒙、德鲁克等管理大师对管理理论的理解各不相同，但他们对管理目的的理解是高度一致的，即提升组织的工作效率和工作效益。提升效率和效益就是在做绩效管理。

绩效管理的本质就是对各部门和员工的责任和利益进行精细化管理。这不仅是管理问题，更是业务问题，管理者必须拥有正确的业务思维才能有效解决这个问题，而关键价值链则是应用业务思维最有效的工具。

关键价值链主要用于还原业务逻辑，建立起业务结果和行为数据之间的因果关系。具体来说，关键价值链可以帮助管理者厘清最有效的关键业务动作的变化对期望工作对象（比如客户）的影响。

再进一步对关键价值链进行分析，关键业务动作的指标就是工作行为的数量，反映的是关键业务动作做没做，做了多少，是工作数量指标；而期望工作对象发生的变化代表着动作的有效性，是工作质量指标，具体见图 13-1。

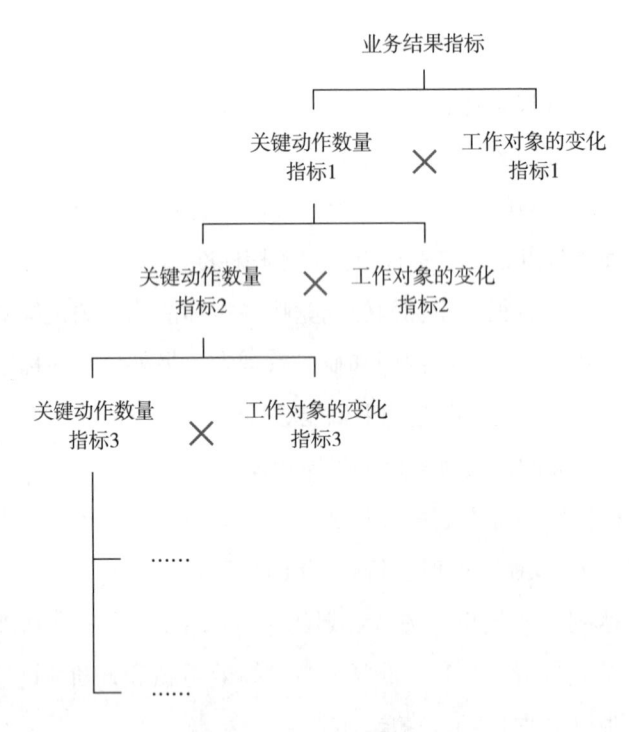

```
                           业务结果指标
              ┌────────────────┴────────────────┐
        关键动作数量         ×         工作对象的变化
          指标1                           指标1
              ┌────────────────┴────────────────┐
        关键动作数量         ×         工作对象的变化
          指标2                           指标2
              ┌────────────────┴────────────────┐
        关键动作数量         ×         工作对象的变化
          指标3                           指标3
              │
            ……
              │
            ……
```

图 13-1　关键价值链分解

如何做好PDCA闭环管理

P：绩效计划的制订和传递

上文已经讲了如何通过关键价值链来制订绩效计划，这个环节的另一个难点就是绩效计划的传递，即管理者如何向被考核者有效传递工作目标。

管理者在传递工作目标的时候，可以对照BEM模型的前三层，保证目标传递的一致性（见图13-2）。

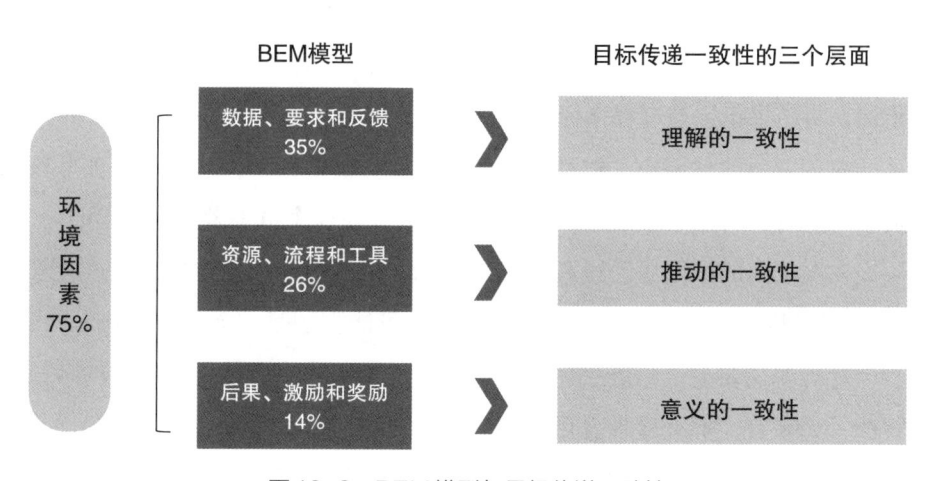

BEM模型		目标传递一致性的三个层面
环境因素 75%	数据、要求和反馈 35%	理解的一致性
	资源、流程和工具 26%	推动的一致性
	后果、激励和奖励 14%	意义的一致性

图13-2 BEM模型与目标传递一致性

理解的一致性。有目标不难，告诉员工目标也不难，难在让员工接受！这就对目标传递有所要求，一是目标（数据）要有挑战，二是目标（要求）要有依据、有理由。

推动的一致性。常见的目标推动痛点是，管理者只给目标，但方法、资源和工具却与目标不配套。所以，管理者必须给予员工达成目标的方法，配备必备的资源，提供易用的工具。

意义的一致性。管理者在管理实践中经常出错的地方是，只向员工传递目标的企业价值，并未说清楚目标的个人价值，甚至就这个目标而言，企业和个人之间还存在着小冲突。这就要求管理者在进行意义沟通和价值传递的时候，不仅要向员工传递这一目标给企业带来的价值，还要向员工传递这一目标给个人带来的益处。很多时候每个人的需求都是不同的，所以管理者还要结合不同员工的特点进行有针对性的沟通。

D：绩效计划中的绩效辅导

在执行绩效计划的过程中，如果出现问题，比如执行不到位，那么管理者该怎么办？这里给管理者介绍一个很有用的模型，叫"结果—过程"矩阵。在这个矩阵中，结果就是企业的绩效结果指标，过程就是关键动作指标，将结果指标与过程指标交叉，得出四个象限，具体如图13-3所示。

在右上角的象限中，过程指标和结果指标都达标了，这意味着被考核员工肯定没有问题。原则上，管理者是不需要对这个员工做绩效辅导的。

在左上角的象限中，过程指标不达标，结果指标反而达标了，这时管理者就要思考：员工不一定很优秀，这有可能真的是"天上掉馅饼"。当然，管理者还要换个角度去思考：针对这类员工，企业是否有更好的考核方法？如果有，那么管理者可以对其进行研讨分析，并进一步调整和优化关键价值链，找出更关键的、因果性更强的过程指标，或者优化过程指标对应的干预方案。

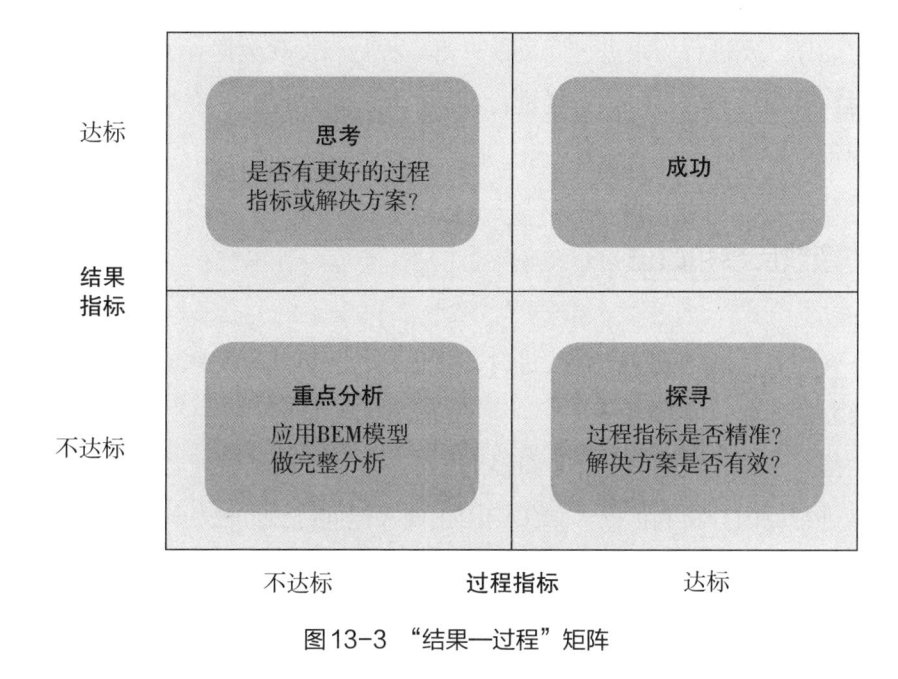

```
            达标   ┌─────────────────┬─────────────────┐
                   │   思考          │                 │
                   │ 是否有更好的过程 │   成功          │
                   │ 指标或解决方案? │                 │
        结果       ├─────────────────┼─────────────────┤
        指标       │                 │                 │
                   │  重点分析       │   探寻          │
                   │ 应用BEM模型     │ 过程指标是否精准? │
            不达标 │ 做完整分析      │ 解决方案是否有效? │
                   └─────────────────┴─────────────────┘
                        不达标    过程指标    达标
```

图13-3 "结果—过程"矩阵

管理者需要重点辅导的一定是结果不达标的员工。结果不达标的情况分两类。

在右下角的象限中，过程指标达标了，结果指标没达标，这时管理者就需要弄清楚员工是否理解过程指标，是否精准地落实了指标。管理者一方面要关注数量指标完成得够不够，另一方面要关注质量指标完成得好不好。

在左下角的象限中，过程指标没达标，结果指标也没达标，这时管理者就需要应用BEM模型进行完整的根因分析。

C：绩效考核和评价

管理者在跟进和检查绩效计划的落地情况时，经常出现的问题是做了检查，但不够及时。要想解决这个问题，管理者就需要把握好检查的时间点。检查一般分为三种情况：第一种是日常检查，这是管理者日常工作的规定动作,要进行周跟进、周反馈;第二种是当发现数据有了比较大的变化时,管理者一定要向执行者进行反馈;第三种情况是,在项目执行过程中的每个里程碑、每个关键节点,管理者都要向执行者反馈进度。

A:绩效反馈和改进

管理者在做绩效反馈和改进时,会遇到检查方式有问题或者针对问题没有办法处理的情况。

检查方式有问题很可能是归因出了问题,这个时候管理者就要用BEM模型进行原因分析和诊断。如果归因正确,但问题没办法处理,那么管理者可以采取"一问""二萃""三求助"的方法。

"一问"是指自己如果没有办法,就张嘴问,不仅要问团队成员,还要问别的团队的成员,甚至亲朋好友等,向他们直接寻求现成的办法。

"二萃"是指如果问不到,但是发现有员工在这方面做得比较好,管理者就可以用萃取的方式提炼好的方法。

三求助是指如果问题本身就是一个难题,谁也没有办法,这时候光靠一己之力可能很难解决,那么管理者要向上寻求企业层面的帮助,比如设立专门的项目组,由高层出面组织内外部专家进行课题攻坚。

基于业务思维的绩效管理与传统绩效管理的区别,如表13-1所示。

表13-1 基于业务思维的绩效管理与传统绩效管理的区别

项目	基于业务思维的绩效管理	传统绩效管理
推行目的	以超越指标为目的,促进绩效目标达成且不增加资源	主要以考核为目的,难以为管理者提供持续、有效的决策支持
工作范围	以业务部门为中心,所有部门共同参与	人力资源部门的内部工作
目标来源	始于组织指标,流程指标和行为指标严格与之对齐	始于岗位职责,容易与战略脱节

（续表）

项目	基于业务思维的绩效管理	传统绩效管理
目标制定	基于战略的实现路径、业务逻辑，通过化学反应分解指标	缺乏有效的分解方法，指标之间的协同性往往不够
过程管理	基于前置性指标做到动态的过程管理	偏向并且只能做到静态的结果考核
关注重点	关注组织、部门和个人绩效的协同发展	关注部门绩效和员工个人绩效

应用案例：赋能业务，提升绩效

有句话说：你要想提升业绩、超越指标，就要领导一场变革。默克公司推行的绩效辅导项目就是这样一场变革。在这场变革中，项目组面临着三大挑战。

- 绩效辅导和管理者的关系是怎样的？
- 如何让管理者进行一对一辅导？
- 如何让管理者觉得变革很容易且不会抵触？

项目组采用的对策是要求辅导老师每个月和被辅导者做一次绩效谈话，了解他上个月做得怎么样，然后确定下个月的目标和行动计划。这样项目组自然而然就把绩效辅导嵌入管理者的日常业务管理工作了。

在一对一辅导中，绩效诊断是一个难题，而进行绩效诊断最好的工具就是BEM模型。也就是说，管理者在做绩效诊断的时候，首先要想到的是："作为一个团队管理者，在BEM模型的前三个层面，我到底做得怎么样？我把任务说清楚了吗？我给员工提供简单的方式或方法了吗？我在团队管理中有没有匹配相应的奖惩制度？"

在做完诊断后，管理者就可以结合BEM模型中的要素，给予被辅导者一个相应的解决方案。比如，一个医药代表在入职半个月之后还是没有成功开发目标医院。于是我对他进行了绩效诊断，发现公司分配给这个医药代表的是一家中医院，让一家中医院使用肿瘤特效药本来就非常难。在这个过程中，他的上级管理者很晚才向他提供反馈。也就是说，从一开始，关于如何向一家中医院推荐肿瘤特效药，他的上级管理者根本就没有讲清楚。

从这个案例中我们可以看出，其实一个员工的业绩不好，不见得只是员工自身的问题，管理者首先要反思自己还有哪些可以提升的空间。

对下属做绩效辅导，不是越"大"越好，这样可能越不容易成功。一次好的绩效辅导分为三步。

第一步叫初阶绩效辅导。此阶段的核心是找到被辅导者的行为和结果之间的关系。所以管理者在辅导的时候，不能只谈结果，一定要谈关键行为指标，然后再用BEM模型进行诊断，即发现问题后向内看，进一步找出根因。

此外，管理者可以使用绩效辅导工具表：所有绩效辅导对话都可以在这张工具表上填写出来，凡是有标注的，就说明员工在这方面有改进和提升的空间。这个结构化的工具表可以帮助管理者更好地进行绩效辅导。

第二步叫进阶绩效辅导。在这一阶段，企业可以引入岗位专家来共同开发辅导课程，梳理与结果有关的关键行为的标准，然后找到其中的难点，萃取关键行为。

这里举一个例子。在对某个医药代表进行绩效辅导时，我发现当他的绩效不好的时候，如果我每次只聚焦一两个关键点，我们就很容易达成共识。

但有时候，管理者在对员工进行绩效辅导时，恨不得把所有问题都列出来，然后一条一条地说。其实这样做的效果反而不好。关键是用BEM模型对这些问题进行统一梳理，从中找到关键难点，洞察这个难点对应的最有效的关键动作。

第三步叫优秀标杆复制。在进行绩效辅导时我还发现一个难点，那就是对资深员工进行辅导。让他们改变过去的工作方式，从而提升业绩是很难的。比如，资深医药代表不一定是绩优医药代表，所以如何把绩优医药代表的关键行为萃取出来并让资深医药代表信服是一个挑战。

经过分析历史数据我发现,绩优员工和一般员工的业绩结果可能会相差5倍,但他们在业务行为上只有17%的差异。所以,如何把这17%的关键行为找出来,是第三阶段的关键。以辅导资深医药代表做会议增效为例,资深医药代表非常抵触举办会议,老觉得举办会议很难。对于资深医药代表的抵触情绪,普通管理者会每个月、每个星期进行催促,如果催促无效,管理者就会批评资深医药代表。但是一名绩优管理者会怎么做呢?他每周都会找在这方面做得好的医药代表来给大家做经验分享,介绍举办会议能给个人业绩带来什么样的提升,客户因此有了哪些改变,当月销量增加了多少。每周经验分享持续了一段时间后,大多数资深医药代表不太抵触举办会议了。当发现别人通过这种做法取得成功时,他们就会产生压力,也就非常容易与对他进行绩效辅导的管理者达成共识。

这里我要特别强调的是高管参与的重要性。在实施绩效辅导的过程中,公司高管要全程高度参与。高管首先要参加微课的学习,其次要担任绩效顾问,参与绩效辅导,并在案例路演时给予反馈。最后,很多课程都可以由高管亲自讲授,这样一来,各地区的参与度、配合度就会很高,项目的实施效果也会更好。而且在这个过程中,大家可以用同样的绩效辅导语言进行工作沟通,这本质上也是一种思维方式的改变,能大大降低沟通成本,提高组织绩效。

总结一下,绩效辅导的实施能给企业带来什么样的价值和成果呢?大体上有四点:

- 在企业上下以及各部门之间形成共同的绩效辅导语言,并得到公司高层的认可。
- 设置清晰的管理者绩效辅导能力标准,每个管理者都有相应的画像,在项目实施过程中,管理者的绩效辅导能力可以得到显著提升。
- 沉淀绩效辅导最佳实践案例集及结构化的知识点。
- 诞生绩效辅导大师和绩效辅导顾问,在企业中树立标杆。

绩效辅导的升级

接下来，企业要对绩效辅导进行升级，试点敏捷绩效辅导。所谓敏捷，就是让工作变得简单，这种简单可不是让所有人的工作都变简单，而是让执行者的工作变简单，复杂的工作留给管理者。因为只有让管理者的工作变复杂了，执行者的工作才能变简单，这就是敏捷绩效辅导。

当一场变革来临的时候，管理者想要有大作为，仅仅盲目地让员工去执行是不够的。管理者必须摸索出相应的业务逻辑，然后找到关键的业务行为，这样才能真正达到想要的结果。具体做法是：首先聚焦公司的战略，摸索落地方法和流程，然后制作各个项目的执行手册，赋能业务团队。这样一来，培训部门的老师就不需要每次都亲力亲为了，业务团队可以根据执行手册进行自运营。

管理者进行绩效辅导，其实一共要做好三件事。

第一件事，做好绩效辅导谈话。在这个过程中，管理者首先要反思自己的管理水平。管理者必须知道，只有简化事、赋能人，高绩效才能变得简单。而赋能是指借助组织的力量，让员工在保持原有能力的条件下，完成更大的任务。

第二件事，做好敏捷绩效辅导。通过敏捷绩效辅导，管理者可以在整个公司里找到标杆，发现标杆身上的亮点，发掘相关的关键业务动作，然后将其复制、推广。

第三件事，做好教练工作坊。通过教练工作坊，管理者可以与员工保持方向一致、上下同心，最终赋能组织。

这是一本企业管理实务书，旨在让管理者把管理变简单，帮助企业不增加资源也可以实现业绩和效率持续提升。本书回答了"企业如何超越指标，实现降本增效"之疑，主要按以下逻辑展开讨论：第一，辨析什么是好指标；第二，用科学的方法找到好指标；第三，通过"先技控后人控"管理好指标；第四，高成效、低代价地落实指标。书中包含大量丰富真实的企业案例，展示了超越指标这一方法论在数字化转型、经营分析、人才培养等不同业务场景中的应用实践。